朱兴明／主编

关山历史文化学术研讨会论文集

经济日报出版社

图书在版编目（CIP）数据

关山历史文化学术研讨会论文集 / 朱兴明主编.
-- 北京：经济日报出版社，2021.3
ISBN 978-7-5196-0864-4

Ⅰ.①关… Ⅱ.①朱… Ⅲ.①文化史-甘肃-学术会
议-文集 Ⅳ.①K294.2-53

中国版本图书馆 CIP 数据核字（2021）第 046250 号

关山历史文化学术研讨会论文集

主　　编	朱兴明
责任编辑	王　含
责任校对	蒋　佳
出版发行	经济日报出版社
地　　址	北京市西城区白纸坊东街 2 号（邮政编码：100054）
电　　话	010-63567684（总编室）
	010-63584556　63567691（财经编辑部）
	010-63567687（企业与企业家史编辑部）
	010-63567683（经济与管理学术编辑部）
	010-63538621　63567692（发行部）
网　　址	www.edpbook.com.cn
E－mail	edpbook@126.com
经　　销	全国新华书店
印　　刷	成都兴怡包装装潢有限公司
开　　本	880mm×1230mm　1/32
印　　张	10.75
字　　数	240 千字
版　　次	2021 年 3 月第一版
印　　次	2021 年 3 月第一次印刷
书　　号	ISBN 978-7-5196-0864-4
定　　价	58.00 元

序　言

习近平总书记强调，"中华文化延续着我们国家和民族的精神血脉，既需要薪火相传、代代守护，也需要与时俱进，推陈出新。"总书记2019年视察甘肃时又叮嘱我们，"一定要重视历史文化保护传承，保护好中华民族精神生生不息的根脉。"总书记的重要讲话和指示精神，为我们指明了前进方向，提供了行动指南和根本遵循。

关山，亦称陇山，交汇陕甘宁、横亘南北中，自古就是西北重要的生态屏障和战略要塞，有着深厚的历史底蕴和丰厚的文化遗产，是中华文化大家庭中不可或缺的一员。关山历史文化绵长如江河，这里是始祖文化孕育地和周秦早期文化发祥地，伏羲、女娲、炎帝、黄帝、西王母等多位人文初祖均与关山有千丝万缕的联系；关山范围内旧石器、新石器时代的遗址非常丰富，这里有中华人民共和国重大考古发现之一的大地湾遗址，充分证明陇山先民在中华文明的形成过程中曾经做出过的不朽贡献。关山历史文化璀璨如夏花，这里是我国农业文化、游牧民文化、汉文化、少数民族文化、中央政权与民族地方政权的重要分界和过渡带，特殊的自然环境、地理位置和文化背景，不仅催生了古道横穿、关隘重重的雄奇气象，而且孕育出丰富多彩的民间文学、民间艺术、民间工艺和民俗风情，特别是刺绣、剪纸、皮影戏等文化艺术更是独树一帜、声名远播。关山历史文化豪迈如诗歌，这里是我国民间歌谣的源头，这在我国最早的诗歌总集《诗经》中可以找到充分的证据。据天水师范学院陇右文化研究中心雍际春教授研究，在汉魏乐府中，就出现过大量歌咏陇山的诗作，譬如《陇头歌辞》等。"在边塞诗兴盛的唐代，王昌龄、王维、高适、杜甫、岑参、许棠等一批著名诗人都有不少以陇山为题的边塞诗和诗词佳作。可以毫不夸大地说，陇山与塞外、西域、河西等地域一道，成为边塞诗永恒赋比兴叹的题材。"（雍际春语）

倘若把关山比作一个巨大的历史文化宝库，那么华亭无疑就是其中光彩夺目的瑰宝。新石器时期，即有人类在此繁衍生息。商、周时期曾建芮、卢等方国。周孝王时，秦非子放牧于汧、渭间，秦文公邑于汧（汧河，渭河源头，发源于华亭南部的汧山，今称汗河），秦昭王灭义渠戎那，置朝那县（在今华亭县北）。西汉景帝时，在华亭建呼池苑，为皇家守牧之所；北魏普泰二年，设置华亭镇，因境内皇甫山麓有华尖山亭而得名；隋大业元年（605），建立华亭县，迄今已有1400多年的建县历史。从秦皇祭天到汉室牧马，从隋朝驻军到唐宗御敌，在这里都能找到历史的印记，回中古道见证过丝路繁华和岁月沧桑，关山屏障守卫过西北要冲和中原安宁。华亭有着绚烂厚重的秦陇文化、煤陶文化、三线建设文化和民间文化，儒、释、道并存，寺、窟、亭林立，诗、赋、文不绝，境内现存古人类遗址、古墓葬群、石窟石雕、古城堡遗址和古动物化石点106处，馆藏珍贵文物近1000件，曲子戏、传统打击乐表演等民间艺术跻身全国"非遗"项目，被文化部授予"中国民间文化艺术之乡"。华亭还是英才辈出的灵秀之地。千百年来，这片神奇的土地上养育了东汉车骑将军皇甫嵩、"针灸鼻祖"皇甫谧之曾祖皇甫规、明代"嘉靖八才子"之一赵时春、革命先驱周仁山、陶艺大师杜如桐等一批彪炳史册的杰出人物。

为了进一步挖掘、保护和传承关山历史文化，扩大华亭对外影响力，华亭市委、市政府组织召开了"关山历史文化学术研讨会"，国内关山研究专家学者相约而来，围绕关山历史文化和华亭的建制沿革等献出滔滔宏论。会后，为巩固研讨会成果，给世人留下永恒的文化遗存和精神财富，大会组委会决定将会上各位专家学者的论文整理成书，结集出版。

这本论文集的问世，标志着我国对关山历史文化的研究取得了全新成果，对于传承关山文化血脉、增进关山文化自信、培树关山文化品牌，都具有重大的现实意义和深远的历史意义。《论文集》所录论文20篇，分别从历史学、文献学、古代文学、历史地理等多个角度对关山和华亭进行了多维度、多学科的全面探讨，其中不乏富于新见解与厚重学术分量者。丛书内容精炼，史料翔实，脉络清晰，图文并茂，融史料性、知识性、学术性、创新性、生动性、可读性于一体。借此，谨向付出辛勤努力的全体专家学者和为本书付出心血和汗水的各界人士表示衷心的感谢！同时，也期待全市19万干部群众以此书出版为契机，再掀华亭文化建设新高潮，谱写华亭文化事业新篇章，为加快建设幸福美好新华亭做出新的更大贡献！

平凉市政府副市长、中共华亭市委书记

中共华亭市委副书记、华亭市政府市长

目　录

关山古名考

汪受宽

（北京师范大学历史学院"双一流"特聘教授、

甘肃省政府文史研究馆馆员）

摘要：分隔甘肃、陕西的界山——关山，又名小陇山，古代还有陇山、陇坻、岍山、岳、岳山、吴山、吴岳、虞山等异名，论文对关山这些异名的来历及历代的不同认识进行了辨析，解决了几个纠缠不清的问题，包括认为汧水、汧山之汧，本为开字，是汧水（今千河）上游二水源的象形，古人转抄时不识此字，遂至将《尚书·禹贡》"导岍及岐"之岍山误写为开山、关山。

关键词：关山，小陇山，陇坻，汧山，岳山，吴岳，虞山

横亘于甘肃、陕西之间的关山，是丝绸之路由长安出发后的第一道天然屏障。历代咏关山的名篇迭出，关山又名小陇山、陇山，但其还有陇坻、岳山、岍山、吴山、吴岳山、虞山等多个古名却鲜为人知。本文对此进行了梳理考证，以丰富关山文化的历史内涵。

一、关山又名小陇山、陇山、陇坻

关山一名因南北朝《木兰诗》中"万里赴戎机，关山度若飞"句而闻名，为了解决关山的所在，学者们费了颇多的脑筋和笔墨。其实古代凡有关隘的山，多可名关山，故而天下有关山无数，这是泛指。而实指的关山，也有多处，例如台湾台东市恒春半岛西南方的关山，湖南长沙县东南45里古善化县境的关山，湖南津市市澧水南岸的关山，河南省辉县市国家地质公园的关山，以及我们要讨论的横亘于甘肃陕西之间的关山。

甘陕交界处的关山，在《水经注》中已经著名，文云："关山，在扶风汧县之西也。"① 此事颇有纠葛，留待后解。简单说，关（關）山是汧山本名开山的讹写。关山又名小陇山。《读史方舆纪要》"陇山"条："小陇山，在（陇）州（今陕西陇县）西八十里。一名关山，以近陇关而名也。山长八十里，路通临（临洮府）、巩（巩昌府），为秦（秦州）、凤（凤翔府）要害。"② 这可能是史书中点明关山为小陇山别名的较早记载。

陇山为甘、陕、宁三省区之间的天然屏障，又是甘肃陇东、陇南与陇西的界山，大体呈南北走向，绵延于宁夏回族自治区隆德县之东、固原之南，东经宁夏泾源，甘肃庄浪、平凉、崇信、泾川，转向南经甘肃华亭、张家川，陕西陇县、宝鸡西，甘肃清水、天水，

---

① ［北魏］郦道元撰，陈桥驿点校《水经注》卷四十作"汧山，案近刻讹作关山"，上海古籍出版社，第764页。

② ［清］顾祖禹撰，贺次君、施和金点校《读史方舆纪要》卷五十五"陕西四·陇州"，中华书局，2005年，第2655页。

与西秦岭相接。《长安志》卷一称，关中"东西方千余里，南北近山者相去一二百里，远者三四百里，南山自华岳西，连秦岭、终南、太白，至于陇山，北有高陵、平原，南北数千里，东西二三百里，西接岐、梁、汧、雍之山"。其中言关中南山（秦岭）西至于陇山，是古人认知的实情。

在《水经注》中，既有陇山之名，又有大陇山、小陇山之名。如卷十七渭水"又东过上邽县"经文下，注言：

> 渭水又历桥亭南，而径绵诸县东，……东亭川水右，则温谷水出小陇山，又西，莎谷水出南山莎溪，西南注东亭川水。东亭川水又西，得清水口，水导源东北陇山，二源俱发，西南出陇口，合成一水，西南流历细野峡，径清池谷，又径清水县故城东，王莽之识睦县矣。其水西南合东亭川，自下亦通谓之清水矣。又径清水城南，又西与秦水合，水出东北大陇山秦谷，二源双导，历三泉，合成一水，而历秦川，川有故秦亭。①

历代研究者对此颇多分析，最后是清熊会贞讲清楚了陇山、大陇山、小陇山之间的关系，在《水经注疏》卷十七"会贞按"："陇山绵延数百里，合河水、渭水、沔水诸篇观之，郦氏以在北者为大陇山，在南者为小陇山，亦或单称陇山。"简单说，陇山分为南北两段，北段称大陇山，南段称小陇山。大陇山又称六盘山，其山势高峻，峰岚连绵，主峰是位于宁夏区泾源县的美高山（米缸山），海拔2942米。小陇山又名关山，亦称陇山，最高峰是位于华亭县的五台山，海拔2748米，总体山势稍缓，既是陇东、陇西黄土高原的界

---

① ［北魏］郦道元撰、陈桥驿点校《水经注》卷十七，上海古籍出版社，第348页。

山，又是泾河、渭河两大水系的分水岭。甘肃省简称陇，就是由陇山（小陇山、关山）一名而来。

由此，关山的地域范围，大体北至甘肃华亭、庄浪、张家川，陕西陇县，向南经清水、麦积区，陕西宝鸡、凤县，与西秦岭相接，南北长近 200 公里，宽 40~60 公里，是陕甘两省间的天然屏障。

陇山又称陇坻、陇坂。东汉张衡《西京赋》言西京"右有陇坻之隘，隔阂华戎，岐、梁、汧、雍、陈宝、鸣鸡在焉"。《文选》李善注云："《汉书音义》应劭曰，天水有大阪曰陇坻。"唐吕延济曰："陇坻，坂名，言此坂为华夏戎狄之限阂也。"①《后汉书·郡国志》五"汉阳郡陇县"（凉州刺史治，今甘肃张家川回族自治县）："有大坂名陇坻。"章怀太子注："《三秦记》：'其坂九回，不知高几许，欲上者七日乃越。高处可容百余家，清水四注下。'郭仲产《秦州记》曰：'陇山东西百八十里，登山岭，东望秦川四五百里，极目泯然。山东人行役升此而顾瞻者，莫不悲思。故歌曰：'陇头流水，分离四下。念我行役，飘然旷野。登高远望，涕零双堕。'度汧、陇，无蚕桑，八月乃麦，五月乃冻解。"②

陇山古道，俗云陇山道，学者对其多有研究。雍际春先生认为，"历史上由中原、关中通往陇右、西域，或由西域进入中原，陇山为必经之区。而陇山山系山大谷深、群山逶迤，历来被视为畏途。所谓'其坂九回，七日乃得越'、'西上陇坂，羊肠九回'等，就是对陇山交通异常险阻的真实反映。千百年来，从关中溯汧水西进，翻

---

① ［梁］萧统编，［唐］李善等注《六臣注文选》卷二张平子《西京赋》，中华书局，2012 年，第 45 页。

② 《后汉书》志第二十三《郡国五》，中华书局，1965 年，第 3518 页。

越陇山的通道却不止一条，逐步形成三条线路，即由北向南分别为经华亭西南逾陇山的陇山北道，经大震关的陇关道和越陇山南段的咸宜关道。另外还有滨渭而行的陈仓狭道。"① 其中所言陇山北道，就是古人所说的陇坻大坂道。《太平御览·地部十五·小陇山》引《汉书·扬雄传》"响若坻颓"应劭注："天水有大坂，名陇山……其坂九回，上者七日乃越，上有清水四注，下有陇（县），县因此而名。"② 陇坂虽然难走，却是通往陇右最直接的道路。陇坻道大体是由今陕西陇县（汉称汧县）沿汧水（今千河）向西北，深入小陇山腹地的汧水河谷（甘肃华亭县属地，前曾设麻庵乡，今撤并入西华镇），就可以进入古人称为陇坻、陇坂的关山山区。《读史方舆纪要》谓："陇坻，即陇山，亦曰陇坂，亦曰陇首，在凤翔府陇州西北六十里，巩昌府秦州清水县东五十里，山高而长，北连沙漠，南带汧、渭，关中四塞，此为四面之险。……自曹魏以后，秦雍多故，未尝不以陇坻为要害。"③

看来，古人由关中往陇西多走陇坻道，即今关山汧水河谷之路。陇坻道的开辟应归功于秦人。当年，世居东方的嬴姓部族被殷王派往西垂（今甘肃礼县一带）以监视周人，秦人祖先中潏就是沿着陇坻道翻越陇山到达西垂的，后来秦襄公也是沿着这条道东向抗击犬戎、护送周平王东迁洛邑。石鼓文就有描述秦君在汧河流域活动之

　　① 雍际春、苏海洋《丝绸之路陇右南道陇山段的交通路线》，《丝绸之路》2009年第 6 期，第 33 页。
　　② 夏剑钦等校点《太平御览》卷第五十"地部十五"，河北教育出版社，1994年，第 406 页。
　　③ ［清］顾祖禹撰，贺次君、施和金点校《读史方舆纪要》卷五十二"陕西一"，中华书局，第 2464—2466 页。

事。《汧殹》中写道："汧殹（也）沔沔，烝皮（彼）淖渊。"《霝雨》则直接写道"舫舟自廓"、"佳（唯）舟以行"，郭沫若认为，上述诗所记就是"追叙（秦君）初由汧源出发攻救周之时事"①。正是因为秦人多次通过陇坻道东入关中，所以秦灵公等才在陇坻道的关键地段汧水河谷北侧的吴阳设上畤、下畤和武畤、好畤，秦始皇统一六国后第一次巡视陇右，也是走的陇坻道。

关山据说是因关得名。汉唐以来，陕西中部的渭水中下游的关中平原就是帝王之都，其所以称关中，潘岳《关中记》曰："秦西以陇关为限，东以函谷为界，二关之间，是为关中。"② 汉朝时因陇山设关，称陇关，北周更名大震关，位在今甘肃清水县东北小陇山，为控扼陕甘之重要关卡，此或即关山得名之关。唐司空曙曾夜宿关山关楼，其《关山月》诗言："苍茫明月上，夜久光如积。野幕冷胡霜，关楼宿边客。陇头秋露暗，碛外寒沙白。唯有故乡人，沾裳此闻笛。"③《清一统志·凤翔府一》云："其山高峻，盘折而登，凡五十里，始至绝顶。"清西宁道杨应琚于乾隆四年（1739）奉命入京述职，过秦州（天水），于七月十日至清水县，十一日早行20里至汤峪，30里至白沙镇，40里经盘龙山，有大震关，又行20里宿长宁驿（今张家川县恭门镇下城子）。十二日过关山，其日记道："过关山，山险阻，盘折而登，林木丛茂，桦柞尤多，人行不见日色。溪涧重密，皆覆以板桥，翼以扶栏，以通行旅。水流已急，而四山泉

---

① 郭沫若《石鼓文研究》，科学出版社，1982年。
② ［宋］程大昌《雍录》卷一，景印文渊阁本《四库全书》史部地理类古迹之属。
③《全唐诗》卷二九三，海南国际新闻出版中心，1995年，第1113页。

瀑乍大乍小，穿林越峡，奋涌扬波而来，溪声益壮，登顿洄沿。虽马行甚艰，睹此挂策不能舍去。始见有结茅而居者。岑参《关山诗》云'牛羊入青嶂，鸡犬宿苍烟。'形容之妙，至今犹然。上下八十里，至咸宜关（今陕西陇县固关镇），秦、凤要隘，有游击官统兵防守焉。……过山行四十里至陇州（今陇县），所谓秦之西门也。"①
刘尔炘先生于2012年驾车由陕西陇县唐家河村进入华亭麻庵千河峡谷，向北攀上关山梁，至华亭县城。所著《关山行踪——华亭县人文史地探秘》（甘肃文化出版社2013年版）记载了陇坂汧水路之艰难险阻、人文环境及历史遗迹。

二、关山又名汧山、岍山

上文说到，陇坻道系由陕西陇县溯汧水西北至华亭县原麻庵乡汧水河谷，再登陇坂。汧水今称千河，渭水支流。《水经注》卷十七经文"渭水又东过上邽县"下注云："渭水又东，汧、污二水入焉。余按诸《地志》，汧水出汧县西北，阚骃《十三州志》与此同，复以汧水为龙鱼水，盖以其津流径通而更摄其通称矣。"② 从地图看，汧水（千河）在原麻庵乡三角城往西主要有两条源流，南流发源于张家川县张棉驿乡石庙梁南侧，北流发源于华亭县西华镇关山主峰五台山南侧，五台山南的这一支水系由5条支流汇集而成，水流量较大，一般称其为汧水主源。汧水（千河）在华亭县原麻庵乡境内

① [清]杨应琚撰、汪受宽校注《据鞍录》，兰州大学出版社，1988年，第24页。

② [北魏]郦道元撰，陈桥驿点校《水经注》卷十七，上海古籍出版社，第350页。

长 32 公里，为河源段，又称麻庵河。东南流至固关镇唐家河村入陕西省陇县境，斜穿陇县中部，经千阳县、凤翔县，沿线有多条支流汇入，于宝鸡市陈仓区冯家嘴注入渭河。河流全长 152.6 公里，流域面积 3493 平方公里，平均年径流量 4.85 亿立方米。

汧水（千河）首见《汉书·地理志》"右扶风汧县"，班氏自注："吴山在西，古文以为汧山、雍州山。北有蒲谷乡弦中谷，雍州弦蒲薮。汧水出西北，入渭。汭水出西北，东入泾。"① 汉汧县在今陕西陇县东南 3 里，北魏改名汧阴县，隋改为汧源县。汧县之名汧因汧水由县内流过而名。《说文解字》称："汧，汧水出扶风汧县西北，入渭，从水幵（qiān）声。"② 班固所言汧山，因汧水而名，即系汧水发源的关山、小陇山。宋人理解的汧（岍）山范围比我们所说的关山（小陇山、陇山）更大。宋蔡沈《书经集传》言："《禹贡》所谓岍山也。晁氏以为，今之陇山、天井、金门、秦岭山者，皆古之岍也。"③

汧山之名，始见《尚书·禹贡》"导岍及岐，至于荆山"，传言："更理说（大禹）所治山川首尾所在，治山通水，故以山名之。（岍、岐、荆）三山皆在雍州。"疏言："称导山者，导山本为治水，故以导山名之。"④ 传疏言明岍山所在地域及其与汧水的关系。陆德明《经典释文》言："导音道，从首起也。岍音牵，字又作汧，山

---

① ［东汉］班固《汉书》卷二十八上"地理志上"，中华书局，1962 年，第 1547 页。

② ［东汉］许慎《说文解字》十一下水部，中华书局，1963 年，第 225 页。

③ ［宋］蔡沈《书经集传》卷二，景印文渊阁《四库全书》经部书类。

④ ［清］阮元校刻《尚书正义》卷六"禹贡"，《十三经注疏》（清嘉庆刊本），中华书局，2009 年，第 317 页。

名，一名吴岳。马本作开（開）。"① 请特别注意"马本作开
（開）"四字，其中马本指马融所作《尚书》注本。我们检索数字
本文渊阁《四库全书》，其中有 76 种（卷）共 115 处讲到"导岍及
岐"，却无一处讨论为何马本将"岍"写作"开"。《水经注》中一
再讲到汧水、汧山，但该书在辗转传抄的过程中，缺佚颇多，经注
混杂，难以卒读，故清代学者对《水经注》进行了艰苦的校刊，成
绩甚大。我们遂试图从中找出对此问题的解释。最后找到王先谦
《合校水经注》卷四十"汧山"条下校言：

> 官本曰，按近刻作关山。案朱作"关"，赵改"开"，刊误曰：
> （赵一清）笺曰，《禹贡》无关山。《汉志》扶风汧县有吴山，在西，
> 古文以为汧山。《周礼》雍州之镇曰岳山。郑云，吴岳也。案：《经
> 典释文·尚书音义》曰："岍，音牵，又作汧山，马本作开。"《释
> 名》曰："吴山，谓之开山。"盖刘熙郑康成弟子，而康成马融弟子
> 也，故同。马本"关山"是"开山"之讹。②

这大概可视为古代校刊家对"马本作开"的最全面的解释，意
为汧山的汧字，有的改为关，有的写为开，开字是东汉马融注本的
用字，其再传弟子刘熙在其著作中亦称开山③，究竟其中的原因何
在，谁都没有说清楚。

---

① ［隋］陆德明《经典释文》卷三《尚书音义上》，上海古籍出版社，2013 年，
第 158 页
② ［北魏］郦道元撰，［清］王先谦校《合校水经注》卷四十，中华书局，
2009 年，第 577 页。
③ 按东汉刘熙，今有《释名》一书传世，该书散佚颇多，清王先谦有《释名疏
证补》，上海古籍出版社 1984 年影印上海图书馆藏清光绪二十三年本，其中无"开
山"或"汧山"之类的词语。

20 多年前，我进行秦人诸時祭的研究，开始接触汧水、汧山问题，就始终关注此事，企图求得解释。现在将这些知识通盘思索，似乎解开了这个谜。我发现在《史记》《汉书》和《说文解字》中有汧字（汧水、汧山、右扶风汧县），也有开字（天水郡罕开县，罕开羌），汧字都写成"汧"，开字都写成"开"字。《说文解字》称："汧，从水开声。""开，平也，象二干，对构，上平也。"① 显然，开是一个象形字，所谓"象二干"，使我们联想到上边所述汧水上游有两条主要源流，其一由南边的张家川县流出，另一由北边华亭县五台山南侧流出，或许开字就是汧水上游两大源流的象形字。开字是汧水岍山的本名用字，后来，才加氵的偏旁而称河名为汧水，加山的偏旁而称山名为岍（岍）山。而古代同音假借或省笔写的字很多，后来俗体省笔将汧字写为汧字，开字写成开字，后二者逐渐演变为正字。那么马融在《尚书》注中将岍字写作开（開）字了吗？我以为不是。马融是著名的古文大家，所注《尚书》中"导岍及岐"的岍字应该就是其本字开。后来，在传抄过程中，有人不识该字，因为開字的门围间是开字②，于是将《尚书·禹贡》中"导岍入岐"的岍（岍）字讹写为開字了。但是开字在此无法讲通，由于关（關）字与開字字形类似，開字又被讹写为关字了。《水经注》之"开水"也就被校刊家或传抄者讹写为"关（關）水"了，或许关山一名实来自于此。

总之，在我看来，汧字之后半边即音符的开，可能系古人依汧

---

① ［东汉］许慎《说文解字》，中华书局，1963 年，第 225、299 页。

② "開，张也，从门从开。"见［东汉］许慎《说文解字》十二上门部，中华书局，1963 年，第 248 页。

水有南北两源而造出的象形字，是汧的本字，后来才有了称河的汧水和称山的岍山。马融是古文家，故所注《尚书》本中即用开字代岍字，但后人不识开字，却误改为开字，就是大错特错了。而因为开（開）字門中间也是开，故后人在传抄过程中可能将开讹写成开（開），甚至讹改为关（關），这就出现了《尚书·禹贡》和《水经注》中岍字和汧字误写为开字或关字的错误。

三、关山又名岳、吴山、吴岳、吴阳、虞山

一般人都知道中国有五大名山，而称之为五岳，却不知道关山曾经是中国西部单名岳，又名吴山、吴岳、吴阳、虞山的山。《周礼·职方氏》："正西曰雍州，其山镇曰岳山。"郑氏称"岳，吴岳也，及弦蒲在汧"①。言周都城正西方向是雍州，雍州的镇山为岳山，又名岳、吴岳。《汉书·地理志》：右扶风汧县"吴山在西，古文以为汧山，雍州山。"②《后汉书·郡国志》右扶风汧县，"有吴岳山，本名汧，汧水出"。章怀太子注："吴山，郭璞云'别名吴山，《周礼》所谓岳山者。'"③ 这几条材料，将关山（汧山）又名岳、吴山、吴岳、吴岳山都说清楚了。

但是，古代对此也有不同的声音。《汉书·郊祀志》言："自华以西，名山七，曰华山，薄山，岳山，岐山，吴山，鸿冢，渎山。"将岳山与吴山分列。于是，有人生出二山非同一山之说。唐颜师古

---

① 《周礼注疏》卷三十三"夏官·职方氏"，《十三经注疏》（清嘉庆刊本），中华书局，2009年，第1863页。

② 《汉书》卷二十八上《地理志上》，中华书局，1965年，第1547页。

③ 《后汉书》志第十九《郡国志一》，中华书局，1965年，第3406页。

曰："《周礼》职方氏'雍州,其山曰岳。'《尔雅》亦云'河西曰岳'。说者咸云岳即吴岳也。今志有岳,又有吴山,则吴、岳非一山之名,但未详岳之所在耳。徐广云'岳山在武功。'据《地理志》,武功但有垂山,无岳山也。岐山即在今之岐山县,其山两岐,俗呼为箭括岭。吴山在今陇州吴山县。"①照此说法,岳(岳山)、吴山并非同一山的异名,而是关中西部武功、陇县、岐山三县不同山的名称。唐时编纂成的《元和郡县图志》关内道,更将陇山、岍山、吴山、小陇山分别定位于陇州(治今陕西陇县)三个不同的县内,将陇山定位于汧源县(今陇县)"西六十二里";岍山定位于汧源县"西六十里,北与陇山接,《禹贡》'导岍及岐'是也";吴山定位于吴山县(治今陕西宝鸡市陈仓区县功镇)"西南五十里。秦都咸阳,以为西岳,今为国之西镇山。《国语》谓之西吴";小陇山定位于华亭县(今属甘肃)"西四十里"。②其后,唐《通典》及宋《太平寰宇记》皆承袭此说。清王士祯《陇蜀余闻》云:"吴山为西镇,在陇州南七十里。《水经注》以为即古之岍山,《尔雅》为河西镇,《埤雅》以华山为中岳,吴山为西岳。按《陇志》,岍山在州西四十里,旧汧源县汧水所出。《禹贡》'导汧及岐',是也。则吴与岍,自是两山,郦注未详也。"③从我们在第一部分对关山(小陇山)的范围定位来看,陕西陇县之西之南、陈仓区之西南、甘肃华亭县之西都是关山山脉,古人却要分析其距县几十里而称其非一山而不同

---

①《汉书》卷二十五上《郊祀志上》及颜注,中华书局,1962年,第1206、1207页。

②［唐］李吉甫《元和郡县图志》卷二"关内道二·陇州",中华书局,1983年,第45—46页。

③［清］王士祯《陇蜀余闻》,清早期竹纸写刻本,五叶A。

名，眼界太狭窄了。

我们知道，山脉都是由无数大小山岭组成的，同一山脉在不同时代或不同区域有许多不同的名称。我们在上边已经定义了关山（小陇山、陇山、汧山）大体是由甘肃华亭南延至甘陕渭河以北的大山脉，其最高峰在华亭县西南部，就是说华亭县内的所有山丘都属于关山山脉。在1996年出版的《华亭县志》"地貌·山丘"一节中，讲华亭县内的关山（小陇山）为六盘山南沿部分，其最高峰为五台山，关山的分支又有三乡山、双凤山、皇甫山、朝那山、萃峰山等。① 我们可以说关山（主峰五台山）在县城西20公里，又说萃峰山在县城东北12公里，却不可以说萃峰山不是关山的一部分。同样的道理，岳山与吴山在不同书中有不同方位的记载，但不等于说岳山不是吴山。清初地理学家顾祖禹已经对此有一定的领悟，在《读史方舆纪要》"陕西四·陇州"中讨论岍山时，言："岍山在州西四十里。《汉志注》'吴山，古文以为岍山。'《禹贡》'导岍及岐'，谓此山也。亦谓之吴岳山，盖山有三名矣。"但在紧接着的岳山条，他却犹豫了起来，说："盖吴山与岳山冈陇相接，或谓之一山矣。其实吴山在州西，而岳山在州南也。"②

清代地方学者通过艰难的考据，基本解决了这一问题。雍正《陕西通志》卷十，引用《元和郡县图志》"岍山在（陇）州西四十里，汧水所出"。《雍大记》汧，一作岍。按有汧水，故其字或从山或从水。《夏本纪》注，汧源县有岍山。《隋书·地理志》山在汧源

---

① 《华亭县志》第二章地貌第一节山丘，甘肃人民出版，1996年，第84—85页。

② ［清］顾祖禹撰，贺次君、施和金点校《读史方舆纪要》卷五十二"陕西四"，中华书局，第2655页。

县西 40 里，东邻岐岫，西接陇冈。《括地志》山在县西 60 里，北与陇山接。《禹贡》"'导岍及岐'是也"的文字后，加按语："《陇蜀余闻》云，'吴与岍自是两山，郦注未详。'而晁氏则云，'今之陇山、天井、金门、秦岭，皆古之汧山。'又按《县图》，吴山脉接关山，与岍、慈诸山相连，则岍山即吴岳之支也。考汧水之源，一西出岍山，一南出吴岳之阴，故谓《禹贡》之'导岍'者，或指吴岳，或指岍山，又安得以吴岳与岍山各自为山，而遂谓其绝不相属乎？"① 虽然在该书同卷将陇山、关山另列，但至少在此处是从大处着眼来讨论陇州西诸山虽名称各异实为同一山脉。所以，无论岍山、吴山、吴岳、岳、岳山都是关山（小陇山）山脉的古名，绝不可否定其均系关山的事实。

清朝地理学者对此辨析的成果，集中于杨守敬、熊会贞疏《水经注疏》卷十七。在经"（渭水）又东过陈仓县西"，注"《地理志》曰：吴山在县西，古文以为汧山也"下，疏称：

赵（一清）云：《地理志》，古文以为汧山。（杨）守敬按：《禹贡》作岍。然《说文》但有汧字，《山水泽地》篇亦作汧，与《汉志》合。《地理通释》，吴山在陇州吴山县西南五十里，汧山在陇州汧源县，汧水所出。阎若璩《尚书疏证》：汧山在陇州西四十里。《唐六典》陇右道名山曰秦岭者，是吴岳山在陇州南八十里，《六典》关内道名山曰吴山者，② 是则分吴山、汧山为二。按《禹贡锥指》，吴山，《汉志》虽云在县西，而冈峦绵亘，延及其南，只是一山。自周尊汧山曰岳山，俗又谓之吴山，或又合称吴岳，而汧山之

① 《陕西通志》卷十."陇州"，影印《四库全书》史部地理类都会郡县之属。
② 汪按：文见《大唐六典》，三秦出版社 1991 年影印本，第 53、58 页。

名遂隐。其实《周礼》总称岳山,《禹贡》总称岍山,当以《汉志》为正。①

最终将关山、汧山、岍山、吴山、岳山、吴岳山皆定为一山之异名,堪称考据学典范。

这里还有一个吴山之名由来,及其又名虞山的问题。《水经注》"汧水又东,会一水,水发南山西侧,俗以此山为吴山。《地理志》曰:'吴山在县西,古文以为汧山也。'《国语》所谓'虞'矣。"②就是说吴山亦名虞山。或许当年郦道元所见《国语》本为"虞"山,但今本《国语·齐语》为"西吴"。《国语》言,齐桓公"即位数年,东南多有淫乱者,莱、莒、徐夷、吴、越,一战帅服三十一国。遂南征伐楚,济汝,踰方城,望汶山,使贡丝于周而反。荆州诸侯莫敢不来服。遂北伐山戎,刜令支,斩孤竹而南归,海滨诸侯莫敢不来服。与诸侯饰牲为载,以约誓于上下庶神,与诸侯勠力同心。西征攘白狄之地,至于西河,方舟设泭,乘桴济河,至于石枕。县车束马,踰大行与辟耳之溪拘夏,西服流沙、西吴。南城于周,反胙于绛。岳滨诸侯莫敢不来服,而大朝诸侯于阳谷。兵车之属六,乘车之会三,诸侯甲不解累,兵不解翳,弢无弓,服无矢,隐武事,行文道,帅诸侯而朝天子。"这段文字,讲齐桓公南征北战西讨后称霸诸侯的过程。其中"悬车束马,踰太行与辟耳之溪拘夏,西服流沙、西吴"诸句,就是与本文有关的内容。韦昭注云:"流沙、西

---

① [北魏] 郦道元注,[清] 杨守敬、熊会贞疏《水经注疏》卷十七。

② [北魏] 郦道元撰,陈桥驿点校《水经注》卷十七,上海古籍出版社,1990年,第352页。

吴，雍州之地。"① 显然，史书中为了区别扬州之吴（今苏州一带）而称雍州之吴为西吴，方位是很清楚的。再说确有先秦著作将齐桓公征服的西吴写为西虞的，《管子·小匡》相关处就写作"西服流沙、西虞"，李善注"西虞，国名"②。西吴为何又写作西虞，东汉著作《释名·释州国》言："吴，虞也。"③ 杨守敬言："是郦氏所见《国语》作西虞，今《国语》作西吴，古字通也。"④

齐桓所征服之虞，是商末周初的诸侯国。《诗经·大雅·緜》："虞、芮质厥，成文王蹶厥生。"⑤ 郑氏笺为此讲了一段很有趣的故事：原来，西伯姬昌被殷纣王从羑里释放回来后，更为积德行善，招徕士人，讲究信誉，和悦百姓，在诸侯中声望更高。虞君和芮君因两国田土之争来找西伯评理，入周境后，见农人们互让田埂，行人互相让道。上了朝廷，见士人互让大夫的位置，大夫互让卿的位置。还没有见到西伯，虞君和芮君惭愧地说道："我等小人，不可以履君子之庭！"意为，我们争那一点土地，在周人看来是很可耻的事。我们都是些小人，怎么好意思去登君子的大殿！于是俩人马上返回，商定将有争议的田土作为闲田，谁也不种。诸侯们听说这件事，都非常感动，一下子又有 40 多个诸侯前来归附。古人说姬昌从

① 《国语》卷六"齐语·桓公帅诸侯而朝天子"，上海古籍出版社，1978 年，第 242 页。

② 黎翔凤撰、梁运华整理《管子校注》卷八"小匡第二十"，中华书局，2004 年，第 425 页。

③ ［东汉］刘熙撰，［清］王先谦撰集《释名疏证补》卷二"释州国"，上海古籍出版社，1984 年，第 91 页。

④ ［北魏］郦道元注，［清］杨守敬、熊会贞疏《水经注疏》卷十七。

⑤ ［清］阮元校刻《毛诗正义》卷十六·二《大雅·緜》，《十三经注疏》（清嘉庆刊本），中华书局，2009 年，第 1101 页。

此接受天命称文王。其中虞国的地望，旧以为在今山西平陆一带，是将周武王平纣后给其叔祖仲雍后代周章的封国虞误为商末与芮国为邻的虞国。我们知道，关山主峰五台山南侧为汧水源，北侧为芮水源，前人将芮国定于芮水（今汭河）上中游的今华亭、崇信县境，而将虞国定于汧水（千河）流域的华亭、清水南、陕西陇县、宝鸡一带。虞地之山称为虞山，虞者吴也，故而又将该山称为吴山。谭其骧先生主编《中国历史地图册》（一）之"战国秦蜀"图，经过认真考证，在陇县、宝鸡西至甘肃清水一带标为"吴山（岍山、岳山）"是很有道理的。

陇山文化圈论要

雍际春

（天水师范学院　陇右文化研究中心　甘肃　天水　741001）

摘要：海内名山陇山纵贯陕甘宁三省区，它不仅是一条重要的自然地理分界线，而且也是一条重要的人文地理分界线和连接线。特殊的区位和地域格局，赋予了其文明交融与多元文化交汇的优势条件。这块文化沃土孕育了肇启文明的始祖文化、奠定中华传统文化基础的周秦早期文化、多元的民族文化、多彩的宗教信仰和独具韵味的陇山文学意象等。这表明围绕陇山及周围的陇东、宁南、陇西和关西而形成的陇山文化圈，既是古代文化多彩繁盛之区，也是不同文明与文化的重要化合区。因此，关山无疑就是中华文化传承创新的基因库和生长线。陇山文化圈的构建，既有深厚的历史根基，也具有重大的现实意义。

关键词：陇山；文化圈；始祖文化；周秦早期文化；民族文化；中华文化；生长线

在我国北方陆地的中心有一列南北纵列于陕甘宁三省交界处的

海内名山——六盘山。六盘山海拔 2000 米以上，主山南北延伸约 240 公里，东西约 40 公里。六盘山南部又称陇山，陇山古称陇坂，亦名陇坻、陇首、陇头，俗称分水岭、关山。它曾是古代联系祖国东西必经的咽喉要道和军事要塞，素有"陇右门户，关西要隘"之称。历史上"陇西"、"陇右"的称谓和甘肃省简称陇，都源于陇山。

作为我国少有的南北向山脉，六盘山与其北的贺兰山一道成为我国东部与西部的天然分界线，从而与秦岭、淮河区分南北一样，构成了我国南北与东西之间重要的自然、人文地理分界线。就六盘山、陇山而论，其东南与西北成为暖温带与中温带、半湿润与半干旱、600 毫米与 400 毫米降水量线、森林草原与草原景观的过渡地带。与之相适应，在山脉及周围的陕西宝鸡市，甘肃庆阳、平凉、天水市，宁夏固原市，面积约 8 万平方千米的区域内，历史上既是多民族交错杂居区，中原王朝经营西北的重要屏障和军事要塞，也是内地通往西北和丝绸之路的咽喉枢纽，还是农耕区与游牧区的过渡地带。这种特殊的自然和人文环境，为陇山地区历史发展和文化创造提供了丰富养料与多元选择。因而，作为一个相对独立的区域，陇山地区在中国历史演进和文化传承创新中，都曾发挥过独特而重要的作用，也铸就了自己的辉煌。从区域文化视角进行观察，陇山地区历史上文化的发展久远辉煌，内涵丰富多彩，特色突出鲜明，概括分析，其主体内容主要有以下几个方面。

一、始祖文化孕育地

苏秉琦先生明确提出要重建中国古史的远古时代，认为中华民族具有"超百万年的文化根系，上万年的文明起步，五千年的古国，两千年的中华一统实体"①。所谓中国古史的远古时代，就是指夏商周上古时代以前的中国早期历史阶段，即中国古史传说的三皇五帝时代，这个时代正是中华文明的萌芽时期。伏羲、女娲位列三皇，伏羲更是位居三皇之首，百王之先，在汉代时被列为"上上圣人"。② 女娲作为三皇五帝中唯一的女性首领，与伏羲一样是中华民族的创世者、始祖母和高媒之神。伏羲、女娲大致处于远古时代由母系氏族社会迈入父系氏族社会的阶段，其画八卦、造书契、结网罟、做甲历等一系列发明创造和文化贡献，引领中华先民告别蒙昧洪荒，是开启中华文明序幕的人文始祖和文化英雄。

炎帝与黄帝部族分别兴起于陇山东西两侧，《国语·晋语》说："昔少典氏娶有蟜氏，生黄帝、炎帝。黄帝以姬水成，炎帝以姜水成。成而异德，故黄帝为姬，炎帝为姜。"这两个胞族从渭水流域比邻而居到发展壮大，一路东进，后在中原经历战争、征服和融合，炎帝部族、黄帝部族首先结盟，进而征服并融合东夷集团，又吸纳众多小方国部族，形成炎黄集团，进而集合为拥有"万邦"的酋邦联盟国家，"诸侯咸尊轩辕为天子，代神农氏，是为黄帝"③。由此，以炎黄集团为主体，中华民族的主体——华夏族在炎黄时代开始形成。轩辕黄帝又位居五帝之首，是炎黄时代的开创者和华夏民族人文初祖，其所代表的发明创造包括凿井制陶、舟楫车舆、杵臼火食、服牛乘马、弓矢钟镜、作书制图、制琴作乐、作磬造鼓、衣裳冠冕、

---

① 苏秉琦《中国文明起源新探》，三联书店 1999 年版，第 176 页。
② 《汉书》卷二十《古今人表》，中华书局 1978 年版。
③ 《史记》卷一《五帝本纪》，中华书局 1982 年版。

制履造旃、占星占月占日、律吕甲子、算数调历、宫室几案、棺椁阴阳、种桑养蚕等。① 这些文化成就包括社会治理方面的进步，标志着中华先民已经开始进入文明时代。

在上古传说和神话人物中，西王母可以说是个跨界人物，而实际上她应该是自黄帝时代以来长期、多代传承这一名号的西北羌戎部族女首领的统称。② 西王母与昆仑山、黄帝、周穆王的传说与交流，实际是羌戎部族与炎黄部族交流融合的反映，她也成为中原与域外文化传播交流发挥中介作用的象征符号。

如此之多不同阶段的中华人文始祖和文化英雄出自陇山一带，同天水大地湾、西山坪、师赵村，庆阳南佐，宝鸡北首岭等遗址为代表的新石器时代辉煌的早期文化一道，相互印证陇山地区是多元文化和早期文明生成的肥土沃壤和理想之区，是中华始祖文化的孕育地和中华文明的重要发源地。在多元一体中华文明、中华民族的孕育形成过程中，这一地区发挥了重要作用。

二、周秦早期文化发祥地

史载夏末时周人先祖不窋"自窜于戎狄之间"，至公刘时迁于豳（今庆阳宁县），再到古公亶父始南迁岐下，在今甘肃陇东地区历经12世之久。周人定居陇东期间，不窋在此教民稼穑，鞠陶、公刘"复修后稷之业"，发展农业生产，"立法定制，以垂永久"，故"周

---

① 齐思和《黄帝之制器故事》，《古史辩》第七册（中），上海古籍出版社1982年版。

② 范三畏《旷古逸史——陇右神话与古史传说》第241-258页，甘肃教育出版社1999年版。

道之兴自此始"。① 而且，周人发达的礼乐文明和农耕文化传统，亦奠基于陇东地区。史载不窋北迁后的周人"不敢怠业，时序其德，纂修其绪，修其训典，朝夕恪勤，守以敦笃，奉以忠信，奕世戴德，不忝前人"②。可见周人序德修典、绪训恪勤、敦笃忠信的传统源远流长、一以贯之。则陇东地区是周人和周文化的重要发祥地。

商末时，秦人先祖中潏弃商归周，并率族西迁来到天水"在西戎，保西垂"。接着，周公东征时，又将东方曲阜一带的部分嬴姓族民"商奄之民"西迁至"朱圉"即今甘谷一带。③ 从中潏开始至秦文公，有 14 代秦人在天水渭河流域和西汉水上游地区定居、发展和建立诸侯国家，并立足自身传统，积极接受中原文化，又广泛吸收西戎、北狄和域外文化，形成了以农牧并举、华戎交汇为特征的秦早期文化。其所具有的粗犷、豁达、进取、剽悍的风格与尚武、重利、坚忍、质朴的民族性格，④ 成为秦人发展和最终统一中国，建立中央集权制度的重要文化基因，并对此后汉文化的发展和中国传统文化产生了深远而持久的影响。

在中国历史上，周秦之际正当千年未有之大变局的节点，集三代文明之大成，代表古典文化最高成就的周王朝，与结束列国争霸、一统中华，完成民族与文化整合，实现社会转型的秦王朝，其文明与文化的肇启，俱与其始兴之地陇山地区密切关联。

---

① 《史记》卷四《周本纪》。
② 《国语》卷一《周语上》。
③ 李学勤《清华简关于秦人始源的重要发现》，《光明日报》2011 年 9 月 8 日。
④ 雍际春《论天水秦文化的形成及其特点》，《天水师范学院学报》2000 年第 4 期。

三、多民族文化交融区

从大地湾文化中经仰韶时代文化、马家塬文化、齐家文化到青铜时代诸文化，陇山所在的甘肃地区线索清晰、传承有序的史前文化，也可以称之为黄河上游文化区。它与黄河中下游中原地区的古文化既相互交流影响，又独立发展，并在本土化发展过程中，在马家窑文化时期，孕育并形成了羌戎部族，也可称之为西羌集团。① 西羌集团及其西羌文化，是与黄河中下游的炎黄文化、东夷文化同时并存的文化。陇山地区就是羌戎土著部族及其文化的重要分布区。

在商周时期，除了周人、秦人先后兴起于陇山地区之外，见于文献记载和考古发掘资料的当地土著氐羌戎狄部族广泛活动于陇山内外，寺洼文化、辛店文化等遗址即是其遗存。辛店文化属羌族或戎族文化。寺洼文化与辛店文化东西并存又有交错，主要分布于甘肃中、南、东部和关中西部地区，其文化主人是以江汉西迁而来的三苗等为主，融合了洮河一带部分土著羌戎而出现的一个新部族，其迁入平凉一带后以犬戎著称，再后来又被称为猃狁，而留在陇南一带的就是后来的氐族。② 这些民族及其文化不仅互相交错交流，而且与并起于陇山地区的华夏周秦文化联系密切，交流频繁，相互影响。

商周以来特别是西周时期，羌方、鬼方、犬戎、猃狁、畎夷、

---

① 雍际春《远古时代的西羌部族与关陇文化》，《西北民族研究》2012 年第 2 期。

② 尹盛平《犬夷与犬戎》，《周秦社会与文化研究》，陕西师范大学出版社 2003 年版。

绲夷等累见于记载，西戎为其统称。春秋战国时期的邦戎、冀戎以及绵诸、绲戎、翟戎、獂戎、义渠、大荔、乌氏、朐衍等西戎八国，① 大多分布于陇山左右。在春秋时期约300年间，西戎各部与秦人交错杂处，双方通过联姻、文化交流、经济互通和征战等方式开始了文化与民族的融合进程。其时，秦戎关系可分为两个阶段，前一阶段从襄公至穆公时期，经历九君160年，以战为主，前后发生战事10多次。如果说在襄公时秦戎对峙已实力相当的话，则此后，秦人势力开始强于西戎，故对西戎的征伐基本都取得胜利。典型事件如秦武公十年（前688），"伐邦、冀戎，初县之。"穆公三十七年（623），"秦用由余谋伐戎王，益国十二，开地千里，遂霸西戎。"②周天子遣使致贺，秦国成为春秋五霸之一。进入战国时期，西戎已无力发起对秦人的攻伐，反而是秦人逐渐征服西戎各部，最终以秦昭襄王三十五年（前272）攻灭实力最强的义渠戎为标志，西戎部族悉被征服而大部融入华夏民族。

秦汉时期的氐与羌，魏晋北朝时期的氐、羌、鲜卑、匈奴，隋唐时期的吐蕃、党项、粟特，元代以来的回族等，都曾活动于陇山地区，长期与汉族杂居融合。所以，这里是农耕文化与游牧文化的过渡带和结合部，也是多元文化交汇区。这种文化格局，既在中华文化发展融通中大显身手，也促进本区文化异彩纷呈。

四、多彩信仰文化富集区

陇山地区是宗教和信仰文化发达之区，而且丰富多彩。除了佛

---

① 《史记》卷一一〇《匈奴列传》；《后汉书》卷八七《西羌传》。
② 《史记》卷五《秦本纪》。

教、道教、伊斯兰教等宗教信仰之外，还有一些与本地区人文环境密切相关的信仰崇拜，突出的有以下 4 个方面：

首先是始祖崇拜。作为伏羲、女娲、炎帝、黄帝和西王母的故乡，他们都是中华民族人格、神格合二为一的创世神和始祖神。伏羲与女娲兄妹成婚繁衍人类。伏羲被民间尊奉为人宗爷，女娲不仅化生万物、炼石补天，而且抟土造人，因而被称为大地之母。而女娲"蛇躯"和"女娲之肠"其实都是其生育的象征说法，是上古人们生殖崇拜的具体表现和反映，说明女娲也是生育之神。史载伏羲"制嫁娶，正姓氏"，"女娲祷祠神，祈而为媒因置婚姻"。又说女娲"以其载媒，是以后世有国，是祀为皋媒之神"。《路史·后记》说女娲"正姓氏，职婚姻，通行媒，以重万民之则，是曰神媒"。禖神就是管理结婚与生子的女神，亦即"大母之神"，① 这说明伏羲又是嫁娶之礼和姓氏制度的开创者；而女娲则是最早的做媒者，也就是媒人，因而被尊奉为高媒之神。相传伏羲画八卦、造书契、结网罟、取火种、养牺牲、兴庖厨、造甲历、制嫁娶、定姓氏、创礼乐、制九针、立占筮、设九部、龙纪官、造干戈、服诸夷等，还有感生神话、洪水故事、葫芦神话、龙图腾与龙文化、龙蛇禁忌等。这些文化创造与涉及社会生活各方面的贡献和创始，在民间也往往通过传说故事、物神崇拜而广泛介入到民俗信仰活动之中。

以黄帝为杰出代表的炎黄集团及其部族成员的一系列发明创造，奠定了中华文明的人文基础，他们也成为中华民族享有盛誉的人文始祖和广泛崇拜的神人。炎帝、黄帝除了始祖崇拜之外，如前所述

---

① 孙作云《诗经恋歌发微》，见其著《诗经与周代社会研究》，中华书局 1966 年版。

多项文化与器物的发明者，都被列入黄帝名下而受到崇拜。还有黄帝问道广成子，黄帝同岐伯论药，与中国道教起源、医学的产生和养生学、仙话的形成等至关重要。黄帝众多的部属诸如嫘祖养蚕缫丝而为蚕神，仓颉造字等等，都受到民间的信仰和崇拜。西王母作为羌戎部族的首领和昆仑神话的主角，与黄帝、帝尧、帝舜、周穆王，都曾有交往，其身份角色多元，如女王形象由半人半兽到优雅华贵，身份从神话中的女王到仙话道教中的女仙，再到人间掌管婚姻和生育的女神等等，也在民间受到崇拜和广泛的信仰。从以上概要举例中，我们可以清楚地看到，对这些人文始祖的崇拜及其民俗信仰，也是始祖文化的重要组成部分。

其次是天帝崇拜。"国之大事，在祀与戎"。中国古代通过祭天活动以达到敬天保民、天人和谐的效果。中国祭祀五方天帝的時祭发端于宝鸡雍地，据《史记·封禅书》记载，相传黄帝时做吴阳武畤、好畤，郊上帝。一直到西周晚期在此还有郊祭活动举行，可见雍地具有悠久的祭祀传统。而系统进行五方天帝的時祭活动始于秦国，先后有秦襄公做西畤，祠白帝，文公做鄜畤祭白帝，秦宣公做密畤祭青帝，秦灵公做吴阳上、下畤，祭黄帝、炎帝，秦献公做畦畤，祀白帝，形成了"雍四畤"体系。至汉高祖刘邦立北畤，祭祀黑帝，① 遂形成完整的祭祀青、黄、赤、白、黑五帝的天帝祭祀系统，郊祀雍畤也成为王朝的最高祭礼。西汉帝王在雍地祭天礼仪一直延续到汉武帝时期，从文帝到武帝时期的西汉帝王先后 18 次郊雍。秦汉时期在雍地创制的時祭对中国古代祭祀制度的形成与发展

----

① 《史记》卷二八《封禅书》，中华书局 1982 年版。

具有承前启后的作用。

再次是山川星宿崇拜。在秦统一后所祭祀的山川中，西方的7座名山中的岐山、吴岳、鸿冢三山，秋渊朝那一水，以及渭水、泾水、沔水、洛水等大小河流，均为等级不同的国家祭祀。先后为秦都的西县有"数十祠"，雍城则有日、月、参、辰、南北斗、荧惑、太白、岁星、填星、二十八宿、风伯、雨师、四海、九臣、十四臣、诸布、诸严、诸逑等祠庙竟达"百余庙"。① 这些资料虽记载的都是秦统一后的诸神状况，但大部分在秦初就已经存在，可见日月星辰祭祀数量多而规模大。

复次是鬼神崇拜。以秦国为例，秦文公因陨石而置陈宝祠，伐木见水牛而置怒特祠。秦人遇到伏日要祭祀，设伏祠，见到凤凰则设凤女祠，腊日则设腊祠等。这些加上祖先崇拜、民间众多的山神崇拜等，形成了壮观而庞杂的鬼神崇拜信仰。对后世民间信仰和民俗文化都产生了深远影响。

五、陇山文学意象孕育地

陇山高险雄奇、风光秀美的景色，山东西与南北不同的自然环境，多民族交错与农牧兼备的人文氛围，为历代文人墨客进行文学创作提供了丰富而独特的素材。以高险、曲折、悲愁、苍凉、异域、出关、贬谪、思乡、征战、言志、凯旋、山水、神话等为核心的陇山文学意象，千百年来始终是文学创作者抒发情怀取之不尽的灵感来源。我们从历代围绕陇山进行的诗歌创作就可清楚地看到这一点。

---

① 《史记》卷二八《封禅书》。

在中国古代诗文中，边塞诗以其洋溢着奋发有为的进取精神，慷慨激昂的尚武精神和雄豪尚气的任侠精神，以及强烈的忧患意识和英雄情节而独树一帜，影响深远。边塞诗源起西周，初步发展于汉魏六朝，兴盛于唐代。它以描写边塞风光，反映边疆战士艰苦生活，表达杀敌报国、建功立业抱负，抒发边疆将士思乡情思为主要特点。最早的边塞诗和不少名家诗作都与陇山有密切关系。《诗经》中描写周宣王派兵征伐猃狁的《小雅·出车》《小雅·六月》，表现保土卫边、共同对敌的《秦风·无衣》等，被认为是最早的边塞诗。① 其实，《诗经·秦风》中的《驷驖》《小戎》，石鼓文诗中的《车工》《田车》《銮车》《而师》诸篇，也都可以列入边塞诗。在边塞诗兴盛的唐代，以王昌龄、王维、高适、杜甫、岑参、许棠等一批著名诗人都有不少以陇山为题的边塞诗和诗词佳作。可以毫不夸大地说，陇山与塞外、西域、河西等地域一道，成为边塞诗永恒赋比兴叹的题材。

在汉魏乐府中，出现大量歌咏陇山的诗作，如著名的《陇头歌辞》："陇头流水，流离山下。念吾一身，飘然旷野。朝发欣城，暮宿陇头。寒不能语，舌卷入喉。陇头流水，鸣声幽咽。遥望秦川，心肝断绝。"该诗颇具代表性。在宋人郭茂倩所编《乐府诗集》所收乐府诗《横吹曲辞》中，收入《陇头》诗2首，《陇头吟》2首，《陇头水》20首，《陇头流水歌辞》3首，《陇头歌辞》3首。与陇山

---

① 何国新《〈诗经〉中的边塞诗——兼谈边塞诗的起源》，《文史知识》1993年第4期。

相关的《关山月》有 24 首，《关山曲》2 首；《陇西行》11 首。① 以陇头、秦川、征人、胡骑、边关、沙场、陇头水、关山月、思乡、悲愁、苦寒、羌笛、弓剑、牛马、禽鸟、草木等为关键词，营造了特色浓郁、风格鲜明的陇山文学气象，并对后世诗文创作产生了重要影响。

《乐府诗集》在乐府汉《鼓吹曲辞·铙歌》中收入《上之回》8 首，陈子昂、李白、卢照邻、李贺等均有佳作留世。② 据张怀群搜集古今《上之回》诗作共有 24 首。③ 这些诗歌以西王母、回中山、回中宫、回中道和穆天子、汉武帝相会、宴飨、巡游、祭拜、征战等为题材，这无疑拓展了陇山文学的题材与内容领域。

此外，不少诗人围绕陇山地区的诗作很多，如杜甫的秦州诗、陇右诗，诗文俱佳的明代文学家李梦阳，还有胡缵宗、赵时春、巩建丰、王羌特等当地文学家的大量诗文创作，都有鲜明的地域特色和乡土气息。

我们从历代歌咏陇山的诗文这一视角，就可以充分了解陇山文学意象的独特魅力。从《诗经》到唐诗宋词，从汉武帝获白麟作《朝陇首》到毛泽东长征胜利作《清平乐·六盘山》，从赵壹、傅玄到李梦阳，从鲍照、江总到李白、杜甫、陆游等，以他们为代表创作的陇山诗蔚为大观，包罗万象，成为中国文学与文化的瑰宝。

---

① （宋）郭茂倩《乐府诗集》卷二十一《横吹曲辞》（一）、卷二十五《横吹曲辞》（五）、卷三七《相和歌辞》（二），西苑出版社 2003 年版。

② （宋）郭茂倩《乐府诗集》卷十六《鼓吹曲辞》（一），西苑出版社 2003 年版。

③ 张怀群《回中诗选·续集》序言，国学书院 2016 年版。

六、陇山文化圈的形成及其意义

文化圈理论认为，人类文化是有许多独立的民族文化形态组成，这些独立的文化形态既相互区别，又相互影响，由此形成文化圈及文化传播。要研究文化圈，首先要确定基本的文化要素。每一个文化圈由一定数量的文化要素构成。文化要素是指与人们的社会生活方式密切相关的物质现象和精神现象，这些现象具有质的规定性，构成文化圈的特征及文化圈的区别。多种文化要素在一定区域内集散的特定空间可称之为文化圈。① 以此衡量，在中华文化历史发展和传承演进的长河中，环关山地区以其独特的区域位置和人文环境，形成了有别于其他地区而富于特色的文化圈。本文所列的 5 个方面，可以说是关山文化圈共有的文化要素。这些文化要素又基于本区域民众共同的生活方式、风俗习惯和文化传统，因而具有稳定性和传承性。

提出陇山文化圈这一倡议，具有重要的历史价值和现实意义。陇山地区历史上曾是多民族交错杂居和融合之区，也是多元文化交汇碰撞和融通化合之区。中原农耕文化、北方草原文化和西北游牧文化在此汇聚、交融和扩散；而且，这里始终也是中国与西方世界商贸往来和文化交流的重要通道。距今 5000～4000 年间东西亚之间的以小麦为代表的农业文化交流，彩陶西传，齐家文化时期冶铜业的形成，铜镜的出现，还有特殊玉器的使用，都与西域、中亚和欧亚草原地区存在着相互交流和交互影响。战国晚期的张家川马家塬、

① 陈建辽主编《社会科学方法辞典》第 408-409 页，（德）格雷布纳 "文化圈理论"，辽宁人民出版社 1990 年版。

秦安王家洼西戎墓地出土文物表明，其内涵不仅包括西戎文化，而且还有中原周文化、秦文化、北方草原文化和西方文化等多种因素。再如在佛教文化东传过程中，陇山地区众多的石窟和寺院，其造像和纹饰正体现了佛教不断中国化的鲜明印记。可见，这里是东西方文化交流汇聚的枢纽区，为早期中西文化交流发挥了桥梁纽带作用。多元民族与文化的汇聚融合，中西文化的交流融通，不仅促进本区文化多元绽放、异彩纷呈，而且为中华民族复兴发展和中华文化繁荣创新，源源不断输入新鲜养料。所以，陇山文化圈是中华民族与文化生生不息和壮大发展的营养池和基因库，创新转型和融通光大的增长极和生长线。

历史是一面镜子，陇山文化圈在古代的兴盛发展，得益于当地长期多民族交错融合和多元文化的发展，也是本区界处农耕、畜牧两大文明与文化过渡带这一经济发展模式的必然结果。明清以来，当地逐步形成以汉族和回族为主的民族分布新格局，也随着人口压力和土地开发以及现代工业的发展，当地半农半牧的经济模式业已不复存在，反而成为单一农业区，并走上了贫困化之途。界处陕甘宁三省结合部的环六盘山地区，目前已成为我国集中连片的特困区之一，这与历史上当地曾经经济繁荣、文化发达形成巨大反差。我们提出陇山文化圈，旨在从古代当地历史文化繁荣发展过程的探讨中，揭示其内在动因和因果联系，从而为新时代加强区域一体化，实现脱贫走向复兴，提供有益的借鉴。

关陇文化视野下的周秦文化

陶兴华　张嘉琦

（西北师范大学　历史文化学院　河西走廊研究院　甘肃兰州　730070）

摘要： 关中和陇右之间早在新石器时代就存在着较为紧密的联系，夏商西周时期，这里先后产生了早期周文化、周文化和早期秦文化，随后在春秋战国时期形成成熟秦文化。周秦时期的关陇区域大体包括三大文化体系：周文化、秦文化和戎狄文化，其中也渗透了一定比重的北方草原文化、西方绿洲文化、南方巴蜀文化、东方海岱文化元素，它们共同构成了总体属于西北地域文化同时又兼具全局文化特色的关陇文化。周人先祖曾经在陇东一带长期生产生活，留下了丰富多彩的历史文化遗存。秦人在陇右长期艰苦创业，伴随着势力逐渐崛起，他们开始逾陇入关，势力进一步发展壮大。早期周文化和早期秦文化都属于关陇文化范畴，但他们都转化成了具有全局统一文化特色的周文化和秦文化。关陇文化是周秦时期逐渐形成的多元一体文化体系，先是经历了早期周文化的引领与奠基，后又造就了区域特色鲜明的秦文化。可以直言不讳地说，关陇文化直接孕育了周、秦文化，而关陇区域则是周、秦文明得以走向繁荣昌盛之地。周秦时期，已然存在一条以泾水道为主的"关陇通道"，今日华亭所在地区在古代拥有著名的"华亭三关"，长期控扼关陇之间交通要道，地理位置独特，区位优势明显，先秦时期是周人西拓和秦人东进的重要关口所在地，对于周秦时期以周秦文化为主导的关陇区域多元一体文化的形成和发展，必然发挥了非常重要的节点和纽带作用。

关键词：先秦时期；关陇文化；早期周文化；早期秦文化；戎狄文化；关陇通道

辉煌灿烂的周秦文化是中国古代文化的重要组成部分，对后世中国文化的发展起到了重要的形塑作用，对中华文明的影响极为深远。关陇区域独特的自然地理环境和文化面貌，为周秦文化的形成和发展提供了充足的动力源泉和广阔的历史舞台。早期周文化和秦文化的主体内容都是在关陇区域形成的，在早期周文化和秦文化的共同促进下，关陇区域最终形成了既具区域文化特色又不乏全局文化特征的关陇文化体系。

一、早期周文化

早期周文化不同于一般的历史文化，它带有明显的时代性、地域性、族群性和考古学文化特征。就时代性而言，早期周文化上接五帝，下启西周，其间至少经历了夏、商两个早期王朝时期，其时代不可谓不久远；就地域性而言，早期周文化分布范围遍及陕西、甘肃、山西、内蒙古、宁夏、青海等地，其地域不可谓不广阔；就族群性而言，早期周文化是由周人所创造和吸收利用的地方性族群文化，但周人是一个笼统模糊的族群概念，不仅包括姬周族人，还包括一部分戎人、羌人、氐人、夷人，乃至夏人、商人和秦人等，就此而论，其族群不可谓不庞杂。对于早期周文化而言，虽然个别历史文献偶有提及，但不仅不成系统，而且多与神话传说杂糅在一起，这让后人很难剥离出比较客观细致的早期周文化。今天要想更多更全面地了解早期周文化，必须倚重于考古发掘和研究，同时结合传统历史文献记载，从"考古学文化"的视角对早期周文化遗迹和遗物进行全方位、多角度地审视和解析。只有这样，才能较为清晰明确地展现早期周文化。

早期周文化虽然时代久远，但主要形成阶段却在商朝中晚期；虽然地域广阔，但主要分布区域却在陕西、甘肃一带的泾河、渭河流域。周人在这前后四五百年的时段中，有三四百年的时间是在甘肃陇东一带生产、生活并逐步发展壮大的。甘肃陇东一带为早期周文化的形成和发展提供了比较优越的条件，为后期周文化的全面辉煌奠定了坚实的基础；而早期周文化也在甘肃陇东一带得以深厚积淀、长期传承并不断推陈出新。

先秦时期的关陇区域不仅是一处农牧交错地带，还是一块文明起源和文化荟萃之地。这里有丰富便利的森林资源、水资源和矿藏资源，有发达的畜牧业，有可资早期农业获得迅速高度发展的深厚酥松的黄土地，有辉煌灿烂的彩陶文化，有沟通早期中西文化和族群交流的优越交通条件和区位优势……这一切直接造就和促成了先秦时期多姿多彩的"关陇文化"。早期周文化是先秦时期关陇区域文化的重要组成部分，它与广布甘、青一带的齐家文化、辛店文化、寺洼文化等有着极为密切的联系。可以说，早期周文化就是在与陕、甘等地各区域族群文化长期互动交融过程中逐步形成和发展的。关陇区域各族群文化直接影响了周文化的形成和发展，而周文化也深深影响了周秦时期的关陇区域文化，这其中最为典型的代表就是早期秦文化的形成与发展。

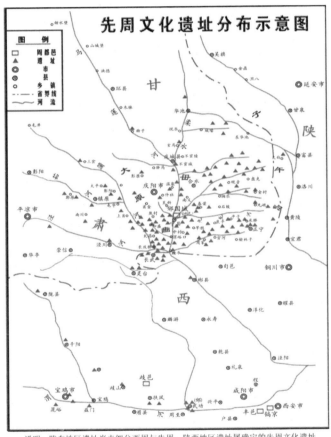

说明：陇东地区遗址尚未细分西周与先周，陕西地区遗址属确定的先周文化遗址

本图采自于俊德、于祖培《先周历史文化新探》

二、夏商周三代与早期周文化的关系

以姬周族为主导与核心的周人是和夏人、殷商人、嬴秦人乃至戎狄各族长期并存的一支部落性质的族群，早期周文化不仅有周人创造的文化，还广泛吸收融入了其他族群的文化，不仅纵向吸纳前人的文化成果，还横向学习和接受同时代其他区域诸多族群的先进文化。所以，早期周文化是承前启后、多元一体的综合文化体系。

孔子曾经对夏商周三代的历史传承情况作了这样的总结："殷因于夏礼，所损益可知也；周因于殷礼，所损益可知也。其或继周者，虽百世，可知也。"（《论语·为政》）我们可以把这所谓的"损益"说看作是孔子的核心历史文化观，它高度概括了夏商周三代在文物制度等方面的前后批判继承关系，也预言了后世秦文化将必然对周文化进行批判、继承和创新，其中心思想是认为夏商周三代文化一脉相承。孔子这一思想颇有见地，对于我们认识和研究夏商周三代制度文化的关系多有裨益。但该说法很容易给人们造成一个认识误区，即过于注重了夏商周三代前后继承的纵向关系，而容易忽略夏商周各族之间平行并存的横向关系。

近代以来，一些学者开始依据新材料和新理论对夏商周三代的关系重新审视。主要在两个方面有重大理论突破：一是认识到夏商周三代的关系，不仅在纵向上是前仆后继的朝代继承关系，而且在横向上还一直是同时并存的族群区域文化关系，其间朝代的更替只代表三支不同区域族群之间势力的强弱变化和兴衰浮沉而已；二是认识到夏商周三代的制度文化虽有比较明显的继承关系，这是它们之间的"同"的方面，但它们也有各自独立的发展体系，所以，

"异"的方面也是非常显著的。王国维先生在其名篇《殷周制度论》
一文中开篇即谓："中国政治文化之变革，莫剧于殷周之际。"他认
为"虞夏商皆居东土，周独起于西方，故夏商二代文化略同"，而
"殷周间之大变革，自其表言之，不过一姓一家之兴亡，与都邑之转
移；自其里言之，则旧制度废而新制度兴，旧文化废而新文化
兴"①。自王国维先生开其端绪以后，傅斯年、顾颉刚、蒙文通、徐
旭生、张光直等诸多学者纷纷对夏商周三代关系进行相关论述。傅
斯年先生在其《夷夏东西说》一文中认为："在三代时及三代以前，
政治的演进，由部落到帝国，是以河、济、淮流域为地盘的。在这
片大地中，地理的形势只有东西之分，并无南北之限。历史凭借地
理而生，这两千年的对峙，是东西而不是南北。现在以考察古地理
为研究古史的一个道路，似足以证明三代及近于三代之前期，大体
上有东西不同的两个系统。这两个系统，因对峙而生争斗，因争斗
而起混合，因混合而文化进展。夷与商属于东系，夏与周属于西
系。"② 顾颉刚先生也有与之相似的认识，他说："从古书里看，在
周代时原是各个民族各有其始祖，而与他族不相统属。如《诗经》
中记载商人的祖先是'天命玄鸟'降下来的，周人的祖先是姜嫄
'履帝武'而得来的，都以为自己的民族出于上帝。这当然不可信，
但当时商周两族自己不以为同出于一系，则是一个极为清楚的事

---

①　王国维：《观堂集林》卷十《殷周制度论》，石家庄：河北教育出版社，2003
年，第 231 页。
②　傅斯年：《夷夏东西说》，《傅斯年选集》，天津：天津人民出版社，1996 年，
第 247 页。

实。"① 张光直先生曾指出："夏商周三代的文化大同而小异。大同者，都是中国古代文化，具有共同的大特征；小异者，代表地域、时代与族别之不同。"②

以上这些论述说明，夏、商、周三代在文化上是互通的，但在政治上却是相互对立的集团，对于这种对立和冲突，我们可以从时代、地域以及社会文化关系的差别中找到根据。从时代来看，夏和商、商和周都有相当部分的历史文化是重叠的，所以三代的发展不仅是前仆后继，还是平行并进的关系。夏王朝时期，商族、周族政权曾是夏的地方附属国；商王朝时期，周族政权一度是商的地方附属国，同时，夏族政权残余势力也得以继续保留；夏商周三代王朝的更替只是夏商周三族势力沉浮消长变化的结果，他们彼此之间始终保持着一定程度的族群并存关系，并不是简单的前后继承关系。就地域来看，夏商周三族的主要活动区域位置亦有所不同，大体情况是周人在西、夏人在中、商人在东，他们彼此之间因为地域文化的差异和利益争夺的需要，从而在政治、军事上形成了彼此对立的势力集团。虽就政治系统而言，三代是前仆后继的，商朝始于汤灭桀，周朝建于武王伐纣；但每一王朝的统治族群早在敌对势力被消灭以前，就已然是一个强有力的政治集团了，《诗经》《尚书》《左传》《国语》等古籍中多有篇幅对此述及，足以说明夏商周三代政权不仅前后继承，其各自族群还曾长期平行并存。

------

① 顾颉刚：《顾颉刚古史论文集》（第一册），北京：中华书局，1988 年，第224 页。

② 张光直：《中国青铜时代》，北京：生活·读书·新知三联书店，1999 年，第72 页。

对于认识和理解早期周文化而言，理清早期周史发展进程中的纵向文化传承与嬗变关系固然重要，但分析周人在夏商时期与相关各族群之间的横向文化互动与交融关系则显得更为重要。早期周文化固然是由以周族为核心的周人所创造使用并加以推广的一种文化体系，但它还广泛吸纳了与周人长期共生并存的夏人、商人以及广义的戎狄各族群的文化因素。

三、早期周文化与关陇文化

早期周文化主要是在陕甘泾渭流域一带形成和发展起来的，早期周文化与甘肃有着密不可分的联系，而陇东一带又在早期周文化的形成发展过程中扮演了极为重要的角色，贡献突出，我们因此可称之为"甘肃早期周文化"。甘肃早期周文化在进入关中后，又通过不断融合吸收新的文化因素，逐渐走向成熟和定型，从而形成为特色鲜明的早期周文化体系，它是统一周文化的重要组成部分。

我们基本可以认定，周人在甘肃陇东一带生活时，曾经深受戎狄文化的影响，以至于早期周文化中带有较为明显的寺洼文化和辛店文化等因素特征。

寺洼文化因 1923 年首先发现于甘肃临洮寺洼山而得名。寺洼文化主要分布在今天的甘肃中部洮河中上游一带，在陕西宝鸡一带也有少量发现。洮河上游地区大约是其发源地，然后沿洮河向东发展，到达甘肃东部泾河上游和陕西西部，北部可到庄浪葫芦河流域，南到西汉水上游、白龙江流域。自 20 世纪 40 年代夏鼐先生把寺洼文化的主人说成氐羌后，学者们多认为寺洼文化是属于氐羌系统的"西戎"的考古遗存。对于寺洼文化的年代，学界说法不一，大致处于公元前 1400 至 700 年之间，约略相当于商代中期到春秋初期。俞伟超先生指出，寺洼文化是由齐家文化发展而来的。齐家文化在西部河湟流域和大通河一带发展出卡约文化，东部至于宝鸡、平凉、庆阳一带，则发展出寺洼文化。①

有学者把寺洼文化的主要特点总结如下：②

1. 陶器的形态，以马鞍口双耳罐为代表，并与鼎形三足器、袋足鬲、腹耳罐等伴出器并存。

2. 生产工具有石斧、锌、陶纺轮、弹丸等。

3. 武器有铜刀、戈、链、矛、剑等，装饰品有铃、泡、镯等。

4. 墓葬形制流行长方形竖穴土坑墓，葬式有仰身直肢葬、二次扰乱葬和火葬等。

有学者认为，寺洼文化在向东发展的过程中，碰到了来自东面周文化势力的强大阻力，所以只能在泾河、渭河上游地区存在和发展，经过与周文化的长期并存，寺洼文化在春秋初年趋于消失。在南面西汉水流域，也在春秋初年趋于消亡，这或许与秦人的兴起有关。③

辛店文化因 1924 年首先发现于甘肃临洮县辛店村而得名。通常认为辛店文化是与寺洼文化并行发展，同生共灭的一种甘青地区青铜文化，由齐家文化演变而来，其主人也当是古代氐羌系统的族群，主要分布于黄河上游洮河、大夏河流域，以及渭水上游、湟水流域，

---

① 俞伟超：《关于"卡约文化"和"唐汪文化"的新认识》，《先秦两汉考古学论集》，北京：文物出版社，1985 年，第 199 页。

② 谢端琚：《甘青地区史前考古》，北京：文物出版社，2002 年，第 190 页。

③ 水涛：《关于寺洼文化研究的几个问题》，《中国西北地区青铜时代考古论集》，北京：科学出版社，2001 年，第 113 页。

向东则一直到陕西宝鸡地区也有少量发现。辛店文化主要有以下一些特点：

1. 陶器主要是以双耳彩陶罐、袋足鬲、腹耳壶和单耳杯等为组合的陶器群。其中彩绘双钩羊角纹的双耳彩陶罐和瓮是最典型的器物，也是辛店文化的标志。

2. 主要生产工具有带肩石斧、环状石器、刃侧缺口刀、石臼以及骨铲、骨锥等。

3. 建筑遗址主要包括两部分，除了较为窄长的房屋外，还有大量的窖穴。

4. 墓葬主要为长方形竖穴土坑墓，另有少部分竖穴洞室墓。葬式流行仰身直肢葬和二次葬，少数为屈肢葬、俯身葬、侧身直肢葬，同时还流行合葬。

5. 同寺洼文化生产类型相似，辛店文化也是农牧兼营，制陶业和冶铜业比较发达。

1984 年，甘肃省博物馆考古队与北京大学考古学系联合对甘肃陇东合水县蒿铺乡石桥村九站遗址进行了考古发掘，所发掘的 82 座墓葬遗存情况表明，九站遗址存在的时间大约从商代晚期开始，延续到春秋初期。九站遗址总体属于寺洼文化范畴，但其中有比较明显的早期周文化和西周文化因素。在该遗址寺洼文化墓葬中出土了大量的陶器和少量铜器，马鞍形口双耳陶罐是其中的代表性器物，该类型器物近年在陇东许多地方都有发现，经测定，其绝对年代正好处于周人在陇东一带生活的时间段内。另外，九站遗址中所见的联裆鬲、折肩罐、绳纹罐、小盆、豆等器物类型明显是受到了周文化因素影响。学界普遍认为，九站遗址是寺洼文化与早期周文化相

互交融的一处文化遗址，带有较为明显
的早期周文化特色。

　　经过以周人、秦人为主导的西北内
外诸多族群的长期融合与文化互动，陕
甘一带逐渐形成了具有较强关陇地域特
色的"关陇文化"。早期周文化、早期
秦文化和以寺洼文化、辛店文化等为代
表的"戎狄文化"同为关陇文化的三大
主要组成部分。可以这样说，在关陇文
化的体系组成和形成过程中，早期周文
化既是其重要组成部分，同时又起到了

合水九站遗址出土
双耳罐

重要的奠基和引领作用。作为关陇文化重要组成部分的"早期秦文
化"是在两周之际开始形成的，在早期秦文化的形成过程中，秦人
较多地吸收了周文化因素，其中就包括"早期周文化"因素。

四、早期秦文化与早期周文化

　　早期秦人和早期周人的历史发展轨迹有许多惊人的相似之处，
都曾由山西、陕西一带避难迁徙到陇东、陇南区域，然后充分利用
当地农牧交错、族群众多、文化繁盛等地域优势，逐渐发展崛起，
之后又顺着泾河、渭河流域来到关中继续发展壮大，从而以关陇区
域为根据地不断向外拓展发展空间，最终形成为强大到能够攻灭东
方"正统"王朝的区域政权力量，直至建立起新的统一王朝。早期
周文化中有比较明显的殷商文化因素，而早期秦文化中则吸收了较
多的周文化因素，作为关陇地方政权时，他们都倾心于"中央"政

权的先进文化，对其不断加以学习、吸纳和利用；同时，他们又不排斥各地方族群文化，与其保持互动和融合，从而成为以自身族群文化为主导兼具关陇区域特色的统一文化体系。

可以这样说，周人几经迁徙，先由"华夏"文明区域避难于"戎狄之间"，吸收融合了戎狄文化，族群势力崛起后又再次回到华夏区域，从而形成了早期周文化和周文化，并建立了统一王朝；而秦人则正是循着周人的发展轨迹，先是自东而西，之后又自西而东，势力不断兴盛壮大，在继承和吸收周文化的基础上，与关陇区域内外诸文化进行了长期的互动和交融，最终形成了早期秦文化和秦文化，使得关陇文化体系更为庞大，特征更为鲜明，内涵更为丰富，内部凝聚力也进一步增强。

由此，我们可以引申出以下几点认识：

1. 关陇区域一衣带水，关陇文化自始一体，关、陇彼此唇齿相依。相形之下，"河陇"概念则较为晚出，河西、陇上文化各自独立性强，河、陇彼此文化联系不及关陇之间紧密。关、陇之间之所以文化联系如此紧密，我们认为应当与周文化、秦文化在这一区域的形成和发展轨迹关系密切；另外，也与周秦时代特点和关陇区域自然地理环境特征有着较为密切的联系。

2. 关陇文化虽属于区域文化，但又极富包容性、开放性、辐射力和开拓创新精神，具有一定程度的全局文化特色，所以它自然不同于一般的地域文化。早期周文化和早期秦文化都属于关陇文化范畴，但它们都转化成了具有全局统一文化特色的周文化和秦文化（秦文化的全局性相对弱一些），它们各自的族群主体——周人和秦人，也都相继建立了中央统一王朝——周朝和秦朝。

3. 关陇区域虽属农牧交错地带，族群众多，文化多样，但关陇文化农耕稼穑传统深厚，这一区域自始至终从未完全脱离于华夏文明体系之外；关陇区域虽有极为浓重的尚武之风，然关陇文化也始终未曾放弃崇文重德的传统习尚。这一切归根结底都离不开周秦文化在关陇区域的长期兴盛以及对后世的深远影响。

4. 秦族源于东方，几经辗转迁徙，最终在关陇区域落地生根。源于东方的秦族与关陇区域的周人、戎狄各族群经过长期的互动交融，终于形成了一支新兴族群——秦人。秦文化是以秦族为主导的秦人所创造、使用并加以推广的文化体系，该文化深具西方关陇区域特色，但又包含有较多的东西方其他各区域特色。

夏、商、周三代长期存在着东西两大阵营之间的互相竞争和矛盾冲突，待到秦朝完成统一后，这种东西差异和冲突逐渐趋向缓和，而南北冲突则成为以后中国历史政局的主体形势。其中原因当与秦族源于东方，而秦人群体又发展壮大于西方，秦人群体融合了东西方诸多族群成员，秦文化中既有东方因素又有西方因素。另外，当秦人对中原华夏农耕文明区域完成统一的同时，以匈奴为首的少数民族也逐渐形成了强大统一的北方游牧政权。这一南北对峙的局面在此后的中国历史上长期延续，对中国、亚洲乃至世界文化面貌和政局形势的发展变迁产生了广泛而又深远的历史影响。

周文化和秦文化共同构建了周秦时期的关陇文化，关陇文化是具有多元一体特征的综合文化体系。之所以说关陇文化具有多元性，就是因为它不仅囊括和传承了诸如夏文化、商文化、周文化和秦文化等这些所谓"华夏族"文明的相当一部分文化因素和成果；还广泛吸纳和融合了所谓"蛮夷戎狄"族群的诸多文化因素和文明成果，从而大大丰富了关陇文化的内涵，扩大了其外延。之所以说关陇文化具有一体性，就是因为它不是多地多族文化的松散聚集，不是简单的文化大杂烩，而是有着密切的内在交融荟萃联系，以至于最终能够归入统一的周文化和秦文化范畴。在关陇文化多元一体特征的形成过程中，周文化的兴盛对其起到了重要的开创、引领和奠基作用，而秦文化的形成和发展则使其内部联系得以进一步巩固和加强。

大震关、陇关与陇坻道

苏海洋①

（天水师范学院历史文化学院 甘肃天水 741001）

摘要：大震关、陇关分别位于陇山东西两侧，是陇坻道主干道必经的两个重要关隘。

汉代大震关在今陇县固关东街，唐代移至今固关西；陇关位于今张家川恭门镇下城子。汉代由大震关向西翻越陇山的道路，自南向北有三条：第一条由今固关镇向西经关山沟、翻越老爷岭至陇山以西的马鹿镇，东北经陇关故址（恭门下城子）至凉州刺史治所陇县（治今张川县城）；第二条由固关镇继续溯千河西北行至千河与铜厂沟交汇处，南向翻越道堡石梁至陇山西麓的陇关故址，与第一条道路汇合至凉州刺史治；第三条在千河与铜厂沟交汇处继续溯千河右岸西行，翻越南掌上经街亭（张川县川王镇东）西行至略阳道故址（秦安陇城镇西4.5公里），与前两条道路汇合继续西行。

关键词：大震关；陇关；陇坻道

---

① 作者简介：苏海洋（1971~），男，甘肃天水人，天水师范学院历史文化学院副教授，硕士研究生导师，主要从事西北历史地理研究。

在中国古代东西穿越陇山的道路中，自北向南有番须道、鸡头道、瓦亭道和陇坻道。① 陇坻道是古代陇山南段最重要的东西向交通路线。大震关、陇关分别位于陇山东西两侧，是陇坻道主干道必经的两个重要关隘。研究它们的位置，对于搞清楚陇坻道的线路走向具有十分重要的意义。

一、陇山与陇山关

六盘山古代称为陇山，又称陇坂、陇坻、陇首、关山，是位于秦岭深断裂线以北的南北走向的狭长山系。山地全长 120 公里，平均海拔 2000 米以上，山脊海拔超过 2500 米，最高峰米缸山达 2942 米，山麓西侧海拔 2200 米，东侧海拔 2000 米。六盘山北段因山路曲折险狭，须经六重盘道才能到达顶峰，因此得名，今其南段仍称陇山。六盘山是喜马拉雅运动中隆起的，沟谷深峻，极少平地，构成了东西陆路交通的巨大阻碍。六盘山和秦岭之间的宝鸡至天水渭河峡谷不易通行，所以古代由关中西行的交通线，大多都是沿着发源于六盘山的东南或西南走向的河谷和山口开辟的。六盘山既是一条重要的自然地理分界线，又是一条重要的人文地理分界线。历史上由中原、关中通往陇右、西域，或由西域进入中原，陇山为必经之区。而陇山之山大谷深、群山逶迤，历来被视为畏途。所谓"其坂九回，七日乃得越""西上陇坂，羊肠九回"等，就是对陇山交通异常险阻的真实反映。千百年来，从关中西进翻越古陇山的道路自北向南主要有瓦亭道、鸡头道、番须道和陇坻道。

---

① 刘满：《秦汉陇山道考述》，《敦煌学辑刊》2005 年第 2 期，第 264—269 页。

大震关、陇关分别位于陇山东西两侧，是陇坻道必经的两个关隘。关于大震关的位置，学术界颇有争议，陇关在何处也一直是一个谜团。

《水经注》记汧水西源（今陇县西关山沟）"岩嶂高险，不通轨辙"，[①] 说明至迟在北魏以前，由汉代汧县故城（陇县郑家沟口）西经咸宜关村翻越陇山的官方驿道尚未开通。文物工作者在固关东街发现一座古城遗址，东至穆家庄北河，西至李家沟河岸，南至固殿渠，北至陇固公路。中部断崖有灰土堆积层，厚约 2 米。距李家沟河 150 米处，曾发现东西走向夯土城墙遗迹，高约 2 米，东西残长约 160 米。[②] 2016 年 5 月，笔者至此考察时已毁坏殆尽。《太平寰宇记》："郁夷故城，……盖在（陇）州西五十里大宁关侧，近汧水源。……晋泰康中，于此置陇关县。"[③] 所谓"大宁关"即"大震关"。《元和郡县图志》："陇山，在（汧源）县西六十二里。……大震关在（陇）州西六十一里。后周置。汉武帝至此遇雷震，因名。"[④] 唐代陇州治汧源县治在今陇县西关，"六十一里"合今 32.9 公里。以此距离测量，大震关在陇县固关镇西窑湾村。固关东街遗址东南去陇州故城 29 公里，合宋代"五十一里"，与《寰宇记》所说的"郁夷故城""陇关县"的位置符合；其西 2 公里余即大震关故

---

①　（清）杨守敬：《水经注疏》卷 17《渭水注》，南京：江苏古籍出版社 1989 年版，第 1512 页。

②　陇县地方志编纂委员会：《陇县志》，西安：陕西人民出版社 1993 年，第 819 页。

③　（宋）乐史：《太平寰宇记》卷 32《关西道》，北京：中华书局 2007 年版，第 687 页。

④　（唐）李吉甫：《元和郡县图志》卷 2《关内道二》，北京：中华书局 1983 年版，第 45 页。

址，所以《寰宇记》说在"大宁关侧"。如前所考，汉郁夷故城在宁王庄遗址，并不在这里。固关东街古城可能是晋陇关县。① 晋陇关县是不是因汉陇关旧地而置呢？

对这一问题，需要谨慎对待。始建国二年（10 年），王莽置四关将军，命右关将军王福曰："汧陇之阻，西当戎狄。"② 汧即汧山，陇即陇山，汧山在东，陇山在西，二山东西相连，故汧陇联称。③ 右关将军的设置说明此前很早就在"汧陇"之地置关。但右关并非具体关名，而是与方位联系的泛称，同时也说明汧陇之地置关并非一处。汉辛氏《三秦记》说："震关东望秦川如带。""陇坂谓西关也。"④ 说明汉代汧陇之地有东、西二关，大震关在陇山东坡，当为东关；陇山关在西，为西关。魏晋时期，由于陇右区域政治中心的变化，致使西行路线主干道不再经过凉州刺史治所陇县（治今张家川县城）。⑤ 随着政治、交通地位的下降，陇县并入清水县，陇关可能亦随之渐废。加上晋泰康间（281~289 年）在汧山东麓置陇关县，以致两晋之际的王隐所撰的《地道记》中将陇关和大震关混为一谈："汧县，属秦国，故城在今县南。汉置陇关，今名大震关，在县

---

① 有学者根据《陕西通志》记载，认为该城是汉化代郁夷故城，见田亚歧、杨曙明《长安溯渭水至陇山段路线考察研究》，《丝绸之路（中国段）历史地理研究》，南京：江苏人民出版社 2012 年版，第 98 页。

② （汉）班固：《汉书》卷 99《王莽传》，北京：中华书局 1962 年版，第 4117 页。

③ 《括地志》："汧山在陇州汧源县西六十里。其水东邻岐岫，西接陇冈，汧水出焉。汧水源出陇州汧源县西南汧山，东入渭河。"见《括地志辑校》卷一，第 39 页。

④ （宋）乐史：《太平寰宇记》卷 32《关西道》，北京：中华书局 2007 年版，第 687 页。

⑤ 苏海洋等：《丝绸之路陇右南道甘肃东段的形成与变迁》，《西北农林科技大学学报》（社会科学版）2011 年第 3 期，第 126-131 页。

西。"① 实际情况可能是汉在汧山东麓置汧山关，在陇山西麓置陇山关，后来汉武帝至汧山关遇雷震而改汧山关为大震关。固关东街古城可能最初为汉大震关故址，晋因其故地置陇关县。后周时，在晋陇关县西不远处复置大震关。

那么，陇关又在何处呢？顺帝永和五年（140 年），"且冻分遣种人寇武都，烧陇关，掠苑马。"② 东汉时，西河六郡牧苑中除汉阳流马苑外，其余均废。③ 所以，且冻羌人所掠"苑马"必出自汉阳流马苑。从先"烧陇关"，后"掠苑马"的顺序看，陇关位于流马苑西，在汉阳郡辖区内。今甘肃张川家县和陕西陇县间关山东坡因处于东南季风迎风坡，降雨丰沛，被森林覆盖；山顶因受垂直带性分异影响，属于山地草原；西坡处于背风坡，盛行下沉气流，降水相对较少，为灌丛草原。关山顶及西坡水草丰美，应该是汉阳流马苑所在地，直至今日仍然为张家川县百姓养马的优良牧场。陇关必在陇山西麓，最大的可能在《水经注》所说的"陇口"附近。

由陇山口顺樊河东岸向南 3.5 公里有一古城，叫下城子古城。古城北、南面临冲沟，东墙建在缓坡和山体交界处，西墙可能被樊河冲毁。城址南北 500 米，东西 400 米，城墙夯土板筑，基宽 5.2～5.5 米、残高 2～6 米，断面呈梯形，夯层厚度 0.08 米，北墙开门，宽 4 米、高 5 米。城内侧文化层堆积厚 2～7 米，并有房基。城内曾采集到汉代铜镜、铁铧、陶器和宋代瓷器，并有宋绍圣四年（1097

---

① （宋）乐史：《太平寰宇记》卷 32《关西道》，中华书局 2007 年版，第 686 页。
② （南朝宋）范晔：《后汉书》卷 87《西羌传》，中华书局 1965 年版，第 2895 页。
③ 《后汉书》志二五《百官二》记载："又有牧师苑，皆令官，主养马，分在河西六郡界中，中兴皆省，唯汉阳有流马苑，但以羽林郎监领。"第 3582 页。

年)《重修武安君祠堂记》一通①。结合汉代出土物与夯层判断，恭门下城子古城当为汉代古城，从与"陇口"的位置关系判断，极有可能是陇关故城，宋代仍有居民在城内生活。恭门上峡南口的樊河河谷盆地有古土、麻崖、恭门西等地有汉墓分布，说明汉代陇口一带为人口稠密的战略要地。

二、陇坻道

"陇坻道"又叫"陇道"，指东汉右扶风和汉阳郡（西汉天水郡）间东西跨越陇坻的道路。《后汉书·西羌传》记载，东汉顺帝永和五年（140年），为绝羌患，"于扶风、汉阳、陇道作坞壁三百所，置屯兵，以保聚百姓。且冻分遣种人寇武都，烧陇关，掠苑马。"②汉代由大震关向西翻越陇山的道路，自南向北有三条：第一条路线是由今固关镇向西经关山沟、翻越老爷岭至陇山以西的马鹿镇；第二条是由固关镇继续溯千河西北行至千河与铜厂沟交汇处，南向翻越道堡石梁至陇山西麓的恭门镇；第三条是在千河与铜厂沟交汇处继续溯千河右岸西行，翻越南掌至甘肃张川县川王镇。

第一条道路由今固关向西南，经汪复坪、老爷岭至马鹿后，东北经今阎家镇、陇关遗址至凉州刺史治故址。该道关山沟段三桥一带有古道与古城遗址，十桥至老爷岭段有石阶路遗迹，老爷岭上有疑似墩台残迹的石圆圈遗迹，马鹿经阎家至恭门段的墩台梁、大场

---

① 国家文物局主编：《中国文物地图集·甘肃分册（下）》，测绘出版社 2011 年版，第 183—184 页。

② （南朝宋）范晔：《后汉书》卷 87《西羌传》，北京：中华书局 1965 年版，第 2895 页。

梁、麻山梁发现汉代烽燧遗址①，说明该道至迟在汉代已经开通。但关山沟河道弯曲、河谷狭窄，道路容易被水冲毁，十桥至老爷岭段山势陡峻，车马不易通行，所以非官方驿道所经。张国藩、赵建平在《丝绸之路陇坂古道考察散记》一文中记述了他们从固关经老爷岭至马鹿的经历：由固关溯蔡子河西行，"峡谷流水潺潺，沿河而上，即为 1 号桥，桥址巨石上有人工凿迹五处……经 3 号桥，公路进入一条峡谷，两山险峻，谷口大石林立……前行 900 米，有一段较长的古道遗迹，路面为乱石所埋。过 8 号桥，便到陇关道上的重要控制点复汗坪。在 11 号桥处，公路沿峡谷通往白杨，古道盘山至老爷岭，要经过 12 条弯道，其中最大的弯道半径 9 米，最小的仅容一骑。老爷岭即唐代史籍中所说的'分水岭'，盖因有水从这里东西分流，由此向西进入甘肃。约 50 米处有泉，水不多，是渭河支流的发源处。再行 50 米，有长 1 里的石块路，宽 5~6 米。下山后进入陈子沟（音）。沿林区公路下行 10 里到陇坂重镇马鹿。"②

由陇关遗址向南至恭门村，西渡樊河至恭门下峡村，折西北行，经梁湾、古土、杨店翻越樊河和后川河分水岭至上沟村，顺清水河支流木河沟右岸阶地西北行，15.7 公里至陇县故城。梁湾村至古土村西边的山梁上至今保留着一段黄土夯筑的长 5 公里的"边墙"遗迹，当地人称为"堵鞑坡边墙"。因年久风雨侵蚀和造田破坏，墙体

---

① 张家川回族自治县地方志编纂委员会编：《张家川回族自治县县志》，兰州：甘肃人民出版社 1999 年版，第 1041 页。

② 张国藩、赵建平：《丝绸之路陇坂古道考察散记》，《丝绸之路》2001 年第 1 期，第 107-111 页。

已坍塌无存，但挖土筑墙所留的壕沟遗迹仍然清晰可辨。① 所谓"边墙"位于汉代陇关通凉州刺史治陇县的交通道路沿线，联系"边墙"内侧的古土汉墓，笔者判断为汉代在交通干道沿线修筑的塞垣一类建筑的遗迹。陇县西汉属于天水郡，② 东汉属汉阳郡，因其当陇口之要，一度为凉州刺史治。③ 陇县故城位于秦水（由南川河和杨川河汇合而成）以北和亥、松多二水汇合后的河道（北川河）以南，④ 即今张家川县城西街一带。在中城北路以西的西城路、人民路和和平路一带，曾有一古城，东西长 380 米、南北宽 270 米，当地文物工作者认为筑于北宋太平兴国年间。⑤ 遍查历史文献，该地宋代无筑城记载。从位置看，极有可能是汉代陇县故城，可惜今已完全被民房覆盖，无遗迹可循。考古调查发现，张家川县城及其周围河谷阶地、坡地仰韶、齐家、周、汉时期遗址、墓葬密集，⑥ 说明凉州刺史治地陇县所在的"秦川"从新石器时代至汉代，一直为陇山以西人烟如织的交通枢纽。

第二条为陇坻道主干道。该道由大震关故城沿千河右岸阶地西

① 《张家川回族自治县县志》编委会：《张家川回族自治县县志》，兰州：甘肃人民出版社 1999 年，第 1043 页。

② （汉）班固：《汉书》卷 28《地理志第八上》，北京：中华书局 1962 年版，第 1612 页。

③ （南朝宋）范晔：《后汉书》志 23《郡国五》，北京：中华书局 1965 年版，第 3517 页。

④ （清）杨守敬：《水经注疏》卷 17《渭水注》，南京：江苏古籍出版社 1989 年版，第 1497 页。

⑤ 《张家川回族自治县县志》编委会：《张家川回族自治县县志》，兰州：甘肃人民出版社 1999 年版，第 1148 页。

⑥ 早期秦文化联合考古队：《牛头河流域考古调查》，《中国历史文物》2010 年第 3 期，第 4–23 页。

北行至柴家咀村，渡河，复沿千河左岸西北行，经唐家河、石家地湾、旧城至麻庵村东，西渡千河，沿千河右岸缓坡前行 4.5 公里至千河与铜厂沟交汇处，溯铜厂沟南行至道堡石梁，下梁入牛头河支流樊河河谷，顺右岸阶地西南行至河峪村，翻山绕过恭门上峡，55.3 公里至恭门下城子遗址。《水经注》记清水（牛头河支流樊河）"导源东北陇山，二源俱发，西南出陇口，合成一水，西南流，历细野峡，径清池谷，又径清水县故城东"。① 陇口即张家川县恭门镇北陇山口。由固关翻越老爷岭至陇山西麓的道路和由固关经道堡石梁至陇山西麓的道路均在恭门镇汇合。义熙二年（406 年），"仇池公杨盛叛……（姚）兴将轻骑五千，自雍赴之，与诸将会于陇口。"② 姚兴的进军路线走的就是由固关经麻庵翻越道堡石梁至恭门的陇道主干道。《太平寰宇记》引《泰康地志》说："汧县有蒲谷乡弦中谷，乃雍州之蒲也。"③ 今固关以上千河河段至今有"蒲处湾""普陀""普陀塘"等地名，当为《泰康地志》所说的"蒲谷"，汉晋时期在此人烟稀少之地设乡，必为交通要道所经。

该段沿线古道遗迹甚多：笔者在华亭县麻庵乡石家地湾村东南 400 米至 500 米处千河左岸泥质页岩断崖上发现 26 处古栈道孔眼，其中一处上下相对的椿眼已经残破，痕迹很难辨认。上排距离今天河面 3.5 米至 5 米，下排至河面 2.5 米至 2 米。上下两孔眼之间距离

---

① （清）杨守敬：《水经注疏》卷 17《渭水注》，南京：江苏古籍出版社 1989 年版，第 1496 页。

② （唐）房玄龄等：《晋书》卷 118《姚兴传上》，北京：中华书局 1974 年版，第 2996 页。

③ （宋）乐史：《太平寰宇记》卷 32《关西道》，北京：中华书局 2007 年版，第 687 页。

1.5米左右，同排两个相邻孔眼之间的距离1.3米。栈孔外口径0.30×0.30米，内口径0.25×0.25米，深0.35米。栈道遗迹东南、千河左岸保留着一段完整的古道，长375米、宽4米余。石家地湾至麻庵村间有长4.5公里的古道遗迹。铜厂沟栈桥和沟内古栈道20世纪90年代仍通行。① 铜厂沟上游至道堡石梁段林莽间掩藏着一段古道，长4.36公里、残宽4米余。张川县恭门镇河峪村马家涧东420米处的樊河北岸山崖下上有一方东汉桓帝和平元年（150年）由汉阳郡陇县人赵亿刻写的赞颂中山王刘胜后裔、前凉州刺史兼汉阳太守刘伯会镇伏羌人、维护陇道交通政绩的摩崖石刻。河峪村西约2公里的恭门上峡左侧山梁上屹立一座古堡（当地人称为白起堡），残高2~4米，残长300米，夯土层厚约30厘米。② 在堡子东边的断崖上暴露出人马骨骼及秦、汉、宋砖瓦、灰陶片及琉璃建筑构件等。③ 1975年平田整地时，出土铜铁蒺藜、戈矛、箭镞、六棱铜铁复合锤④。结合出土物判断，该古堡属于陇道沿线军事防御性建筑，始筑于秦汉，宋代在旧址上加筑。它的存在为秦汉至唐宋穿越陇山南段的官方驿道运行提供了物证。河峪南山豁岘有一段长0.52米的古道，残宽3米，加上自然埋没的路面，宽度不少于6米，绳纹汉瓦俯拾皆是，为汉代古道无疑。

---

① 《华亭县志》编纂委员会：《华亭县志》兰州：甘肃人民出版社1996年版，第638页。

② 个别地方夯层厚8厘米许。

③ 张家川回族自治县地方志编纂委员会编：《张家川回族自治县县志》，兰州：甘肃人民出版社1999年版，第1042页。

④ 蒲锋：《张家川县博物馆馆藏六棱铜铁复合叏新探》，《丝绸之路》2011年第16期，第52~53页。

第三条道路在千河与铜厂沟交汇处继续溯千河右岸西行，翻越南掌至甘肃张川县川王镇。该条道路鬼门关段发现碑额有"雍西"字样①的秦代石碑；高分辨率卫星影像上，千河上源四岔河谷古道痕迹清晰可辨，个别路段宽近 6 米余。然而，铜厂沟口经鬼门关至四岔河近 10 公里路段路况凶险难行。蜀汉建兴六年（228 年）春，蜀军占领祁山后，诸葛亮以马谡为主帅率军至街亭，② 欲绕开陇坻道主干道奇袭关中。由故关经鬼门关翻越南掌上至川王镇的道路中途并不经过凉州刺史治所陇县（治今张家川县城），所以，该道仅仅是汉魏时期陇道的一条支道而已。王学礼先生称为该道汉回中道，并认为该道从今陇县经曹家湾到固关，这一段为临水开的傍山路，从固关往西经唐河，入甘肃境华亭县麻庵乡，经普陀（古遗址）、旧城（古遗址）、三角城（古遗址），越鬼门关到"上下時"（位于今华亭县五台山南麓莲花台）的路，后一段主要以栈道为主（今存古栈道痕迹甚多）。如果不去"上下時"祭祀而去西域，则在麻庵乡分路，由普陀向南上陇山，沿山梁脊西进（今尚有古驿道遗迹）至四岔河，再由大屋脊下陇山，③ 经街泉（治今张川县川王镇稍东）至今张川县龙山镇，与下文考证陇关旧道汇合。悬泉置《邮驿道里簿》简ⅡT0315①：35 第 51 简 "□□至略阳卅五里，略阳至街泉五十五里"的记载，刚好是汉回中道至街泉县后沿瓦亭水（葫芦河）支流略阳川水（清水河）东西延伸的一段。由于战争破坏、"吴山"东

———————————

① 王学礼：《陇山秦汉寻踪——上時下時的发现》，《社科纵横》1994 年第 3 期，第 38-42 页。

② 《三国志》卷三五，北京：中华书局，1971 年，第 922 页。

③ 王学礼：《陇山秦汉寻踪（二）——秦御道与汉回中道》，《社科纵横》1996 年第 3 期，第 28-31 页。

移、"上下畤"改名，以及东汉后文人朝士极力否定秦，因回中道沿用秦的"回中"一名，故在以后的文字记载中以"陇道"称呼，"回中"一名渐渐被人们遗忘。①

以上提到的第一条道路和第二条道路在凉州刺史治所陇县汇合后，渡樊河西行至瓦窑村，折西北沿古道翻越挤子梁入木河沟，在其两岸缓坡交替西北行至龙山镇西门村，再沿清水河二级阶地西南行 29.7 公里至略阳道故址（今秦安陇城镇西 4.5 公里），与第三条道路在略阳道故址汇合继续西行。

三、结语

根据笔者研究，唐代文献中所说的"分水岭"并不是张国藩、赵建平在《丝绸之路陇坂古道考察散记》中提到的老爷岭，而是陇坻道主干道穿越的道堡石梁。虽然唐代由今故关上陇山的道路绕开铜厂沟，经下关厂、上关厂、秦家塬至陇上顶，但仍没有绕开道堡石梁。因此，经大震关、分水岭（道堡石梁）至陇关故址翻越陇山南段的道路，一直至唐代仍然是穿越陇山南段的主干道。

---

① 王学礼：《陇山秦汉寻踪（二）——秦御道与汉回中道》，《社科纵横》1996年第 3 期，第 28–31 页。

华亭清复刻明万历重修青龙山寺观碑的几个问题

王科社　王怀宥

（陕西师范大学历史文化学院、甘肃省华亭市博物馆）

摘要： 华亭市博物馆收藏的清复刻明万历二十年（1592）《重修青龙山寺观碑》原立于陇山山脉南段关山主峰主山支脉青龙山的寺观遗址，是研究明代华亭乃至陇东地区历史文化的重要石刻资料。本文对碑刻所反映的明代全真教华山派的传播、韩王府等有关信息进行了探讨。

关键词： 明代；华亭；青龙山；全真教华山派；韩王

原存华亭市青龙山寺观遗址、现藏华亭市博物馆的明万历二十年（1592）《重修青龙山寺观碑》涉及明代全真教华山派在关陇地区传播、韩王府宗教信仰及敬依田等情况，具有较高的历史研究价值。本文在整理碑文的基础上，略做探讨。

图一　清复刻明万历二十年重修青龙山寺观碑及拓片

一、碑刻记载了明万历二十年重修青龙山寺的状况

清复刻明万历二十年《重修青龙山寺观碑》（图一），2006 年华亭县博物馆（今华亭市博物馆）采集并入藏。碑青石质，通长 132 厘米、宽 53 厘米、厚 10 厘米，圆首长方体，下带方榫，座佚。首身边缘浅线刻折枝莲花纹边栏。碑首中刻方座式竖额，额内有楷体阴文"青龙山"三字，额左右分别刻"日""月"。碑身中刻碑文共 18 行计 554 字。其中正文共 16 行 460 字，无碑题；第 17 行标明代立碑

时间为"皇明万历二十年三月初三日",此行下有立碑道僧姓名;第18行为清光绪元年(1875)十月录文重刻题记,下有经理人员姓名。兹录文于下:

大明朝承宣布政使司平凉 ┃ 知府敬依官地名凤岗青龙山,石塔一座,以郡境有名山宫殿三处。于是 ┃ 大明韩王承奉祠,日本府官范、巡甫(捕)官毛、千户总朱…… ┃

大唐敕封主山为众山之尊,所以众山来朝,名为主山。唐宪宗有道之君也,掌乾坤,心乎名 ┃ 山,建立庙塔,上安神明,下佑民人,差命臣都督李明遍访天下名山,到於水洛府知府安童前。┃ 都帅问日。府官答言,此处有名山,山势灵秀,有一大罗金仙在此山中修行。次日,府官引都帅 ┃ 到此山中观看,山山如莲花,翠景重重,山脉通达天地人身,三才之也。此山景制(致)无穷之也。看 ┃ 清秀,遂画图一张,呈上宪宗观看。喜之不尽,遂立白玉碑一碢(通)。

敕封食粮僧道三百五十名,┃ 敕封常住地一分,东至菩提河水莲寺为界,南至浮云宝盖山为界,西至长安店为界,北至鱼 ┃ 水潭长河为界。四至分明,永垂千古。并无粮草。经过四十里,林木重重,松竹横斜,石岩参差,嶙 ┃ 峋崖巍,实不负天下之名山也。

古即今,今即古,所望者接修不已耳。后有 ┃ 大明朱朝重修此山,以光前朝之美,尤贵后世有道保护勿废,以昭 ┃ 圣神之灵也。又有良民功德主闫友仲等看得山景萃秀,心发虔诚,建修 ┃ 昊天玉皇上帝石洞一所,玄天上帝石洞一所,后建□□石塔寺一座,继修 ┃ 三清祖师殿以(一)所,中修青龙山宫殿石洞,前后三处,功成告竣。建立碑记一碢(通),恐不以后 ┃ 人为无鉴也。┃

皇明万历二十年三月初三日立碑。」住持道士：张教澄，徒李演鹤等，」石塔寺僧人：舟空，丁演等。石匠马正祥。

大清光绪元年岁次乙亥孟冬，照碑旧文重刊鼎新。总理会首邑廪生张士楷、」耆宾刘启顺，经理人崔文秀、」杜贵等叩。住持道人□□□。

按文意，第三行"千户总朱"后应有缺文。碑记正文述三个方面内容：首先记载风岗青龙山寺观在明韩王府的敬依田范围内，由韩府承奉范某等负责管理祀事；其次叙述主山得名及唐宪宗时作为名山而建立塔庙，并敕封食粮僧道、赏赐常住地的传说；最后记载明代重修尤其万历二十年前后韩王府承奉范某等、功德主闫友仲等资助重修寺观的事迹。立碑人为住持道士张教澄及其徒李演鹤，石塔寺僧人舟空、丁演等。

碑文所称的"风岗青龙山"，明嘉靖《陕西通志·土地三》"山川中"之"华亭县"下记"青龙山，在县西北百二十里"。① "风岗"又作"风洞"，嘉靖《平凉府志》卷十一"华亭县"之"山川下"记"华尖山之西曰皇家山，又西曰烂柯山，西北曰观音山益西曰观音殿山，又名齐山，渐南曰风洞山"。② 今碑将"风岗""青龙"合称，则风岗山与青龙山乃同一山，系主山东麓之支脉。主山乃陇山山脉之南段关山主峰（海拔2749米），故名。又名五台山，明胡缵宗《主山白云洞记》称，"主山僧来，道其山之胜：众山环拱，一

---

① （明）赵廷瑞修、董健桥等点校：《陕西通志》，三秦出版社，2006年，第117页。

② （明）赵时春：《平凉府志》，甘新出028字总502号（99）40号，1999年，第396页。

峰突出……盖周寺皆山，是山其主也，名曰中台。……东为观音山……名曰东台；南挺最高峰……名曰南台；西峙罗汉崖……名曰西台；……北耸云崖山……名曰北台"，① 此为五台山之由来。清乾隆《静宁州志》卷一"山川"内有主山，曰："在州东南一百五十里，系务本里阜民坊境。……上有元（玄）武殿、宝莲洞、千佛阁、大雄殿、睡佛寺、准提庵、文昌宫、观音阁并东西长住……明永乐间敕封张三丰……隆庆间居民争利，呈进韩藩。本朝顺治五年，奸民自行告入华亭，今其地遂属华亭矣。"② 民国《华亭县志》卷一之"名胜"中于"主林寺"下有类似说法："主山镇，明初为静宁县属地。永乐间勅封张三丰于此。隆庆间该地人民献其名胜于韩藩。清顺治间拨归华亭。"③《陇右金石录》收录胡氏《主山白云洞记》，张维在其后按语中说：清初，主山改归华亭，故《华亭县志》称"主山镇，有胡缵宗碑也"。主山一带，从行政区划角度来看，自明至今变化很大，即：明代主山在静宁州和华亭县之间，绝大部分属静宁州，清顺治年间主山镇归华亭县管辖；1942 年，甘肃省政府调整庄浪县辖域，原属静宁的水洛镇、通野镇、朱店乡、万马乡、章麻乡、焦韩乡全部及曹计乡、韩店乡之部分归庄浪县；1957 年 11 月，经甘肃省人民政府批准，原属华亭关山西麓的南沟、腰崖子、石家湾、大王庙、竹林寺、黄家山等 33 个自然村划归庄浪县。④ 目前，西台、

---

① （清）王烜：《静宁州志》，（台北）成文出版有限公司印行，1970 年，第 384—386 页。

② （清）王烜：《静宁州志》，第 41 页；（民国）郑震谷等：《华亭县志》，（台北）成文出版有限公司印行，1976 年，第 508—511 页。

③ （民国）郑震谷等：《华亭县志》，第 153—154 页。

④ 庄浪县志编纂委员会：《庄浪县志》，中华书局，1998 年，第 82—83 页。

北台在庄浪县境，而中台、南台、东台在华亭县境。

图二　明万历《主山云崖　　　图三　明万历《云崖刊
寺成碑记》　　　　　　　　　石撰书碑》

　　庄浪县明万历十二年（1584）《主山云崖寺成碑记》（图二）明确记载，主山"国初为安王属土"，洪熙元年"敕赐韩藩"，①该碑中有"承奉司承奉正白朝、承奉副马忠立石"，崆峒山明天启二年（1622）《创修十方禅院记》碑有"承奉正吴保同师湛正发心修理十

---

　　① 庄浪县志编纂委员会：《庄浪县志》，第677—678页；平凉市崆峒区政协：《崆峒金石》，甘肃人民美术出版社，2014年，第100—101页。

方禅院”的记载，① 反映出韩府王庄界内的寺观重修确由本府承奉司负责。由此可知，《重修青龙山寺观碑》上的“本府官范”为韩府承奉司人员，属宦官。作为主山支脉青龙山上的寺观正在韩府敬依田范围内，因此承奉范某等奉韩府之命开展祭祀及重修活动。“巡甫（捕）官毛”，据庄浪云崖寺明万历《云崖刊石撰书碑》（图三）应为安东中护卫军政管操兼巡捕防守指挥佥事毛缨，② “千户总朱”应为安东群牧所正千户朱禴或其子，这两人应属韩府属官。

二、住持道士张教澄、李演鹤的宗派是全真华山派

全真道是金代产生的新道教，其创始人为王喆（号重阳），金末元初发展到极盛。在元代佛道辩论中失败后，全真七子的徒裔逐步形成若干宗派，其中华山派以郝大通为祖师。据樊光春先生对西北地区全真道主要宗派梳理结果，陕甘两省主要有华山派、楼观三丰派、龙门派、嵛山派，从文献来看，全真道宗派名单中最早出现的是华山派，永乐年间城固洞阳宫有该派“演”“全”“冲”等三个字辈的传人。除楼观三丰派外，华山派、龙门派、嵛山派均有“崇”字辈传人。华山派“志”“上”“道”“崇”“教”“演”“全”“真”“冲”“和”“德”“正”“本”“仁”字辈在景泰二年（1451）至嘉靖四年（1525）的有关碑石上出现；从万历二年（1574）已有“华山郝祖道教”的称谓。龙门派、嵛山派的“崇”字辈在明代无一人，

---

① 吴景山：《崆峒山金石校释》，甘肃文化出版社，2014 年，第 32 页。

② 庄浪县志编纂委员会：《庄浪县志》，第 678—679 页；平凉市崆峒区政协：《崆峒金石》，第 100—101 页；李晓斌：《庄浪文物》，中国文史出版社，2018 年，第 254 页。

而龙门派在清后期的有关碑石上出现。① 在全真道各宗派中，实际只有华山派中"崇"字辈与"教""演"二字辈相连，即"崇"字辈下传"教"字辈再传"演"字辈，参与明万历二十年《重修华亭青龙山寺观碑》立碑的住持道士张教澄与其徒李演鹤的名字显示他们属于全真道华山派。

图四　白银福寿山《太上混元宗派》石刻

确认张教澄、李演鹤为全真华山派的依据是有关华山派的字谱。关于全真道的宗谱，目前在甘肃所见最早的是白银市平川区福寿山摩崖石刻中的清雍正四年（1726）"太上混元宗派图"（图四）。2010 年，笔者曾参与了白银市会宁、靖远、平川、白银区等地区文物普查验收工作，之后对福寿山摩崖石刻进行解读和初步研究，确

① 樊光春：《明清时期西北地区全真道主要宗派梳理》，《全真道研究》（第 1 辑），齐鲁书社，2011 年，第 218—236 页。

认其中的"太上混元宗派图"是以雍正四年（1726）给付巩昌府福寿山住持、龙门派第十二代传人吴阳正整肃道教的文书为底本而抄录刻成，其中保存有全真七派及龙门岔支混元派的派字诗，是在西北地区首次发现的全真教诸宗派派字诗石刻。石刻下部文字泐蚀脱落，残文中就有："教门此系：丘真人……随山派系刘真人……无为派系谭真人……遇仙派系马真人……茅（华）山派郝真人，名太古，字大通，号广陵子，山东登州府文登县人，传'至一无上道，崇教演……'；嵛山派系王真人……清凉（应为"静"）系孙真人……"① 此段文字所列的华山派郝真人一系是按"至一无上道，崇教演……"的字辈顺序传承，这就是全真华山派的字谱。可惜的是，由于文字泐蚀脱落，图中全真七宗的字辈已不全。

1946 年华山发现抄本《南天门宗卷》显示华山派传承字谱为 40 字，即"志一无上道，崇教演全真。冲和德正本，仁义礼智信。嘉祥宗太宇，万里复元亨。清静通玄化，体性悟诚明"，并明言"康熙时，王真人又续六十字，共得一百字，亦以名号。后上海桐柏宫复改后六十字并名焉"。②

北京白云观现存有完整的华山派百字谱，为"至一无上道，崇教演全真。冲和德正本，仁义礼智信。嘉祥宗泰宇，万里复元亨。清静通玄化，体性悟诚明。养素守坚志，虚灵慧业生。希贤遵秘法，慎修保纯真。敬误规良善，默功毓秀英。勤能扶世运，积久大丹成。

---

① 王科社：《白银市福寿山〈太上混元宗派〉石刻研究》，《西部考古》（第 10 辑），科学出版社，2016 年，第 196—207 页。

② 樊光春：《明清时期西北地区全真道主要宗派梳理》，赵卫东主编《全真道研究》（第 1 辑），第 218—236 页。

永建根基厚，仙瀛书盛名。圆满光华照，云天庆上升"，① 其中仅有"志"字改为"至"，"太宇"改为"泰宁"。

参考上述三种有关华山派的字谱，可知参与明万历二十年《重修华亭青龙山寺观碑》立碑的住持道士张教澄、李演鹤分别属全真华山派的第七代"教"字辈、第八代"演"字辈。

全真华山派在平凉地区尤其是在崆峒山问道宫的活动可追溯至明代中期。据明人赵时春撰《平凉府志》的记载，问道宫在崆峒山下，"弘治间，岐人王全真居之"，"自称八九十岁"，总制张泰资助其大修"宫宇广布，施以千金，衣以纯帛"；王全真最终被木匠王老狗所杀，"其徒塑童子像于宫后阁下"。② 清嘉庆张伯魁修《崆峒山志》记载，道士王全真本名道成，曾在崆峒山隐修40年，历成化、弘治、正德三朝。③ 据张泰的生平，可知他与王全真交往的时间。张泰于正德六年（1511）七月升右都御史、总制陕西等处军务，正德八年十二月卒于官。显然张泰资助王全真修建崆峒山道观也就在这一时期。王全真被杀大约在正德七年，由此上溯40年，他初到崆峒山的时间大约在成化八年（1472）左右。樊光春先生怀疑王全真是华山派道人，④ 符合情理，因为王全真的本名为"道成"，若按华山派字谱，他应是第五代"道"字辈传人。

---

① 李养正：《新编北京白云观志》，宗教文化出版社，2003年，第440页。
② （明）赵时春：《平凉府志》卷之三"寺观"，1999年。
③ （清）张伯魁：《崆峒山志》，（台北）成文出版社，1970年。
④ 樊光春：《明清时期西北地区全真道主要宗派梳理》，赵卫东主编《全真道研究》（第1辑），第218—236页。

图五　元代重修问道宫碑
碑阴的明代刻辞

图六　《重修王母宫碑》
碑阴华山道士

2015 年，作为国家社科基金重大项目"中国元代北方金石碑刻遗存资料的抢救、发掘及整理研究"之甘肃宁夏片区子项目组成员，笔者专程赴平凉崆峒山调查了元代《重修崆峒山大十方问道宫碑》，注意到碑阴有一处"打破"元代问道宫全真堂世系图的明代刻辞两行："勅赐大明宗室通玄演教朱真人。嘉靖叁年四月吉日重立本宫住持道士贾崇庆、韩崇峰……"（图五）① 其中的"朱真人"即第二代襄陵王朱范址（后文详论），贾崇庆、韩崇峰与王全真同时在问道宫隐修，贾崇庆、韩崇峰应属华山派第六代"崇"字辈传人。故王全真（道成）应是他们的师父或师叔。

值得注意的是，今平凉市境内除元代问道宫碑碑阴的有关明韩

① 王科社、赵娅莉：《新发现崆峒山问道宫碑碑阴元明刻文及相关问题探讨》，《陇右文博》2016 年第 4 期。

府朱真人及道士贾崇庆、韩崇峰刻辞外，灵台丹阳观、泾川王母宫、崆峒山、庄浪县陈家洞等也有不少明代至民国时期有关华山派传人的碑刻资料。

据《重修灵台县志》，正德三年（1508）《丹阳观碑记》载此灵台丹阳观有"住持刘公崇阳，谭崇正，徒赵教成"，[①] 樊光春先生分析这三人分别为华山派第六代"崇"字、第七代"崇""教"字辈传人。[②]

今泾川王母宫石窟文管所保存的明嘉靖元年（1522）《重修王母宫碑》碑阴刻列道士有"本宫□□□正安演洪；住持景演□、牛演深、杨演泞、□演□、□演澄、温全忠、李全安、钱教成、□教□、米教珠、闫教荣、张演洁、李全义"，[③] 这14位道士均属华山派，其中第七代"教"字辈4人，第八代"演"字辈7人，第九代"全"字辈3人（图六）。

崆峒山明万历四十三年（1615）《雷祖殿买砖碑》记为陕西都司固原州卫监牧军民等朝山进香、建醮修造事，[④] 文中提及"女道王全海"，文尾列"住持霍真祥"，王全海、霍真祥分别为华山派第九、第十代传人；同年的《霍真祥重修雷祖殿碑》记述宗室韩府成员助霍真祥重修事，[⑤] 文中提及道人"霍真祥"，《助缘题名记碑》

---

① （民国）杨渠统等：《重修灵台县志》，（台北）成文出版有限公司印行，1976年，第316页。

② 樊光春：《明清时期西北地区全真道主要宗派梳理》，赵卫东主编《全真道研究》（第1辑），第218—236页。

③ 吴景山：《泾川金石校释》，第127—128页。

④ 吴景山：《崆峒山金石校释》，第26页。

⑤ 同上，第26页。

尾列"万历乙卯岁七月吉日,住持霍真祥刻立";① 万历四十四年
(1616)《韩府赐经资碑》②《韩府施财碑》③《雷祖殿刊名碑》④《重
修三官雷祖殿碑》⑤ 等,立碑人均为霍真祥。同年《雷祖殿施财助
缘碑》⑥ 尾列"玄门弟子王演龙、胡全科",这二人属华山派第八、
第九代传人,而王演龙与莲花台青龙寺观的李演鹤属同辈。清顺治
八年（1651）《崆峒山重修玄帝殿并新建香亭碑记》文末刻有"大
顶住持道人张和中、胡和玄、朱守贞,徒王得隐、徐德庆、路得澄、
王正明、杨正果",除朱守贞为龙门派外,张和中、胡和玄属华山派
第十二代"和"字辈传人,王得（德）隐、徐德庆、路得（德）澄
属第十三"德"字辈传人,王正明、杨正果属第十四代"正"字辈
传人。清康熙十三年（1674）,王辅臣兵变,平凉崆峒山遭劫,宫观
寺庙残败坍塌,华山派在是山衰落。但为龙门派在崆峒山的发展提
供了机遇,陇州龙门洞道士苗清阳（龙门派第十代传人）应邀携门
徒范一圣等住持崆峒山道场,经 40 年苦心经营,崆峒道教再度兴
盛。康熙三十二年（1693）《重修崆峒山大顶金殿圣父圣母后楼黄箓
两廊功德碑记》列有"住持范一圣,崔和寅,黄和夏,刘和秋",除
范一圣为全真龙门派外,崔和寅、黄和夏、刘和秋皆属全真华山派
第十二代"和"字辈传人。清光绪二年（1876）年,来自陕西的华
山派第十七代"义"字辈传人王义通在崆峒山以 40 字谱排列起名,

---

① 吴景山:《崆峒山金石校释》,第 27 页。
② 同上,第 29 页。
③ 同上,第 29 页。
④ 同上,第 28 页。
⑤ 同上,第 27 页。
⑥ 同上,第 28 页。

其徒杜礼清、郭礼源为第十八代"礼"字辈，刘智荣、景智瑞等为第十九代"智"字辈，王信法、杨信隆属第二十代"信"字辈，赵嘉祥、范嘉祯等属第二十一代"嘉"字辈。

民国以来的有关华山派的碑刻，庄浪县 1932 年《叩开山祖师葛洪遗迹碑》刻有"华山正宗派郝真人门下二十五代玄孙法名于贞子张（章）氏葛含华偕门人贺万寿、王万象、陈万章，徒孙卢里道"等字；1941 年《重修龙眼山陈家洞碑记》，列刻"华山弟子葛含华、王士元、陈浚源、卢重道、陈士道"。① "章"乃葛含华夫家之姓，既称为华山派第二十五代，应属"宇"字辈，然其法名称"于贞"似乎应为"宇贞"；其门人贺万寿、王万象、陈万章等属第二十六代"万"字辈，徒孙卢里道属第二十七代"里"字辈。

从上述平凉市境内明代至民国时期的华山派从第六代至第二十七代传承脉络来看，华亭青龙山华山派的张教澄、李演鹤显得很重要，他们可能与崆峒山的华山派第五代王道成、第六代贾崇庆、韩崇峰有师承关系。

三、明韩府及襄陵王家族崇奉全真华山派

明万历二十年重修青龙山寺观活动得到了韩府及襄陵王家族的资助或支持。《重修青龙山寺观碑》明言该地由"大明韩王承奉祠"，并称"大明朱朝重修此山，以光前朝之美"，这个所谓的"韩王承奉"指韩府内设宦官机构承奉司的人员，他们奉韩王之命到青龙山寺观开展祭祀活动，而明代重修是山宗教建筑是韩藩的一项责

---

① 李晓斌：《庄浪文物》，第 264 页。

任。虽说有良民功德主闫友仲等"心发虔诚"建修昊天玉皇上帝石洞、玄天上帝石洞、石塔寺、三清祖师殿、青龙山宫殿石洞等，这些工程若得不到韩王及襄陵王府的支持或允准，是不可能顺利进行的。很可能是韩藩的倡导并施资，再加道士向民众等化募筹集资金，才保证了重修工程的顺利竣工。

洪武二十四年（1391）朱元璋封其第二十二子朱楧为安王，国于平凉。永乐六年（1408）就藩平凉，永乐十五年薨，谥号惠，因其无子而国除。永乐二十二年，原封于辽宁开原的朱元璋第二十子韩王朱松改封于平凉，是为第一代韩王即韩宪王；第二代韩王即韩恭王朱冲于洪熙元年（1425）徙国平凉，其后继者分别为韩怀王（范圯）、韩靖王（范𡎴）、韩惠王（徵钋）、韩悼王（偕）、韩康王（偕㶇）、韩昭王（旭橪）、韩定王（融燧）、韩端王（朗锜）、韩王（亶塉），历时218年，与明王朝的命运相始终。端王朗锜，隆庆三年（1569）袭封，万历三十四年（1606）薨。故万历二十年（1592）《重修青龙山寺观碑》树立时间正当端王主国之时。

之所以说韩藩襄陵王家族资助或支持青龙山寺观重修，是因为华亭市文物工作者在该寺观遗址采集到与襄陵王家族有关的造像。如华亭县博物馆收藏的老君铜造像（图七）上刻有"万历三十一年造"，"□（襄）陵辅国中尉融刾、融寔，倪氏男谟萨、谟□造"字样的铭文。这件造像虽然距万历二十年重修略晚21年，但功德主明确是襄陵王府的辅国中尉融刾、融寔、倪氏及其子谟萨、谟□。按明代制度，韩王系亲王，襄陵王为郡王，襄陵之子为镇国将军，孙为辅国将军，曾孙奉国将军，四世孙镇国中尉，五世孙辅国中尉，六世以下皆奉国中尉，又襄陵王府成员起名皆从字辈，第一代朱冲烁属"冲"字辈，其子属"范"字辈，其孙属"徵"字辈，其曾孙属"偕"字辈，四世孙属"旭"字辈，五世孙属"融"字辈，故辅国中尉融㓮、融寋当为朱冲烁之五世孙，朱范垤之四世孙。可见青龙山的道教场所确与韩藩襄陵王府有关。

襄陵王朱冲烁系韩王朱松的次子、第二代韩王朱冲之弟，受封时间在永乐二年（1404）四月初四，当时明太宗朱棣立长子为皇太子的同时，"尚念宗亲，溥施恩礼"，封了一批亲王世子及郡王，其中封"韩王长子冲为

图七　青龙山寺观遗址采集的明万历三十一年老君铜像

韩世子，第二子冲烁为襄陵王"。① 永乐二十二年十二月明仁宗命"韩王冲阶其弟襄陵王冲烁、乐平王冲㷒之国平凉"，② 但实际迁徙大概从次年即洪熙元年四月起程，到秋季始就国平凉，是年三月仁宗赐韩王冲书信称"初，意欲贤弟及秋之国。今思若俟秋行迤各始达，西土冰寒，百事难为，殆非初到者所便。不若以四月下旬起程，虽道途触热，若从容而行，可以无虑，而及秋至彼，天时人事皆得便利。已敕诸司应付途中合用物件。在途加爱"。③ 是后，"凡安府

① （明）《明实录·明仁宗实录》卷13，洪熙元年三月乙未。
② （明）《明实录·明仁宗实录》卷9，永乐二十二年十二月乙丑。
③ （明）《明实录·明仁宗实录》卷13，洪熙元年三月乙未。

遗下田地草场水磨房屋诸物悉与韩府"。① 襄陵王虽为郡王，但他与一般郡王不同，韩宪王徙于平凉后，就向朝廷奏请朝廷允许其次子襄陵王冲炋奉安惠王祀，故他被视为安惠王的后祀者或奉香火者，岁时去安惠王陵园即祭享。正统元年（1436），英宗敕谕襄陵王，称"惠园祭祀及洒扫坟园，闲暇则听叔祖使令"。②《明世宗实录》明确记载，"初安惠王分封平凉，王薨无子，国除。韩宪王徙居平凉，乞以次子襄陵庄穆王冲炋奉惠王祀。英庙许之，给守园官校"。③ 朱冲炋薨于成化十三年，《明宪宗实录》称"王素忠孝，以读书乐善启迪后人，且节俭好礼，为藩辅之冠"。④ 襄陵王自第一代冲炋起，共传10代，见下表：

王　号	王　名	在位时间
襄陵庄穆王	朱冲炋	1404～1477 年
襄陵恭惠王	朱范址	1479～1506 年
襄陵安穆王	朱征钤	1511～1538 年
襄陵端和王	朱偕浰	1520 年卒，追封
襄陵懿简王	朱旭橦	1541 年卒，追封
襄陵顺清王	朱融焚	1546～1582 年
襄陵恭懿王	朱谟墡	1582～1583 年
襄陵温恪王	朱朗鏭	1587～1617 年

① （明）《明实录·明宣宗实录》卷9，洪熙元年九月戊午。
② 崆峒区政协：《平凉金石》，第65—66页。
③ （明）《明实录·明世宗实录》卷407，嘉靖三十三年二月癸酉。
④ （明）《明实录·明宪宗实录》卷163，成化十三年闰二月丙午。

续表

襄陵王	朱璟洗	1620~（不详）
襄陵王	朱逑桄	（不详）~1644 年

从表中可知，明万历二十年重修青龙山寺观正是第八代襄陵温恪王朗鐄在位之时。

襄陵王家族崇信全真华山派要追溯到第二代襄陵王朱范址。元《重修崆峒山大十方问道宫碑》碑阴明代刻辞（图五），反映了明中晚期宗室韩藩与崆峒山道教的关系。"敕赐大明宗室通玄演教朱真人"究竟是何人？所谓"大明宗室"和"朱"姓这两项因素，即以平凉地域而言，非韩藩莫属。以嘉靖四年为限上溯，韩宪王、恭王、怀王、靖王、惠王、悼王、康王、昭王等均无崇信道教特别突出且享受过"敕赐通玄演教真人"的待遇。而在诸郡王中，第二代襄陵王朱范址却表现得非常特殊。他特别崇信道教，广建道教宫观，于明弘治元年（1488）在平凉城北创建了演玄观。2013 年平凉崆峒

图八　柳湖公园出土的《演玄观记》碑拓片

区柳湖公园出土的明弘治二年《演玄观记碑》（图八），碑文共 19 行 649 字，文末标"记者谓谁，皇明太祖孙襄陵王自谓也"，表明作者正是朱范址。① 成化十五年三月册封"韩府襄陵庄穆王长子镇国将军范址为襄陵王，夫人刘氏进襄陵王妃"②，按实际来算，朱范址应是明太祖朱元璋的曾孙。他在记文中自称"予自少及老，锐意老子法者几数十年"。③ 明世宗是个特别信仰道教的皇帝，襄陵王范址的好老崇道的行为与他极为合拍。"演玄"之观名乃明孝宗亲赐。"演玄"与"通玄演教"之意相同，可知所谓"通玄演教真人"的名号的确来自敕赐。不过，朱范址于正德元年（1506）十月初十日已薨，敕赐"通玄演教真人"道号可能是晚至嘉靖三年（1524）的事。就在这次重立过程中，贾崇庆、韩崇峰等刻上了两行文字，大概是纪念襄陵王朱范址资助修葺问道宫的功德。《重修崆峒山大十方问道宫碑》碑阴明代刻辞所涉及的住持道士贾崇庆、韩崇峰为华山派第六代"崇"字辈传人，朱范址生前与他们及其师父或师叔王全真（道成）交往极密。

值得注意的是，泾川王母宫石窟文管所保存的明嘉靖元年（1522）《重修王母宫碑》记载从正德十一年起长达 6 年的重修活动，"宗藩韩王亦乐施助，期终其事"，④ 显示以韩昭王为代表的韩王府对这次重修给予了资助。有崆峒山现存明代石刻中，嘉靖二十四年（1545）《新建南天门铁索记碑》（图九）记录参与资助新建南天门

---

① 崆峒区政协：《崆峒金石》，第 75—77 页。
② （明）《明实录·明宪宗实录》卷 188，成化十五年三月丁丑。
③ 同上。
④ （民国）张维：《陇右金石录》，甘肃省文献征集委员会校印，民国三十二年（1943），第 43—44 页；吴景山：《泾川金石校释》，第 123—124 页。

铁索的有韩藩及其宗室永福王、宁远王、长太王、长乐王、建宁王、□□王、高淳王、□□王、襄陵王、乐平王、褒城王、通渭王各王及宗人府仪宾等成员达200人以上；① 嘉靖三十九年（1560）《重修金城碑》明记"韩王夫人郭氏捐金，并命遣内散官马英祈许重修金城工完以记"；② 万历二十九年（1615）《新建飞仙楼记》记兴建崆峒山飞仙阁、塑玄帝像等事，碑末有"明万历二十九年季夏中伏之吉立，襄陵王、褒城王妃袁氏"的文字，③ 说明第八代襄陵王朗鐕为

图九 崆峒山明嘉靖二十四年新建南天门铁索记碑拓片

立碑人之一；万历四十三年《霍真祥重修雷祖殿碑》记述宗室韩府成员助霍真祥重修事，④ 万历四十四年《韩府赐经资碑》称"韩府

---

① 吴景山：《崆峒山金石校释》，第14页，
② 同上，第15页。
③ 同上，第20—22页。
④ 同上，第26页。

上官居住，奉道诵经，六度祝延，赐经资与道霍真祥修雷祖殿，打宝座使用"，①《韩府施财碑》称"勅赐崆峒山修建雷祖殿走修道人霍真祥于韩府祝延诵经，赐银拾两打地基使用。祈储君龙躯清健，嗣位长年。伏望天府洞鉴。记得石勒名□□□太祖十二世孙韩王……"② 这些碑都反映韩府资助了全真教华山派在崆峒山的发展。

三、明代青龙山存在韩府敬依官地

碑文载"敬依官地名风崗青龙山"，表明青龙山在明代为韩王府敬依田所在地。敬依田，顾名思义，即敬献投依的田地，为韩王府私产。明制，王府亲王的嫡长子继位为王，其他诸子则封郡王。洪武五年（1372）规定，郡王诸子年及 15 岁，人赐田 60 顷。洪武二十八年拨赐的土地减内为 16 顷。此数虽较原额为少，但仍不失为一个大庄主。郡王之下的为镇国将军也有赐田。有明一代，皇诸子受封为王的有 62 人，建藩就国的有 50 人，其庄田和庄民（佃户）不隶有司册籍，故庄田顷亩和庄民数量不可确知。除朝廷赐予的田产之外，藩王还不断利用各种手段巧取豪夺封地内民户的田地以扩充自己的财富。成化十五年八月，韩王朱偕濇被"革禄米三之一"，其罪之一即"占地违例"③。明嘉靖《平凉府志》卷六《灵台县》之"护卫所司屯地"条载："右护卫军屯乃韩府军也，其地亩盈歉每□强弱，恃势侵夺，或投献作敬依地，而赋税则民纳，犹苗有莠，羊

---

① 吴景山：《崆峒山金石校释》，第 29 页。
② 同上。
③ （明）《明实录·明宪宗实录》卷 193，成化十五年八月壬寅。

有狼也。"① 按韩府护卫军屯地，本属官地，但屡有投献给韩王府而成为"敬依田"，即成为韩府之私田。

关于韩藩之敬依田在其他碑刻文献中仍可见到。如天水仙人崖大雄宝殿外柱廊保存明隆庆四年（1570）知州杜廷栋、王克肖等竖立的《钦赐韩府官地》碑一通，碑首横刻楷体阴文"钦赐」韩府官地"两行6字，碑文明确韩王府在秦州仙人崖一带有两处"钦赐敬依田地"。韩府在天水与地方民众争夺田地，发生争议后，呈奏朝廷予以断决，最后皇帝下诏将田地赐予韩府，成为敬依田。立石"分别四至界畔"，并开列四至"仙人岩古刹华严家佛堂一处，东至燕子关为界，南至静延崖为界，西至水泉坡为界，北至播子山为界"；"火地山朝阳寺官地草场一处东至三股水为界（隔牛坡、鹦鸽沟、五山寺、放马滩、麦磊沟），南至饮马浴为界（双场岘、古道硖、车场沟、后川、坚坪），西至麻松头、回岭、沙湾为界（前川、温家沟、椒土坡沟、杀人沟），北至合河口、蜜槽沟、白花川为界"。② 该碑证实韩王府敬依田分布广泛，远及秦州界内。

华亭境内的韩府敬依田，赵时春《平凉府志》卷十一《华亭县》之"华亭县建革"条称"县西三十里为韩府敬依田"，与青龙山碑地理位置相合，其四至范围在庄浪县明万历十二年《主山云崖寺成碑记》上面有确切记载："钦赐韩府散（敬）依石门儿等处官地四至：东至麻庵子朝阳寺为界，南至关山为界，西至高堡山紧入硖口为界，北至山寨干些凹为界。"③ 明万历《重修青龙山寺观碑》

---

① （明）赵时春：《平凉府志》，第225—226 页。
② 汪明：《麦积区金石校汴》，三秦出版社，2015 年，第88—89 页。
③ （明）赵时春：《平凉府志》，第225—226 页。

原址恰好处在这一区域范围内，青龙山位于麻庵以北、山寨乡西南，敬依田主要分布在庄浪与华亭两县交界地区。

至于华亭以西等地如何成为韩藩的敬依田，清代编纂的《静宁州志》亦明确交代："明洪永乐敕封张三丰于本州主山寺，八景谓之主山名胜。隆庆间居民争利呈进韩藩。本朝顺治五年奸民自行告入华亭，今其他遂属华亭矣。"①"隆庆间居民争利呈进韩藩"的情况大约与秦州的钦赐韩府敬依官地同时，反映韩藩王庄扩张主要在这一时期。由此可见，明代庄浪华亭一带的韩藩敬依田是在隆庆年间当地民户主动入献而来，而主山在清代由静宁州改属华亭，则是本地奸民入告的结果。韩府为占据田地，先争取寺观为其所有，进而争占寺观常住香火田，进而附近之民献地于寺观或依附韩府，成为敬依韩府田产。这样，民户就可避免向国家及地方官府缴纳租税，而向寺观或韩府交纳租税相比给官府的则要少得多。

四、结语

华亭西部关山深处发现的《明万历重修青龙山寺观碑》记载，关山主峰主山即今五台山为古代名山，唐宪宗时封主山为天下众山之尊，敕封食粮僧道及其常住地；明代万历二十年韩王家族携功德主及主山僧道重修主山寺观并在主山之脉青龙山立碑以纪事由。此碑对研究明代韩王家族宗教信仰以及全真教华山派在平凉地区的传播等问题具有重要价值。在青龙山寺观遗址发现的明代万历三十一年老君造像表明，华亭主山及其附近为明代韩藩襄陵郡王家族从事

① （清）王烜：《静宁州志》，第43页。

道教活动的重要场所，与韩藩其他诸王佞佛不同，襄陵郡王历代成员对道教更为崇信。据平凉崆峒山等地保存的道教碑刻判断，当时青龙山寺观住持道士张教澄、李演鹤分别属全真华山派的第七代"教"字辈、第八代"演"字辈传人，与崆峒山的华山派第五代王全真（道成）、第六代贾崇庆、韩崇峰应该有师承关系。有明一代，在韩藩的大力支持下，全真教华山派在平凉各地发展迅速。同时碑记也反映了华亭西部关山地区为韩王府敬依田的史实，韩王府以寺观为据点，先占据寺观的香火田，然后再进一步攫取附近民户的田地，不断侵蚀国家官地，逐渐变成王庄私产，进而达到满足个人利益的目的。

基于西部大开发战略的华亭回顾与展望

郭勤华①

摘要：国家实施西部大开发以来，华亭牢牢把握这一重大历史机遇，用发展的眼光、思路和方法化解前进道路上的困难和问题。西部大开发战略实施持续推进的 20 年里，华亭呈现出经济增长较快、民生状况改善、薄弱环节加强、社会和谐问题的良好局面。本文通过西部大开发 20 年来华亭社会事业发展所取得的成功经验，探析在新时代推进西部大开发新格局中，华亭市依据甘肃省加快供给侧结构性改革的部署要求，守正创新，探索有利于华亭、不同于其他市、县的发展新路径。

关键词：西部大开发　新时代　华亭

国家实施西部大开发以来，华亭牢牢把握这一重大历史机遇，始终坚持以习近平新时代中国特色社会主义思想为统领，用发展的眼光、思路和方法化解前进道路上的困难和问题，全面推动社会经

---

① 作者简介：郭勤华，女，宁夏社会科学院副编审。

济发展和社会进步，始终把保障和改善民生作为一切工作的出发点、落脚点，始终坚持深化改革扩大开放，不断创新体制机制，形成推动西部大开发的强大动力。在西部大开发战略实施持续推进的 20 年里，华亭呈现出经济增长速度较快、民生状况改善、薄弱环节加强、社会和谐稳定的良好局面。在新时代推进西部大开发新格局中，华亭又一次迎来了发挥区域性枢纽的优势，坚持走生态优先、绿色发展的新路子，发挥共建"一带一路"的引领带动作用，有力地引导、规范、保障和促进华亭经济社会事业的全面健康发展。

一、国家实施西部大开发以来，华亭经济社会实现大发展

2000 年以来，随着西部大开发政策持续推进，在国家政策引领和各类建设资金的配套支持下，华亭市乡村社会经济发展实现了重大跨越。2018 年全市实现地区生产总值 496841 万元，比 2010 年全县生产总值 482860 万元增加 13981 万元，增长 2.8%。第一产业增加值 49473 万元，比 2010 年的 43077 万元增加 6396 万元，增长 13%；第二产业增加值 272606 万元，比 2010 年的 377089 万元增加 -104483，增长 -38.3%；第三产业增加值 174762 万元，比 2010 年的 62694 万元增加 112068，增长 64%。因此，甘肃省县（市、区）生产总值发展较快，产业结构趋于合理。

（一）居民收入水平稳步提高

华亭市在农牧业发展时期没有得到充分利用，随着工业经济发展和国家持续推荐的三轮西部大开发，自然资源开发利用成为必要和可能。西部大开发以来，华亭市因为生产技术落后，生产方式传统，经济结构单一，随着现代科学技术的推广使用，乡村产业规模

化、集约化水平不断提高，农村剩余劳动力从业机会和从业水平逐步提高，改善人民生活，加强乡风文明建设，改善乡村生态环境等，成为华亭市建设美丽乡村的重要环节。2018 年，华亭市居民人均可支配收入稳步增长，全市城镇居民人均可支配收入 32372.3 元；农村居民人均可支配收入 8973.8 元。与 2010 年相比，城镇居民人均可支配收入 15359 元，增加 17013.3 元，增长 52.6%；农村居民人均可支配收入 3730 元，增加 5243.8 元，增长 58.4%。

（二）生态保护得到提升

实施西部大开发战略以来，西部地区加大污染治理力度，健全管理机制，全力打造"湖光映山色、绿水润煤城"。经过创新机制绿化荒山、进行林地改革流转荒山林地、建设花园式工业区、依托城镇化建设改扩建绿色人居环境、引水入城、集流成湖等措施，改造荒山林地、治理山水河湖和工业环境。2018 年，全面落实"绿水青山就是金山银山"的理念，坚决打好污染的治理攻坚战，聚焦环境突出问题，集中抓好重点区域、重点领域、重点行业的重点工作。陕西省以秦岭的保护为重中之重，彻底整改中央环保督察指出的秦岭保护不力问题，坚决制止和惩处乱采乱排乱建等破坏生态环境的行为。全年共减排化学需氧量 22 吨、氨氮 2.5 吨、二氧化硫 43.93 吨、氮氧化物 10.23 吨，可吸入颗粒物（PM10）年均浓度值控制在 80 微克/立方米以内，细颗粒物（PM2.5）年均浓度值控制在 42 微克/立方米以内。汭河地表水崇华公路交界处（出境）断面水质综合评价达到Ⅲ类标准；3 个县级、4 个乡镇集中式饮用水水源地水质达标率均达到 100%。2010 年，华亭县全年全县污染物总量控制目标全面实现，其中：废气中污染物排放总量控制在 4700 吨，二氧化硫排放 3075 吨，烟粉尘排放 780 吨；废水中污染物化学需氧量排放总量控制在 1764 吨，主要污染物化学需氧去除量完成 50 吨；工业废渣排放总量控制在 2000 吨，综合利用量完成 6.18 万吨，工业"三废"综合利用产值达到 280 万元。经监测，出境段地面水化学耗氧量每升为 4.8 毫克/升，地面水水质达标率 100%，区域环境噪声平均值控制在 55 分贝，交通干线噪声平均值控制在 68.1 分贝，城镇饮用水源水质达标率为 100%。经过 10 多年防污治污和生态保护建设工作的系统性和协调性发展，完善生态补偿制度，试行生态环境质量损害赔偿制度等，生态环境得到全面治理和改善。

作为资源转型期的华亭县，围绕建设"生态文化山城，绿色能源之都"的目标，多年来，以林权制度改革加快荒山绿化，以延伸产业链发展工业经济，以城市建设打造园林县城，在"煤城瓷都"描绘了一幅人与自然和谐相处的美好画卷。作为全省 18 个重点林区县之一，拥有林业面积 57.76 万亩，其中宜林荒山和未成林造林地达 20 多万亩。实施西部大开发战略以来，华亭县加大污染治理力度，健全管理机制，全力打造"湖光映山色，绿水润煤城"，经过创新机制绿化荒山、进行林地改革流转荒山林地、建设花园式工业区、依托城镇化建设改扩建绿色人居环境、引水入城、集流成湖等措施，改造荒山林地、治理山水河湖和工业环境污染近 15 万亩。全县生态建设大大改善，构成双凤山、皇甫山两山环城生态绿色屏障，建成 20 个花园式单位和住宅小区。城建绿化覆盖率达 32%，人均公共绿地面积 6.63 平方米，形成树随路走、花伴人行"八纵六横"的绿色长廊。[1]

---

[1] 胥富春，华亭：特色产业拓宽致富路 [N]. 平凉日报：2020-04-16.

（三）脱贫攻坚成果显著

华亭市基础条件差、贫困程度大，脱贫攻坚任务艰巨。西部大开发以来，全市坚持精准再精准的扶贫攻坚措施，切实保障不同阶段扶贫标准的脱贫质量，通过转移就业、发展产业、清理土地再分配、实施生态补偿等措施，以及异地搬迁、综合社会保障等措施，因地制宜，精准到人。把扶贫重点工程向深度贫困地区倾斜，加大深度贫困区的资金投入力度。尤其是近年来甘肃持续推进公共财政支农资金，支持乡村开发特色产业、改善基础设施、发展社会事业，面对区位劣势、资源劣势和政策优势，通过政策扶持、资金支持，推动一大批特色产业蓬勃发展，逐步实现生态效益、扶贫效益、经济效益"三效合一"，推动特色产业发展，拓宽群众增收渠道。① 启动实施深度贫困地区 30 户以上自然村道路及主巷道硬化工程，实施路网覆盖，激发贫困群众的内生动力。2000~2018 年，西部地区三大产业发展实现由农业主导向工业和服务业主导的历史性转变。

（四）特色优势产业发展加快

华亭市有 8 个乡镇 75 个村，地处关山林缘区，基础条件差、贫困程度高、脱贫攻坚任务艰巨，力争做好特色产业提质、基础设施改善、公共服务提升"三大战役"。加大投入力度，从 2011 年开始，以上年公共财政收入的 15% 列支财政支农资金，支持乡村开发特色产业，改善基础设施，发展社会事业，累计列支 4.36 亿元。面对区位劣势、资源劣势和政策优势，通过政策扶持、资金支持，推动一大批特色产业蓬勃发展，建成 18 个中药材种植专业合作社加入联合

---

① 王朝霞，华亭县生态环境建设纪实 [N]，甘肃日报：2007-09-12.

社，引进杂交构树，采取"国有公司+村集体经济组织（合作社）+农户"模式，建立生产、加工、销售、服务一体化的杂交构树产业链，逐步实现生态效益、扶贫效益、经济效益"三效合一"。发展设施蔬菜产业，探索"乡村旅游+生态农业"发展模式，成为华亭市村级发展中闪现的又一张靓丽"名片"。推动特色产业发展，拓宽群众增收渠道，为决战决胜脱贫攻坚发挥重要作用。① 2000～2018 年，三大产业比重由 24.3∶45.0∶30.7 调整为 10∶54.8∶35.2，产业发展实现由农业主导向工业和服务业主导的历史性转变。

二、华亭实施西部大开发战略的实践经验

西部大开发战略实施以来，华亭不断深化市情认识和完善发展思路，进行探索实践，有力地促进区域经济发展、社会进步、团结稳定，各项社会事业取得显著成就。

加强组织领导，确保战略实施

全市上下成立以党委和政府主要领导为组长的县、乡两级实施西部大开发战略领导小组，制定贯彻落实西部大开发战略的具体措施，各司其职，形成合力，保证西部大开发战略各项工作的持续推进。

争取国家支持，夯实发展基础

基础设施落后，生态环境脆弱，是制约华亭经济社会发展的两个重要因素。紧紧抓住国家深入实施西部大开发战略的机遇，积极争取国家支持，建成一批交通、能源、水利、生态等事关发展基础的大项目，为华亭社会经济持续发展奠定重要基础，也为努力推进

---

① 胥富春，华亭：特色产业拓宽致富路［N］，平凉日报：2020-04-16.

高质量跨越式发展提供有力保障。

发挥比较优势，增强自我发展能力

依托比较优势，举全市之力，着力培植和壮大煤炭、陶瓷和旅游等特色优势产业，全市经济逐步从资源开发导向型战略转变到依托优势、面向市场、依靠科技、提高效益的轨道上来，为长远发展、可持续发展打下良好基础。

以开放促开发，全方位推进改革开放

改革开放是发展的动力。全市坚持以开放促开发、促发展，围绕重点领域和重点产业，通过举办各种合作交流活动平台，多方式、多渠道招商引资，特别是通过资源配置和企业整合及给予西部大开发优惠政策，吸收全国乃至世界范围内的生产要素参与华亭建设。同时，以国家"一带一路"倡议为契机，加强国际大通道建设，把"引进来"与"走出去"相结合，不断优化发展环境，开拓国际市场，提升周边开放的质量和水平。

以发展促稳定，努力维护社会安定和谐

在抓好基础设施、生态环境等大项目建设的同时，十分注意抓好涉及广大农民切身利益、惠及广大弱势群体的民生项目，相继启动实施了农村人畜饮水、农网改造、农村公路、保障性安居工程等项目建设，围绕教育、卫生等社会发展的薄弱环节，加大投入，切实解决好人民群众就学、就医、就业、养老等方面的突出问题，使广大人民群众从实施西部大开发中得到实惠。以发展促稳定，以稳定保发展，促进各民族共同团结奋斗、共同繁荣进步。

三、新时代推进西部大开发新格局的思路举措

中共中央、国务院印发《关于新时代推进西部大开发形成新格

局的指导意见》，在西部大开发新格局下，给华亭政策保障、产业发展、区域发展与大文旅产业发展带来了诸多机遇。抓住深入实施西部大开发战略的重大历史机遇，主动融入"一带一路"，奋力推进西部大开发新格局事关华亭现代化建设的全局，事关面向周边辐射建设，事关全市 19.85 万群众的福祉。

第一，加强基础设施建设，不断改善发展条件。首先抓好综合交通基础设施建设是关键。在学习贯彻落实新时代推进西部大开发新格局中，华亭加快县域高速公路"能通全通"工程，优化民航机场网络布局，开辟国际国内航线，打造以"一带一路"沿线国家和地区为重点的"空中丝绸之路"，推进航空服务大众化和机场网络格局建设。其次抓好水利基础设施建设。全面推进河西地区水资源开发利用强度、南部地区水源涵养保护，调整陇东地区供水水源结构，优化陇中地区水源配置格局，持续推进引洮二期、白龙江引水、引哈济党等重大水利工程建设。三是加快能源基地建设。加大城乡配电网基础设施投资，加快农村电网改造升级，满足城乡居民高质量用电需求。发展壮大河西新能源基地，适时启动金（昌）武（威）张（掖）千万千瓦级风光互补发电基地、酒泉千万千瓦级风电基地二期配套风光电项目建设，在河西地区率先实现风光水火核产业群聚集。优化传统能源产业布局和结构，建设陇东综合能源基地，持续扩大优质增量供给，重点在平凉、庆阳等地区建设一批矿区。加大陇东地区油气勘探开发力度，促进油气资源增储上产。加快能源通道建设，打造大容量、高电压等级的骨干输电网架，加快推进±800 千伏陇东至山东特高压直流工程建设，推进河西第二条特高压直流输电通道。加快煤炭新线建设和既有线路扩能改造，配套建设矿区铁路和煤炭集运支线，提升甘煤入川渝能力和疆煤入甘运力。加强油气输送管网建设，推进油气管网互联互通。完善能源储备体系，提升能源储备能力。完善 4G 网络全覆盖，启动 5G 商用试点，持续争取国际光缆和国际通信设施建设。

第二，加快转方式调结构，推动一、二、三产业融合发展。按照"集约资源、重点支持、优先发展、示范引领"的方式，一是坚持质量第一、效益优先，改造提升传统产业，培育壮大重点支柱产业，加快发展战略性新兴产业，大力发展现代服务业，加快形成一批布局合理、重点突出、各具特色的全链产业、核心优势产业、产业集群。加快推动以矿产资源为重点产业集群发展、高质量发展。整合优化工业园区，突出特色、实体化运作，推动全市围绕产业协调联力发展。转变产业发展方式，依托地方工业发展成就，发展工业旅游，让游客体验和感受地方工业力的发展氛围和精神风貌；加大旅游与教育融合发展，建设一批具有良好示范带动作用的研学旅游基地，鼓励旅游企业、社会团体和非公经济参与并发挥作用。二是以传统产业为支撑，强化产业及时创新，持续推进绿色能源开发、就地消纳、全产业链发展。按照"大产业+新主体+新平台"发展思路，努力做大做强做优绿色食品产业。组建有机产业联盟，健全特色农产品质量标准体系，强化农产品地理标志和商标保护。实施延伸产业链的"N"个工程。如开发一批集生产、观光、研发、推广为一体的"科技休闲农业"、绿色种养殖特色农业，提升农业附加值；实施"旅游+"和"+旅游"战略，推动一、二、三产业与旅游业融合发展，深度挖掘文化内涵，把文化元素体现到旅游开发的各个环节。

第三，加强生态建设和环境保护，推动绿色可持续发展。生态环境是华亭的宝贵财富，2018 年，华亭市全年空气质量优良天数达到 85% 以上，可吸入颗粒物（PM10）和细颗粒物（PM2.5）平均浓度剔除沙尘天气影响后控制在 85 微克/立方米和 45 微克/立方米以下，二氧化硫、二氧化氮、臭氧、一氧化碳 4 项监测指标年均浓度全部达到国家二级标准。然而作为煤炭资源型城市，华亭工业企业众多，生态环保工作面临污染防治和生态修复的双重压力。如何做好环境保护和煤尘治理，仍然是华亭新时代推进西部大开发新格局的重要课题。为此，华亭必须强化生态建设，进一步推进退耕还林还草工程，加大天然林保护、防护林建设、低效林改造和陡坡地生态治理力度，抓好生态脆弱地区生态修复，保护和恢复湿地生态，综合治理工业污染和水土流失，加强重点湖泊、河流水污染防治，实施最严格的水资源管理制度，强化节能减排，深入推进低碳试点建设，优化城市化发展思路，努力把生态优势转化为发展优势，构建"大健康+全域旅游+康养+特色小镇"链条，实现美丽与发展双赢。

第四，坚持人民至上，重视民生保障和改善。从《透过数字看民生——华亭县保障民生需求构建和谐社会侧记》一文所列举的华亭实施西部大开发以来民生保障的数据来看，近 3 年，华亭道路建设成果显著。累计投资 1.8 亿元，油筑通乡路 86 公里，硬化通村路 160 公里，改造村社路 282 公里，全县公路里程达到 698 公里，乡（镇）油路通达率实现 100%，好路率实现 90%，117 个村有 114 个通上等级公路，基本实现乡乡通油路、川区村通硬化路、村社通等级路目标。农村安全饮水工程全面实现。开挖管槽 311 公里，安装供水管道 310 公里，新增自来水入户 5490 户，解决了 2.47 万人饮水不安全的问题，占年度计划的 123.5%。至此，该县农村饮水安全工程共计投资 2868 万元，解决了 11 个乡（镇）、开发区 108 村 2.02 万户 8.49 万人的"饮水难"，占国家核定不安全饮水人口 8.3 万人的 102.29%，农村自来水入户率达到 71%，享用自来水农民占全县农村总人口的 66%。农村居住环境基本得到改善，新建和改造农村住宅 991 套。凭借新农村建设东风，华亭强力推进新村建设和旧村改造工程，2020 年筹资 1.69 亿元，建成新村建设和旧村改造示范点 31 个，新建和改造农宅 991 户 5167 间，配套"三清五改"示范户 3669 户，拓宽改造村间道路 154 公里，栽植绿化带 126 公里，铺设自来水主管线 100 公里，供电、自来水、电话、有线电视分别入户 4886 户、4553 户、3613 户和 3344 户。新建、改造文化活动中心 32 处，卫生所 15 间。培育出了砚峡、东峡、安丰住宅小区和北河、裕民、神峪新村等一批拿得出、叫得响的住宅建设典型工程。外出务工人员揽回 1.6 亿元。农村劳动力培训就业工作开展顺利。华亭县将劳务输出作为助农增收最有效的手段，对外出务工人员实行培训、就业、维权一条龙服务，确保了输得出、干得稳、挣得多。2020 年该县依托农民技能培训中心和温暖工程百县百万农民培训项目，开设电工、电气焊、服装裁剪等培训班 20 期，培训农民 3700 人，有 2230 人取得资格证书，参训人员就业率达 98%。新拓展劳务基地 112 处，向大型用工企业订单式派遣务工人员 2128 人。至此，全县共输转劳动力 3.03 万人，创收 1.6 亿元，人均创收 5283 元，劳务收入占到了全县农民现金收入的 64%。①

---

① 石巨福：透过数字看民生——华亭县保障民生需求构建和谐社会侧记［N］，平凉日报：2008-12-26.

然而，在推进社会事业发展方面，保持城乡就业稳定，加强社会保障体系建设，扎实推进民族团结等方面要进一步坚持人民至上理念。一是加快社会事业发展，推进多镇幼儿园、中小学校安全工程、普通高中特色化学校建设，改善义务教育阶段薄弱学校的办学条件。办好普通中学教育、特殊教育和继续教育。推进以县级市公立医院为上的公立医院改革，加快中医药和民族医药发展。做好人口和计划生育工作。加强文物古迹、文化遗产保护与利用，繁荣发展传统优秀文化，实施文化走出去战略。做好体育、出版发行、广播影视、档案、地方志、哲学和社会科学工作。二是保持城乡就业稳定，培育乡村振兴新动能。尤其是在重大灾难性降临时期，扎实做好高校毕业生、下岗转岗职工、农民工和就业困难人员等重点群体就业工作，深入实施退役军人就业创业计划等工作尤为关键。三是加强社会保障体系建设。全面实施全民参保计划，加快养老保险市级统筹，健全被征地农民基本养老保险制度。完善城乡低保、农村五保供养医疗救助、双拥优抚政策，全面落实临时救助制度，关爱农村"三留守"群体。全面贯彻党的宗教工作基本方针，坚持宗教中国化，积极引导宗教与新时代中国特色社会主义建设相适应。

参考文献：

（1）中共中央、国务院《关于新时代推进西部大开发形成新格局的指导意见》。

（2）华亭县 2000 年、2018 年统计公报。

（3）华亭：倾心用力保障和改善民生，易网号，2019-03-05.

侏罗纪狼鳍鱼的覆灭

刘玉林

（平凉市博物馆）

大约到了 3 亿年前的中生代，整个今天的陕甘宁地区都处于地势低洼的盆地中，地质学上称为"陕甘宁盆地"或"鄂尔多斯盆地"。平凉南部一带正处于盆地的边沿，陆地上生长着高大密集的真蕨类植物和苏铁类、松柏类、银杏类裸子植物，还有乔木羊齿类植物，共同组成茂密的森林。草本羊齿和草类植物则遍布低处、覆盖地面。在比较干旱的地带，生长着苏铁、羊齿类植物，形成广阔的常绿原野，盆地深处为湖泊沼泽。科学家研究证实，侏罗纪植物群的面貌，在地球的各区域趋于近似，说明侏罗纪时，地球各处的气候大体上是相近的。[①] 平凉一带也正和地球各处的气候一样，植被分布也差不多，气候温润，静水湖泊变浅，成为植物茂盛的沼泽。森林边沿有绿色原野。浅水湖泊或沼泽中有鱼类活动生息。

[①] 赵宗宣：《甘肃的侏罗纪》，《甘肃地质》1998 年第 1 期，第 1—47 页。

华亭南川狼鳍鱼化石

平凉峡门鱼化石点

20 世纪 80 年代在通往华亭砚峡煤矿的山间便道上，到处可见粘满植物化石的石块，可以说这条路就是由植物化石铺成的。化石由层层叠叠的芦苇状叶片组成，很像现生于池沼中的芦苇。华亭南川一带的朱家寨、王家沟、武村铺，平凉峡中的苋麻湾和崇信神峪河的峡谷中，有一层青灰色的岩石层里面含有大量的鱼化石，故称"鱼儿沟"。笔者曾在中国地质博物馆中亲眼见到一件产自华亭的展品，一块不到 2 平方尺的石板上，就有 10 多条狼鳍鱼化石。也曾到峡中苋麻湾鱼儿沟亲眼看到采集的人，在不到两个小时中，就挖出 10 多条鱼化石，可见藏量之富。

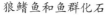

狼鳍鱼和鱼群化石　　　　　　狼鳍鱼复原图

狼鳍鱼是一种原始的真骨鱼类，生活于中生代后期，现已灭绝。中华狼鳍鱼和平凉产的甘肃狼鳍鱼牙齿较大，属静水环境生存，群游生活习性，为东亚地区特有的淡水鱼类，是我国发现最早的真骨鱼类。身体呈纺锤形，身长约 10 厘米，背鳍位置靠后与臀鳍相对，尾正型，圆鳞，牙齿尖锥形，以浮游动物、小昆虫和昆虫卵为食，距今 1.4 亿年。在我国，一般把有狼鳍鱼的地层定为晚侏罗纪，以狼鳍鱼的消失作为划分侏罗纪与白垩纪的界线。

华亭出土的蕨类植　　　　在策底河畔采集化石
物树干化石

似芦苇植物化石 似裂银杏化石

崆峒山附近出土的蕨类植物树皮和树干化石

我们还在这一带找到了锥叶蕨、栉羊齿、楔拜拉、裂银杏等单体植物化石，在崇信赤城周寨发现过嘉峪龙的牙齿化石。嘉峪龙是一种大型的蜥脚类食草恐龙，一般生活在湖泊附近森林边沿的草地上，所以科学家又给它起了另一个名字叫湖泊嘉峪龙。

恐龙生活场景　　　　　　　策底的植物化石

泾川发现的蕨类植物化石应产自泾川

西部靠近华亭一带

　　还有一点特别值得注意，就是在侏罗纪时期，我们上面讲到的
地带有那么多的动植物化石，而在离这些地方不远的泾川县罗汉洞，
也有一片属于侏罗纪的标准地层，被地质学界命名为侏罗纪"罗汉

洞组"。这一带的地貌和华亭、崇信大不相同，它是由非常醒目的红色、黄色细沙岩构成的岩石层。据地质学家研究，这种岩石是由长石石英砂岩夹粉砂岩、泥岩为主，属河漫滩相和河湖相细碎屑岩沉积，总厚度在 607.6 米，成分比较单纯，构造变化也很小，除了一层层水平纹理外，其他变化不大，在这段地层中也没有发现过动植物化石。其上覆盖着厚度约 200~300 米以上的巨厚黄土层。

泾川罗汉洞侏罗纪罗汉洞组地层

有学者认为，我们今天看到的六盘山以东的侏罗纪，只是原始盆地经后期的造山运动肢解后残留下来的极少部分，所以无法复原这一带较完整的侏罗纪地貌。只能依据我们所掌握的一些零碎的动植物化石和地层结构资料，勾画一幅平凉一带在 2.5 亿年前自然景观的大致轮廓。那时候华亭的安口和崇信的新窑、赤城一带有高大茂密的蕨类植物和松柏类裸子植物构成的大森林。森林边沿以华亭策底为代表，有由苏铁杉、栉羊齿、楔拜拉、裂银杏等蕨类植物和草类植物构成的稀树草原绿地；以华亭南川、平凉峡中一带为浅水湖泊；华亭砚峡一带可能有森林和沼泽湿地；泾川一带则被淹没在深深的湖水中。

泾河北岸南石窟寺一带出露的侏罗纪罗汉洞组地层

恐龙出没于大森林之中，也常在绿草地上散步。浅水湖泊中狼鳍鱼成群结队追逐游戏，捕捉昆虫。沼泽中似芦苇的水草迎风摇曳，远处大片碧蓝的湖水中，漂浮着蓝天白云和青山绿树的倒影，一派宁静与生机盎然的景象。

但是好景不长，有一天地球上发生了强烈的构造变化，一种叫"复式向聚煤构造"运动，把华亭崇信一带的大森林压在了地层的深处，变成了今天的大煤田，地质学家把这种含煤地层列入侏罗纪"延安组"，受构造系控制，煤层走向呈反 S 型，找煤地层应沿煤层走向向东追索。

华亭策底侏罗纪青色岩石中的羊齿植物和树干化石

侏罗纪时一次大的火山爆发，滚滚浓烟直冲云霄，火山灰铺天盖地，在很短的时间里填满了浅水湖泊、低地和壕沟。狼鳍鱼遭到了灭顶之灾，被成群结队的挤压在火山灰中，形成了今天含鱼化石的青灰色页岩层。化石鱼以其生动的姿态，向人们述说着它们不幸的遭遇。同样生长在策底一带的羊齿类、苏铁类、银杏类植物也在这次火山爆发中被埋入火山灰中。我们在策底的一个采石场的断崖上，见到了很多羽状复叶类植物化石，完好地保存在地层中，有的还发着鲜艳的黄绿色，有的几根树干还直立在岩石中。这些迹象都说明这些植物和狼鳍鱼一样是被火山灰一次性掩埋的。① 旧采石场的北段是一处大型机械化采石场，这里的岩石厚度在百米以上，石质为纯青灰色岩，质地细腻，无杂质，用于高档的建筑材料。这种岩石可能是落入沟谷低地的火山灰形成的。自然界的一次灾害，给后人留下一段远古的精彩故事。

葛利普和华亭狼鳍鱼

"甘肃狼鳍鱼"，1928 年首次发现于甘肃华亭县南川，由美国地质古生物学家、美国哥伦比亚大学、北京大学教授葛利普命名为

---

① 尹赞勋：《火山喷发、白垩纪鱼及昆虫大量死亡与玉门之生成》，《地质评论》1948 年第 12 卷。

"甘肃狼鳍鱼"，属"热河动物群"的成员。"热河动物群"是 1926 年由葛利普教授提出的，1962 年由我国著名古生物学家顾知微正式命名。该动物群以东方叶肢介、三尾类蜉蝣、狼鳍鱼为标准化石。

综上所述，平凉自古生代到新生代几亿年的地球历史发展的每个阶段，都有一些鲜为人知的有趣故事，在沧海桑田的巨变中，平凉这块地方往往有一些成员扮演过物种进化过程中的重要角色，为平凉的远古史增添了浓墨重彩的一笔。

朝那诅楚　莲花祭天

——先秦平凉祭祀文化初探

魏柏树

摘　要：平凉历史文化底蕴深厚，特别是祭祀文化源远流长。"四大文化"中的成纪文化、西王母文化、崆峒文化都含有"祭祀"的重要内容。本文通过追溯齐家文化祭祀坑出土的"三璧四琮"、灵台潶伯墓中出土的玉人俑，联系春秋战国时的秦人朝那"诅楚"和"畤祭"形式，意在论证秦始皇莲花台祭天的必要性和可能性。

关键词：朝那；华亭莲花台；祭天；合理性

一、由"静宁七宝"猜想远古祭祀的神秘

静宁县境内齐家文化遗址分布广泛，出土了大量精美玉器，除璧、琮、圭、璋、璜、戚和钺等礼器之外，还有工具类的斧、锛、镰、铲、凿，兵器类的刀、矛、斧、铄，装饰品类有臂饰、管饰、牌饰及众多动物型雕件。特别是1984年，静宁县治平乡后柳沟村民挖出了一个齐家文化祭祀坑，从中出土了"三璧四琮"（俗称"静宁七宝"），其选材之精良、纹饰之朴美、器形之硕大、工艺之高超

令人叹服。"三璧"质地近似和田青玉，色泽青碧，边有沁蚀，表面光洁，但厚薄不匀，有切割痕。"四琮"质地近似和田青绿玉，外呈方柱体，内穿对钻孔，两端突射，射口平齐而圆。其中蚕节纹青玉中部凸出四棱，圆方有度，充满了幻想和神思（见图）。

多少年来，我一直在思考一个问题：这些"宝物"出土在人文始祖诞生地古成纪，那么，它的用途到底是什么？我便开始寻找资料。

蚕茧纹青玉琮

高 14.7 厘米，宽 8.2 厘米，射径 8.2 厘米。青玉，色青绿，方柱形，外方内圆，两端出射，浮雕似蚕节，中孔圆正。质地精良，光洁润泽，纹饰精美，制作精湛，充分体现了齐家文化的制玉水平。目前所知齐家文化玉多光素无纹，故此玉尤显珍贵，属齐家文化玉器中工艺水平最高的一件礼器，国宝级文物。

　　从《周礼》"以玉作六器，以礼天地四方，以苍璧礼天，以黄琮礼地，以青圭礼东方，以赤璋礼南方，以白琥礼西方，以玄璜礼北方，皆有牲币，各放其器之色"的记载看，古人主张天圆地方，"以苍璧礼天"，那是因为天是圆的，又是苍色（青色）的缘故；"以黄琮礼地"，那是因为地是黄而方的。古人以玉的颜色和形制，来配合阴阳五行之说，从而产生了祭祀天地四方的礼器。

　　由此看来，"静宁七宝"肯定是"礼天""礼地"的器物，但如何"礼"却没有资料，因此，便显得神秘。

二、由灵台玉人俑联想到周文王筑灵台祭天

　　灵台博物馆有齐家、西周、汉代玉器共48件，展品包括灵台县西屯镇桥村遗址发掘的璧、琮、戚、刀、斧、珠及白草坡西周墓葬出土的玉蝉、玉鱼、铲足、戴冠玉人等。西周时期的种类，主要是礼器，包括祭祀、朝享、仪仗和交聘等仪式上使用的玉器。玉戚和玉钺是仪仗器，玉蝉属于交聘礼器，蝉被古人看作是长寿的祥瑞之器。

　　出土于白草坡潶伯墓中铲足玉人俑，是目前国内发现的最大的玉人俑，头上为一条蛇盘起的发髻，裸体，双手捧腹，足下被加工成双面刃铲，又有工具的作用。此件玉人，用精美的材料琢磨，身上无显露的生殖器官，足下似铲的榫是作器柄或插嵌在某物上用的。再考虑墓主的身份之高，似可排除作奴隶陪葬和生殖崇拜形象的可能。如若插嵌在某件东西上，似又可能为墓主生前敬重供奉器而非

一般的珍玩。它很可能就是墓主生前信仰或敬奉的需要表现赤身裸体的某种神，也许是祭祀品，死后随其主一起埋入墓中。

由此，我们不得不联想到当年周文王征伐密国，筑台祭天。我们看到"密人不恭，敢拒大邦"的诗句，有人认为，商末，平凉的密、阮、共、芮等方国，只有密与商朝继续保持着牢固的宗主关系，不仅不顺从周，居然对抗西伯，入侵阮国，欺负共国，并经常制造事端，这个障碍必须灭掉。另一说是密须国有"密须之鼓"，它是商王亲赐密须国的权柄信物。周文王伐密，其中的一个原因就是要得到号令周边诸国的密须之鼓。还有一说是前密国君不把女儿嫁给周文王，便一举灭掉了密须国。这些都是伐密原因的探究。通过祭祀天地，顺应了民心，凝聚了人心。如何祭天？用什么祭品？缺少记载。既然后来《周礼》有"以苍璧礼天，以黄琮礼地"的规制，当时周文王用玉是必然的，我们只能期盼地下文物的出土和专家的研究了。

三、由朝那的"祈雨""祈晴"文追溯到秦人的"诅楚"

赵时春于嘉靖四十三年（1564）冬至定居华亭砚峡时已届晚年，他参与了各种祭祀天地的活动，写了不少祈求神灵的文章。盛夏，雨泽不降时，"伏愿水土通润，云旗远扬。惠风时雨，仁我庶氓"①。"大气之分，莫尊于神，莫灵于人。故人知求庇于神，而赖神以惠民。"② 期以三日，请雨于神。雨多了，求晴，"人，陆物也，水盛

---

① 赵世春著、魏柏树校：《赵时春文集校注》，天津古籍出版社，2020 年，第 388 页。

② 同上，第 389 页。

则倾"，求"煦以杲日，鼓以时风"①。认为"惟山有水则益灵，惟物得水而遂生"。以为泉水能"上通气于天汉，下朝宗于东瀛。伸野叟浩浩之志，汇圣德渊渊之评"②。"美高之山，朝那之湫。寔兴雨露，奠我西周。慨周鼎之东沦，秦克修其戈矛。驱并戎狄，开辟阡畴。字养涤荡，建县视侯。威重如山，泽流如湫。社稷尸祝，万古千秋。"近七月余无雨，泉涸尘浮，"时春乃谂于众，唯神是求"，祈求"大沛灵雨，濡洽原丘。用终神惠，五谷丰收"③。赵时春还有《五月望报朝那文》《中秋报朝那文》《夏祭五祀文》等等。朝那的灵验，让我们想到秦人的诅楚。

朝那湫，明代属华亭，今属庄浪县郑河乡，海拔 2535 米。大量史料证明，朝那湫是灵湫，故有"诅楚"的文字。赵时春在《朝那庙碑》记："朝那，秦肇县，惠文王使张仪阴谋代楚，献文于湫神曰：'敢昭告于巫咸大神，以底楚王熊相之多罪。'是时，楚方强，三闾多贤能谋，熊相昏，不用，自陷囚执，兵败国削。非神襹其魄者，殆不至是也。但湫神之为'巫咸'……朝那地界故广，而湫则所在有之，唯华亭县西北五十里湫头山，山最高，池渊泓莫测。旱涝无所增损，且北麓为泾之源，南趾为汭之源。神灵所棲，莫宜于斯，而境内千百泉湫，咸朝宗泾汭，在湫头实泾汭之源。《礼》，祭河必先源而后委。则朝那之庙食，于华亭又其宜也。但湫去县至险远，香牢乏荐。旧传于县西北十里湫头之支之下原，去县近而山平

---

①　赵世春著、魏柏树校：《赵时春文集校注》，天津古籍出版社，2020 年，第 401 页。

②　同上，第 389 页。

③　同上，第 390 页。

旷，有泉错出，下为两亭沟。民咸仰惠泽，故遂立祠，屡圮必修，称曰'盖国大王'。"①

写朝那灵湫诅楚的还有清康熙《静宁州志》。静宁知州黄廷钰在州志艺文中，特录了自己写的《乱池神辩》：按《史记》，秦祀湫渊于朝那，惠文王使张仪阴谋伐楚，为文投湫中，诅之曰："敢昭告于巫咸大神，以底楚王熊相之多辠。"②自湫头以外，隆德东北，亦有灵湫一，土人分为南北乱池云。……旧《祠记》有云："乱石神者，宋乾德间，陇干人严氏，伯曰辉，仲曰茂，以智勇御西夏有功，进爵为公；又格杀境内虎，为民除患，卒于乾德三年八月三日，进爵为王。仲封南乱石，祀章麻林（即华亭湫），伯封北乱石，祀陇干南郊（即隆德湫）。盖湫神显应，雨泽山川，故一州二县所祷赛也。"③《隆德志》载元人《灵湫记》亦称，"是湫肇于春秋"。乾隆《静宁州志》古迹："灵湫，在州东南湫头山，遇旱虔祷辄应。旁有乱石庙。建自宋元间，相传建庙时乏水，祝于神，忽有水从地涌出，取用不穷，湫即'乱石神湫'也。每夜深尝闻金鼓声。"④因其"灵"，才有"诅楚"的事，后来楚人果败，朝那更加显得神秘。

四、由朝那诅楚联系到秦始皇莲花台祭天

秦始皇在华亭莲花台是否祭天，正史未记，方志缺载。20 世纪 90 年代初，华亭学者王学礼《陇山秦汉寻踪——古上畤下畤的发

---

① 赵世春著、魏柏树校：《赵时春文集校注》，天津古籍出版社，2020 年，第 391—392 页。

② 王炬编纂，魏柏树点校：《乾隆静宁州志》，第 278 页。

③ 同上，第 279 页。

④ 同上，第 418 页。

现》的论文发表，"一石激起千层浪"，多数人以为是为配合地方开发旅游资源的"应景"文章，但也有一些人被惊醒，不断寻找一些"蛛丝马迹"往"祭天"上联系。平凉地方史志工作者没有进行专题讨论，故在总纂《平凉地区志》时，也只好将这个问题存疑。

近年研究赵时春相关史料，看到他的"绝笔"《郊祀议》谈郊祀的时间问题。"郊祀"是中国古代君王举行祭祀的重要组成部分，君王带领三公九卿等诸大臣，依据礼法于国都郊外祭祀上天，感恩上苍，为百姓和国家祈福的一种祭祀活动。

另在一首诗中发现了吴山祭祀的信息，对照华亭大量文史研究资料，综合"神秘的朝那"、秦人祭祀传统及秦始皇登鸡头、静宁出土祭祀天地玉器等等相关史料，我以为秦始皇莲花台祭天完全有可能。

（一）华亭是秦人的发祥地

周王室都城东迁之后，对地处陕西西边的土地更是鞭长莫及。周平王宣布："秦能攻逐戎，即有地。"意思是你们秦人如果能够把戎人赶走，那么土地就归你们。这给了秦人崛起的契机，不仅让秦获取了岐西之地的合法性，更给予了秦讨戎夺地的合法性。从此，秦不断地打着"尊王攘外"的旗号，一次次地向西扩张自己的领土与势力范围，直至公元前 221 年秦始皇统一中国才宣告结束。

秦人的祖先非常擅长养马。事实上是秦地特别是关山一带水草丰茂，才使"畜牧为天下饶"。加上战争和西北交通的需要，使养马在畜牧业中特别重要。秦人的祖先非子因马养得好而深得周孝王的喜爱，便赐给非子土地，非子在这块封地上建邑、修亭。秦的大致范围即今张家川、清水县北部、华亭县西南部、庄浪县东南部和秦安县东北部都是秦的土地，到秦襄公时，秦拥有岐山以西的大片土地。周赧王四十三年（前272），秦灭义渠，置北地郡。秦襄公、秦文公、秦惠文王、秦昭襄王等均在这一带养马备战。所以，华亭是秦人发祥地之一。

（二）秦人祭祀传统与"畤祭"

在古人眼里，"国之大事，在祀与戎"。秦人志在一统天下，必然会到自己认为最神圣的地方祭天，通过人与天的"交流"，君王获得"君权神授"和"天子"的合法性；国家和黎民则得到"与天滋润，强国富民"的祈福。

从大量先秦史料看，秦人祭祀的频率极高。"武安君之死也……秦人怜之，乡邑皆祭祀焉。"① 春秋战国时期，"不管君王是否奉天道鬼神，祭天之仪已是一种必备的政治伦理。"② 秦人有独特的祭天文化——畤祭。

在古代"畤"主要有水中小块陆地、土台和五帝祭祀场所三种意思。到了秦汉时期，"畤"的意思演变为祭祀五帝的场所。畤祭起源于原始的拜物教，就形状和祭祀方法而言，畤祭应当是"坛"与"坎"的结合体。古人认为畤祭的形制如种韭畦，中间有一土堆，考古发掘证实了这一点。

兰州大学汪受宽教授认为，"公元前二世纪流行的神话传说系统中称：'自古以雍州积高，神明之隩，故立畤郊上帝，诸神祠皆聚云。盖黄帝时尝用事，虽晚周亦郊焉。'雍州为古九州系统中西北地区所名之州，在整个中华地域，为地势最高者，'雍州积高'，是对

---

① 司马迁：《史记》卷70《白起列传》，中华书局，1959年，第2337页。
② 杜希宙、黄涛：《中国历代祭礼》，北京图书馆出版社，1998年，第20页。

中华西北地形的正确表述。古代传说系统中，许多神祇都在西北高原，故祭神之祠亦多集中于这一地域。"史书所言時祭，最早为秦襄公所立的西畤。西畤之立在秦襄公八年（前70），比《左传》所记周之平畤要早200余年。畤祭最早由秦人所创设。[1] "雍旁故有吴阳武畤，雍东有好畤，皆废无祠。"[2] 武畤在今甘肃华亭县麻庵乡境，所谓吴岳（今关山）之阳。鄜畤在今甘肃华亭县麻庵乡境。秦宣公四年（前672）立密畤，密畤在今甘肃华亭县麻庵乡境。秦灵公三年（前422）建立吴阳上畤、下畤，上、下畤在今甘肃华亭县麻庵乡境。[3] "秦国自春秋时襄公立国，至战国中期献公时，先后建有六处'郊上帝'的'畤'，好像天帝渐由一位而衍变为数位。"[4] 其中白帝为秦人的至上神。秦人祭祀白帝少皞和青帝太皞是因为秦之先与他们有族源上的关系。秦人祭祀炎帝和黄帝是因为这两位圣王均是"有功烈于民者"，秦人希望通过祭祀他们而融入华夏集团，提高自己的地位。既然"武畤""鄜畤""密畤""上畤、下畤"都在今甘肃华亭县麻庵乡境，秦始皇统一了天下，到如此神圣的地方，焉能不祭。

畤祭活动持续了400余年，畤祭的发生和发展，是秦力量日益壮大的表现。秦人将周人曾经"祭上帝，祭祖先"的传统礼仪上升到"祭天地与五帝"的新高度，又首创"畤祭"。秦人借礼祀形式，一方面维护对"周余民"的凝聚力，另一方面又想借助神的力量消

---

① 汪受宽：《陇史新探》，中国文史出版社，2014年，第69—70页。

② 《史记》卷28《封禅书》，第1359页。

③ 《陇史新探》，第70页。

④ 杜希宙、黄涛：《中国历代祭礼》，北京图书馆出版社，第21页。

灭敌人。还有另一层意思，就是充满自信地宣示在神祀形式方面的优越。

（三）秦始皇莲花台祭天的合理性

近年在位于雍城西北郊外的雍山上血池地方，首次发现了总面积达 470 万平方米 "由外围环沟、坛、墠、场、道路、建筑、祭祀坑等各类遗迹组合而成的'畤'的遗存，血池遗址是与古文献记载吻合的时代最早、规模最大、持续时间最长，且功能结构趋于完整的性质明确的国家大型'祭天台'"①。此"畤"与华亭的"上畤、下畤"是什么关系，需要进一步考证。但有一点，《史记》："二十七年，始皇巡陇西、北地，出鸡头山，过回中焉。"② 这次出行，无论如何绕不过华亭。登鸡头完成对轩辕黄帝的首次祭祀后，一定到关山深处举行秘密的祭天活动。他迷信"神"助，才统一天下，要感谢上苍；通过树立上帝的权威来神话地上的皇权。这样做，一是想祈求神灵继续保佑；二是展示雄心大志，宣德扬威，"西抚西土，震慑匈奴"；三是多少含有炫耀的意思。为什么说"秘密"？看第二年到泰山去举行封禅大典就明白。秦始皇把儒生召来询问，儒生们众说纷纭。秦始皇听了觉得难以实施，便斥退儒生，按照自己的想法开辟道路，到泰山顶上立了碑，举行封礼。之后又到附近的梁父山行了禅礼。由此可以看出，他只好据秦人旧礼略加损益而已。事后，秘而不宣祭礼的细节，曾引起人们的猜疑，说始皇上泰山，为暴风雨所击，根本就没有认真举行祭天大礼。再者，因为秦王朝的

---

① 田亚岐：《血池遗址考古发现与秦人祭祀文化的认知》，《光明日报》2019 年 1 月 7 日。
② 《史记》卷 6《秦始皇本纪》，第 241 页。

短命，儒生们认为秦始皇无功无德，欲强行封禅之礼，触怒了上天神灵，上帝以风雨来惩罚他。

（四）吴山作证

吴山即岍山、汧山，亦名岳山、吴岳山。"在陕西陇县西南。亦曰岳山、吴岳。即《禹贡》汧山。古之西镇也……《汉书·地理志》：汧县吴山，古文以为汧山。"①

《水经·渭水注》："汧水又东，会一水，水发南山西侧，俗以此山为吴山。三峰霞举，叠秀云天。"② 何处"三峰霞举，叠秀云天"？唯我莲花台也。山之南，水之北谓之阳。吴山的南面是上畤、下畤，这个观点已得到越来越多史地学家肯定。

对吴山的具体位置，《周礼·职方》《史记·封禅书》《汉书·地理志》《后汉书·郡国志》《清一统志》等记载不尽一致，《汉书·地理志》以为吴山在陇县"西南"是否是"西北"之误，需要进一步考证。我赞同华亭县诸同志考证的观点：华亭县西南"五台山"即是古"吴山"。今"五台山"南麓的莲花台上畤和下畤，是秦在雍所建五畤中的"上畤""下畤"。

（五）明清诗的旁证

明代胡松于嘉靖三十五年（1556）任陕西参政，分守平凉，他与赵时春过从甚密，常常相聚煮酒论文。到平凉后，赵时春陪他游平凉的风景名胜，并有诗作多首传世，其中赵时春有《和柏泉胡大参祀吴山》："西岩地镇山川壮，禋祀天开礼秩崇。玉检封泥连华岳，云车访道亚空同。"首先题目"祀吴山"可以看出，他们去"吴山"

---

① 臧励龢：《中国古今地名大辞典》，商务印书馆，1931年，第370页。
② 陈桥驿等：《水经注全译》（上），贵州人民出版社，2008年，第622页。

祭祀，而且胡松先有诗作，赵时春才和其一首。其次"礼秩崇"证明当时祭祀的香火仍比较旺。这里的吴山，正是今天华亭西南"莲花台"的主山无疑，他们不可能到外地去祭祀。

清代庄浪进士赵贡玉，仰慕吴山，因自号"吴山"。入刑部干事，后派主江南司。曾被江南学子轻视讥笑，他随意作诗回击："不是吴山来遮盖，压定江南十八州。"他没有吹嘘吴山而盛赞了吴山，没有卖弄才华而显示了才华。这两首诗，可以作为华亭有"吴山"的佐证。

（六）古迹文物的实证

"莲花台"所在山沟废墟中，有从唐到清末千年石碑，"莲花台"现存 21 块，最早的为唐元和十二年（818）宪宗李纯敕封碑，另有清康熙、雍正、乾隆之石碑。当地文史工作者考证，唐碑碑文封其山为"西陇名山之主山，群山要朝主山。主山居中为黄帝仙山"①。这与《封禅书》"上畤"祀黄帝吻合。碑文又曰"其山一山连二水"，与《朱诗》吴山出汧水吻合。从唐代碑文中，也可证实今华亭五台山即古吴山，今莲花台即古上、下畤。从古到今，道佛相参、不同风格的庙宇宫殿 36 处，虽多被毁，但遗迹尚存，这些根源可以追溯到莲花台祭天。

总之，无论是远古祭祀的氛围，到秦人祭祀的历史背景、文献所记的自然环境，秦始皇到莲花台祭天应该是一种必然。

我们感到最有意思的是秦人先祖跑去朝那湫"诅楚"，最神秘的莫过于秦始皇莲花台祭天。

---

① 政协华亭县委员会：《华亭文史资料》（第 1 辑），第 162 页。

秦汉时期"天帝"祭祀及時祭特点述论

马 啸

（陇东学院陇东历史文化研究中心　甘肃　庆阳　745000）

摘要：秦汉时期的"天帝"祭祀，前贤已有不少真知灼见，本文主要对秦统一之前的西時、统一六国后祭雍四時、汉代立国后祭祀五方上帝等进行研究，探讨了以時祭为主的祭天模式，从拜谢神灵、统治者重视程度、時祭形式的相互继承、時的形制等方面，分析了秦汉郊祀制度的诸多特色。

关键词：秦汉时期；時祭；"天帝"祭祀

祭祀就是通过固定的仪式向神灵致以敬意，并且用丰厚的祭品供奉它，请求神灵帮助人们实现靠人力难以达成的愿望。祭祀的对象是神灵。祭祀的产生与人类早期对自然界感到神秘、恐惧有关。风雨雷电、日月星辰、山石树木、飞禽走兽都被认为是有神灵主宰，"万物有灵"的观念也由此产生，人类感激神灵，但也对他们心存敬畏，而古代先民们又相信人死后具有灵魂，灵魂能与生者在梦中交流，并可以作祟于生者，使其生病或遭灾，这种敬畏众神的心理便是祭祀行为产生的重要原因。在中国古代传说中的黄帝时代，人们已经具有较为发达的灵魂和鬼神观念，并且产生了大规模的祭祀活动。

祭天是中国古代君王由来已久的敬拜礼仪，万物有灵的观念形成了多神崇拜，人们的祭祀对象也随之增多。祭天即祭上帝，古人专称为"郊"。"郊"就是郊外的意思。因为古时天子祭上帝的大典总在郊外举行，故把这种祭祀也就称为"郊"了。几千年来，无论帝王将相或是平民百姓，无不信天、敬天、拜天，他们都以种种方式祭祀天神，祈求天神的佑护。祭天大约从周王时就有了，王被称为"天子"，所以要隆重的祭天。祭天突出一个"尊"字，天子才有资格祭天。通过祭天，君王的权威也会得到加强。到了春秋战国时期，祭天与王权形成了"政教合一"的趋势。

畤是古时候祭祀天地及五帝的固定场所，是秦人在特定的历史环境下所形成的独特的宗教思想的产物。它前后共存在了近 800 年之久，伴随着秦人兴衰的全过程，并且和西汉相始终。

有关秦"畤祭"问题的研究，李清凌在《畤文化考论》[1] 一文中考证认为：畤文化是秦王朝建立前后直到西汉时期中国文化史上一个重要现象，它从一个侧面反映了那一时代政治思想礼仪制度和宗教取向，代表着中国古代郊祀制度的阶段和多样化倾向。兰州大学汪受宽在《畤祭原始说》[2] 一文中指出："畤祭，是中华早期礼文化的重要内容，自西汉以来的学者都认为该祭是始自秦文公的天地之祭。"并考证出"畤"祭起源很早，是秦先民祈求农业丰收的祭祀，而将"五畤"之祭与五帝配合起来是汉初的事。王学礼在《陇山秦汉寻踪——古上

---

[1] 李清凌，《畤文化考论》，《西北师大学报》（社会科学版），2004 年第 5 期。

[2] 汪受宽，《畤祭原始说》，《兰州大学学报》（社会科学版），2002 年第 5 期。

畤下畤的发现》①一文中，详细论述了秦"畤"祭的起源及其发展历程，并通过实地勘察，最终得出"今甘肃省华亭县西南陇山的'五台山'即是古'吴山'，今'五台山'南路的'莲花台上、下畤'是秦在雍所建'五畤'中的'上畤、下畤'"的结论。

一、秦汉时期"天帝"祭祀形式的演变及具体体现

研究发现，秦汉畤祭礼仪从秦始皇开始，最盛当为西汉。秦始皇统一天下以后，延续了之前秦国的畤祭制度。旧雍之地"百有余庙"，秦国旧都西县也有几十座祠庙。在京兆县有周天子祠，在下邦西有天神庙，神灵众多，而以雍四畤上帝为尊贵。《史记·封禅书》载："三年一郊"秦以冬十月为岁首，故常以十月上宿郊见，通权火，拜于咸阳之旁，而衣上白，其用如经祠云"西畤，畦畤，祠如其故，上不亲往"。②公元前220年，作为拥有雄才大略的开国君主，秦始皇热衷于巡视山川，在称皇帝的第二年就首先西巡，祠在雍的"五畤"后从陇，西北折经鸡头、回中去北地。为了更方便他在"畤"的祭祀活动，紧接着派人专门修了东自雍西至陇山的御道，又建了"回中宫"。并先后6次到"畤"祭祀。其所行之处，大有"普天之下，莫非王土"的宣示意味。为了昭示其自身统一六国的伟业，他在祭祀之后，还立石颂德。其文曰："事天以礼，立身以义。事父以孝，成人以仁。四守之内，莫不郡县。四属人蛮，咸来贡职。

---

① 王学礼，《陇山秦汉寻踪——古上畤下畤的发现》，《社科纵横》，1994年第3期。

② （西汉）司马迁，《史记》，北京：中华书局，1982年，第231页。

人庶蕃息，天禄永得。"① "始皇与鲁儒生议刻石，颂秦德，议封禅之事。"② 其封禅中的具体仪式，文献中未载明，只是说以時祭的礼节来祭祀。按《史记》的说法，秦始皇封禅，其礼 "颇采太祝之祀雍上帝所用"，就是说以祭祀雍時的礼节封禅泰山，且有 "金册石函金泥玉检之事焉"。

汉承秦制，在祭祀方面，沿袭了雍時祭上帝的祀礼。增加了黑帝祠，补足了五帝，又增加了其他祭上帝的场所。西汉建立后，汉高祖刘邦首建 "北時" 以時扩大的祭祀活动。汉高祖刘邦自以为赤帝子，故色上赤而其以十月为岁首，仍与秦同。《史记》载："二年，东击项籍而还入关，问：'故秦时上帝祠何帝也?' 对曰：'四帝，有白、青、黄、赤帝之祠。' 高祖曰：'吾闻天有五帝，而四，何也?' 莫知其说。于是高祖曰：'吾知之矣，乃待我而具五也。'"③ 乃立黑帝祠，补足五帝之数，自奉黑帝而立北時，但他并不亲自祭祀。汉文帝从前元十五年（前1历年）开始，每年都到 "五時" 祭祀。汉武帝继位后，在 "時" 的祭祀活动更频繁，他从元光二年（前133年）开始，多次亲祀 "五時"，因为在祀 "時" 时得一怪兽，还特别改元 "元狩" 以示庆祝。这年以后，他每年一次到 "時" 祭祀。为了更方便在 "時" 的祭祀活动，他于元封四年（前106年）扩修了秦始皇的御道称其 "回中道"。又在元封六年（前104年）祀 "畴" 后修了 "首中道"，恢复了汉文帝十四年（前166年）被匈奴

① （唐）杜佑，《通典》，北京：中华书局1984年版，第870页。
② （西汉）司马迁，《史记》，北京：中华书局1982年版，第242年。
③ （西汉）司马迁，《史记》，北京：中华书局1982年版，第1375页。

烧毁的"回中宫"之所在。① 西汉末年，一些朝臣提出：秦在雍建"五畤"时，其身份是诸侯，按《周礼》"诸侯在其属地祀天"的规定，其"畤"是不适合天子身份的帝王去祭祀的。加上帝王上台后，都建了他们自己祭祀天帝的"祠"，又共尊"泰岳"，这样秦在雍地的"五畤"的祭祀活动逐渐冷落下来。王莽末年（公元 22 年），陇山其地已被在天水起兵的隗崔、隗义占领。刘秀建立东汉后，这一带又被隗嚣长期占领。从建武元年（公元 25 年），这一带就处于公孙述、隗嚣、赤眉起义军、东汉兵等的反复拉锯战中。建武六年（公元 33 年），利用汾河谷的秦汉道到了"鬼门关"向南伐山开道奇袭了隗嚣盘踞的略阳（今甘肃秦安陇城镇）。隗嚣派王孟塞鸡头道，王元拒陇纸转战于吴山一带。直到建武十年（公元 35 年）陇山左右才为马援等平息。其实这一带已成无人区。直到建武十一年（公元 36 年）马援将降羌移民安置在这一带，刚过了几年有人烟的日子，到建武二十年（公元 45 年），这里又被匈奴占领。到了东汉，因国都距"畤"更远，干脆就废弃了"畤"的祭祀活动。"畤"也逐渐被人们忘记，甚至不知其地。② 从此到东汉灭，陇山地区一直处于不稳定状态，如何谈得到祭祀，所以不废也得废。直到公元 351 年的十六国时期，苻坚建立前秦后，又一度恢复"畤"的祭祀。北魏孝文帝后又终止。③

因此，总的来说，秦汉时代的祭天主要就是对昊天上帝、五帝、日、月、星辰、风师、雨师、雷师等天神的祭祀。所有的祭天、郊

① 见《史记·始皇本纪》《汉书·郊祀志》《资治通鉴·汉纪》。
② 见《汉书·郊祀志》《后汉书·纪》。
③ 见《晋书·北朝》。

天、祀天我们都可以看作是沟通联系人与天神的纽带与桥梁，是企求利己的一种政治行为手段。

二、畤祭礼俗的特点分析

畤祭源于生活于今甘肃东部的秦人祭祀祖先神灵的礼俗。"畤"字最早见于文献记载的是在《史记·封禅书》："或曰：'自古以雍州积高，神明之隩，故立畤郊上帝，诸神祠皆聚云。盖黄帝是尝用事，虽晚周亦郊焉，其语不经见，缙绅者不道。'"① 畤字的含义，东汉许慎《说文解字·田部》云："畤，天、地王帝所祭址，祭地也。"② 如《史记·封禅书》记齐地八神之祭祀天主时云："盖天好阴，祠之必于高山之下，小山之上，命曰'畤'，地贵阳，祭之必于泽中圜丘云。"③则知此畤即为山间平地，是民间祭祀天主之地称之为"畤"。

先秦时期的祭天之礼在《周礼》《礼记》《仪礼中》记载都非常完备，尤其西周时期的祭天之礼更详。秦朝畤祭经历了秦襄公、秦文公、秦宣公、秦灵公、秦献公、秦始皇等400余年的时间，构筑了以畤祭为主的祭天模式，展示了创设阶段郊祀制度的诸多特色。同时，秦朝畤祭也对西汉产生了重大影响，有一定的继承和发展，因此，有关当时的畤祭与古礼的独特之处，有必要加以研究。

一是仿效古帝建畤，拜谢天帝神灵。

秦襄公成为诸侯后，认为秦氏能够从一个马官到显场成世的诸

---

① （汉）司马迁，《史记》卷二十八《封禅书》，北京：中华书局1982年版，第1359页。

② （东汉）许慎撰，《说文解字·第十三篇下田部》，浙江古籍出版社2006年版。

③ （汉）司马迁，《史记》卷二十八《封禅书》，北京：中华书局1982年版，第1367页。

侯,除了自身牧马的功劳外,还有天帝神灵的保佑。为了感谢神,他决定仿效古帝王们建"畤"以祭祀。公元前767年,他在封地南部建"西畤"以祀白帝(少昊)。① 秦文公继位后的第三年(前766年),他通过占迁都于汧渭(今陕西陇县南),第十年(前755年)也仿照秦襄公在都地东北建"鄜畤",也祀白帝。公元前675年秦宣公继位,他于继位的第四年(前672年)也在渭南(雍地的渭河南)建了"密畤",从祀青帝。到了公元前424年秦灵公继位后,他认为"王帝"之尊属黄帝,可先辈们建的"畤"多是祀白帝的,应该建祀黄帝的"畤"。于是在继位后的第三年(前422年),在远古黄帝建的"吴阳武畤"废址上建了"上畤"以祀黄帝,又建了"下畤"以祀白帝。

二是统治者高度重视畤祭祀。

秦始皇在整个中国古代历史上都是以迷信、企求长寿而有名的。他统一天下后,就非常关注皇帝宝座的永固、寿命的长久,从"秦始皇"这个称呼开始,他就希望他的皇位可以传千万世,永久地传下去。为了保住皇位长久、生命长寿,他是非常情愿用迷信来迷惑自己,用祭祀来保佑他的皇位永固。那么,秦始皇是怎样重视畤祭的?《史记·封禅书》有记载:"唯雍四畤上帝为尊。"② 史书中提到"雍四畤"。我们已经知道,在秦始皇时有8处畤祀,除去故(旧祠)吴阳武畤和雍东好畤,还有先秦历代所立的六畤,即西畤、鄜畤、密畤、畦畤、吴阳上畤、吴阳卜畤。而为什么秦始皇时只尊祠"雍四畤","雍四畤"到底是哪几个畤?《史记·封禅书》《正义》引

---

① (汉)司马迁,《史记·封禅书》,北京:中华书局1982年版,第1377页。

② (汉)司马迁,《史记》卷二十八《封禅书》,第1376页。

《括地志》云："鄜畤，吴阳上、下畤是也。言秦用四畤祠青、黄、赤、白最尊贵之也。"① 此说一直以来为研究秦雍四畤所引用，影响很大。细读《封禅书》我们知道，在统一天下之后，秦始皇曾对原秦国的畤祀制度进行过一次整理，主要内容是规范了祭祀体系和祭祀规格。将远离秦故雍城的西畤和畦畤做了降格处理，皇帝不去祭祀。祭祀维持原来较粗糙的方式，而对其余四畤的祭祀规格做出了新的规定，称之为"雍四畤"。由此形成了四畤各祠一色帝的格局，结束了原秦国以三畤共祭白帝的混乱状态，显然"雍四畤"指的是秦朝在鄜畤、密畤、上畤、下畤分祭四色帝的祭坛。② 李零先生认为，"秦六畤以白帝为中心，它的白帝祠前后有三，其实是分为三组（西、中、东三组），其中第二个白帝祠即鄜畤最重要，它和密畤及上、下畤是一组，都在雍城附近，合称雍四畤。"③

三是畤祭形式受旧习俗的影响，相互继承并不断创新和发展。

秦汉之际，畤祭礼俗有了更加正规的仪式，主要有封禅和郊祭。先秦的畤祭礼仪，一定程度上受西戎旧俗的影响。《史记·封禅书》记载："秦襄公既侯居西陲，自以为主少皞之神，作西畤，祠白帝，其牲用骝驹、黄牛、羝羊各一云。"④《索隐》云"骝"："赤马黑鬣曰骝也。"⑤"羝，壮羊"。而《汉书·郊祀志》王先谦《补注》引沈钦韩解读曰："《周礼》正祭皆无用马牲之事……古礼仅用沉辜祈禳，……至匈奴杀马以祭天，戎狄皆然。《魏书·礼志》'神尊者以

---

① （汉）司马迁，《史记》卷二十八《封禅书》，第 1377 页。
② 孙家洲，《秦汉祭天礼仪与儒家文化》，《孔子研究》，1994 年第 2 期，第 57 页。
③ 李零，《中国方术续考》，中华书局 2006 年版，第 109 页。
④ （汉）司马迁，《史记》卷二十八《封禅书》，第 1358 页。
⑤ （汉）司马迁，《史记》卷二十八《封禅书》，第 1358 页。

马，次以牛'。《元史·郊祀志》'冬至用纯色马，然则秦乃循西戎之俗也。'① 《史记·六国年表》也有"秦杂戎狄之俗"的说法。秦文公作鄜畤时，其祭祀炎帝的形式，《史记·封禅书》云："文公於是作鄜畤，用三牲郊祭白帝焉。"② 又《史记》卷五《秦本纪》云："秦文公十年，初为鄜畤，用三牢。"③ 秦德公祭鄜畤的形式，《史记·封禅书》"用三百牢於鄜畤"。此处解释三牲，《索隐》案《秦本纪》，"德公元年以牲三百祠鄜畤。今案'百'当为'白'。秦君西祠少昊时牲尚白。秦，诸侯也，虽奢侈，郊祭本特牲，不可用三百牢以祭天，盖字误耳。"④ 可见秦文公、秦德公祠鄜畤，所用也是"三牲"或"三百牢"。

汉代，秦的天神系统被继承下来，并且有所发展。汉初的郊祀基本上是汉高祖时期奠定的。《史记·封禅书》云："汉兴，高祖之微时，尝杀大蛇。有物曰：'蛇，白帝子也，而杀者赤帝子。'"⑤ 据《史记·封禅书》记载："二年，东击项籍而还入关，问：'故秦时上帝祠何帝也？'对曰：'四帝，有白、青、黄、赤帝之祠。'高祖曰：'吾闻天有五帝，而有四，何也？'莫知其说。於是高祖曰：'吾知之矣，乃待我而具五也。'"乃立黑帝祠，命曰北畤，有司进祠，上不亲。⑥ 这样，就在秦白、赤、黄、青帝四帝的基础上，增为一黑帝，发展为五帝了。此后，刘邦立五帝祠奠定了有汉一代郊祀五帝

---

① 王先谦，《汉书补注》，中华书局 1983 年版，第 531 页。
② （汉）司马迁，《史记》卷二十八《封禅书》，第 1358 页。
③ （汉）司马迁，《史记》卷五《秦本纪》，第 179 页。
④ （汉）司马迁，《史记》卷二十八《封禅书》，第 1360 页。
⑤ （汉）司马迁，《史记》卷二十八《封禅书》，第 1378 页。
⑥ （汉）司马迁，《史记》卷二十八《封禅书》，第 1378 页。

的大典。汉初，在继承秦雍四畤的基础上，汉高祖刘邦确立了以
"五帝"为上帝的天神系统。之后，汉文帝开创亲郊雍之制，建立了
中国历史上最早的郊坛——渭阳五帝庙、长门五帝坛，进一步创制
完善起了相应的郊祀制度。

四是畤祭与统治者的统治思想紧密相连。

畤文化是秦王朝建立前后直到西汉时期中国历史上的一个重要
现象，它从一个侧面反映了当时王朝的政治思想、礼仪制度和宗教
取向，代表着中国古代郊祀制度的阶段性和多样性倾向。古籍传世
文献对秦畤祀有详细记载的是：司马迁著的《史记·封禅书》《史
记·十二诸侯年表》《史记·六国年表》《史记·秦本纪》，班固的
《汉书·郊祀志》，杜佑的《通典》，郑樵的《通志》，章学诚的《文
献通考》及清人秦惠田的《五礼通考》。始皇时期五德终始说已经非
常完备，而其在建立中央集权的君主专制政权过程中，已经积极在
利用阴阳五行说为其统治服务，以此来证明其统治的神圣性、合法
性。据史载，秦始皇初立天下，齐人即奏五行德运说给秦始皇听。
《史记·封禅书》载："秦始皇既并天下而帝，或曰：'黄帝得土德，
黄龙地螾见。夏得木德，青龙止於郊，草木畅茂。殷得金德，银自
山溢。周得火德，有赤乌之符。今秦变周，水德之时。昔秦文公出
猎，获黑龙，此其水德之瑞。'"① 秦始皇听信了这些说法。"於是
秦更命河曰'德水'，以冬十月为年首，色上黑，度以为六，音上大
吕，事统上法。"② 所以说，秦始皇知道五德终始说，并且积极利用
其为自己的统治服务。汉高祖刘邦在起兵反秦时，也借助这类宗教

---

① （汉）司马迁，《史记》卷二十八《封禅书》，第1366页。
② （汉）司马迁，《史记》卷二十八《封禅书》，第1366页。

神话来论证自己反秦的合理性及合法性。《史记·封禅书》云："汉兴，高祖之微时，尝杀大蛇。有物曰：'蛇，白帝子也，而杀者赤帝子。'"① 《史记·历书》也有记载："汉兴，高祖曰：北畤待我而起，亦自以为获水德之瑞。"② 所以说，刘邦深受五德终始说影响，把立北畤祠黑帝看成是自己承天下的吉兆，也即有力的证明。另外，秦的郊礼与《周礼》《礼记》等儒家经典的有关叙述多有不同，展现出了秦创设阶段郊祀制度的诸多的特色，是先秦天神信仰和战国以来阴阳五行思想、神仙方术观念糅合下的产物。

五是畤的形制与田地有关。

秦襄公都西戎犬丘，并在此立西畤。西畤也因在西县而得名。《史记·封禅书》中之居西垂，西垂按《史记》《正义》为"汉陇西郡西县也，在今秦州上邽西南九十里"，即今甘肃天水市西南。据《汉官六种汉旧仪补遗》记载，"祭人先於陇西西县人先山，山上皆有土人，山下有畤，埒如种菜畦，畤中各一土封，故云畤。"③ 《史记·封禅书》"故作畦畤，栎阳而祀白帝"，《集解》晋灼曰《汉注》在陇西西县人先祠山下，形如种韭畦，畦各一土封。司马贞《索隐》引《汉旧仪》云："祭人先於陇西西县人先山，山上皆有土人，山下有畤，埒如菜畦，畦中各有一土封，故云畤。"④ 这些史料都有力论证了西畤的形状就如种韭菜的畦，畤中有一土堆，所以称其为畤。还有《汉书·郊祀志》颜师古注秦献公所立畦畤："畦畤者，如种韭

---

① （汉）司马迁，《史记》卷二十八《封禅书》，第1378页。
② （汉）司马迁，《史记》卷二十六《历书》，第1260页。
③ 《汉官六种·汉旧仪补遗》，卷下，中华书局，1990年，第100页。
④ （汉）司马迁，《史记》卷二十八《封禅书》，第1365页。

菜畦之形而畤于畦中，各为一土封。"这都是充分的例证。又《史记·高祖本纪·索隐》引《太康地理志》云："畤在栎阳古城内，其畤若畦，古曰畦畤。"秦献公立畤后 400 多年，而两者的形状既又是如此的相同，所以我们可以推测出秦其他畤的形状应该和畦畤、西畤基本相同，犹如种韭菜的畦，畤的原始形制得到了沿袭。杨天宇也在其文章《秦汉郊礼初探》一文中谈到汉代的郊祭场所时认为，"汉初刘邦为祠黑帝而建立北畤于雍，盖仿秦畤而建，其形制，今亦不可考。"[1] 史学界也做了大量的工作，考察出秦畤形制像种韭菜的畦子，中间有一两个土堆。如果说杨先生的"北畤是仿秦畤而建"这句话正确的话，那么毫无疑问，汉高祖刘邦所立的北畤也犹如种韭菜的畦，中间有一两个土堆。如《汉书·郊祀志》颜师古注秦献公所立畦畤云："畦畤者，如种韭畦之形而畤于畦中，各为一封也。"这些史料都说明畤为田间之祀。

秦汉时期的畤祭礼俗文化在整个中国古代史上都占有重要地位，是中国早期礼制文化的重要内容。不管是当时统治者进行意识形态统治的一种手段，还是反映他们的政治愿望，秦汉畤祭都是中国古代郊祀祭天的一个重要阶段和重要组成部分，有一定的学术探究意义和研究价值。

---

[1]　杨天宇，《秦汉郊礼初探》，《河南大学学报》（哲学社会科学版）1989 年第 1 期，第 55 页。

時祭与秦人"天下共主"意念的萌芽

刘再聪[1] 李 想[2]

(1,西北师范大学 河西走廊研究院 历史文化学院;
2,西北师范大学 历史文化学院)

摘要:時祭源于生活于今甘肃东部的秦人的祖先祭祀神灵的礼俗。秦襄公时,時祭逐渐摆脱了原始民间的农业祭祀性质,而发展为一种国家宗教行为。至秦朝建立,已经有六時,祭祀白、青、黄、炎(赤)四帝。汉初的雍五帝時是在秦的四色帝時基础上增加黑時而成。从此,白、青、黄、炎(赤)、黑五色帝成了国家祭祀中最尊之神灵。文章认为,产生于甘肃东部地区的時祭是中国早期礼制文化的重要内容,经过秦、西汉时期的演变和发展逐渐趋于成熟和完善。時祭文化的演变过程是西秦文化与中原文化交汇融合的具体反映,也是秦灭诸侯、代周王而做"天下共主"意念形成的具体反映。

一、時祭的起源

時祭源于生活于今甘肃东部的秦人的祖先祭祀神灵的礼俗。《说文》记："畤，天地五帝所基止，祭地也。"① 意思是五帝止留之所或者祭祀五帝之所。其实，"畤"原为峙立之义，表示上古时期民间于田中立石以祭杂神的习惯。后来，统治者也将其所立的祭祀之处称为"畤"②。据考证，畤祭在周代就已经出现。由于原始农业对自然的依赖很大，而主宰风雨雷电的是天——上帝。所以，早期的祭祀应为农民祈祷上天保佑、祈求农业丰收的祭奠，是农民的民间活动。③ 秦国诸畤，出于当地传说，其初均为民间祠祀，所祭之庙为杂合体，属原始拜物教，其与五行配合乃后来之事。④

秦襄公时，畤祭开始成为对天上神灵的祭祀。《史记·秦本纪·索隐》记："畤，止也，言神灵之所依止也。亦音市，谓为坛以祭天也。"畤祭逐渐摆脱了原始民间的农业祭祀性质，而发展为一种国家宗教行为。《史记·封禅书》记齐地祭祀天主时云："祠之必于高山之下，小山之上，命曰畤。"知畤为山间平地，则民间祭天主之地称为畤。又《汉书·郊祀志》颜师古注秦献公所立畦畤："畦畤者，如种韭畦之形而畤于畦中，各为一土封也。"则畤为田间之祀，并仍然保留了民间祭祀随地发生的色彩。

古代文献中比较可信的最早的畤是秦襄公（前 777~前 766）时的西畤。秦襄公行西畤事，《史记》有如下记载。《秦本纪》："襄公于是始国，与诸侯通使聘享之礼，乃用骝驹、黄牛、羝羊各三，祠

---

① （东汉）许慎撰：《说文解字》第十三篇下田部，浙江古籍出版社，1999 年，第 679 页。

② 晁福林：《战国时期的鬼神观念及其社会影响》，《中国史研究》1998 年第 2 期。

③ 汪受宽：《畤祭原始说》，《兰州大学学报》2002 年第 5 期。

④ 缪文远：《七国考订补》下册，上海古籍出版社，1987 年，第 535-536 页。

上帝西畤。"《秦始皇本纪》"太史公曰"引《秦纪》载:"襄公立,享国十二年。初为西畤。葬西垂。"《秦本纪》和《秦始皇本纪》系据秦人史记写成,比较可信。因此可以说,在襄公之前已经有西畤的存在,在襄公时作为正式的祭祀制度出现。不过,祭祀对象在秦人的史书中是上帝,司马迁则改为白帝,白帝当为少昊。

至秦朝建立,已经有六畤,祭祀白、青、黄、炎(赤)四帝。四色帝畤完备的意义在于四方说影响的渗入,这使畤祭在体系上开始脱离散漫和无组织的民间祭祀水准的反映。但也说明秦立四畤时五德、五行说尚未糅合。①《汉书·郊祀志》记高祖二年刘邦入关,问起故秦所祭神灵,当听到只有白、青、黄、赤四色帝畤,刘邦言道:"乃待我而具五也。"刘邦便把自己神化为黑帝加入四色帝系统之中。北方对应的色是黑色,因此黑帝祠被命名为北畤。可见,汉初的雍五帝畤是在秦的四色帝畤基础上增加黑畤而成。北畤的确立使五色畤最终齐备,白、青、黄、炎(赤)、黑五色帝从此成了国家祭祀中最尊之神灵。

由此可以看出,《说文》对"畤"的解释应该是东汉以来五行说盛行的表现。

二、西畤、上畤、下畤位置的推测

根据目前的研究成果,秦六畤中,西畤、上畤、下畤等三畤当在今甘肃境内,其余三所在今陕西境内。西畤在西垂,因此以西为名。西垂经过了一个由通名到专名的过程,作为专名的西垂当有确

---

① 杨英:《汉初祀畤考》,《世界宗教研究》2003年第2期。

指。王国维认为，"犬邱、西垂本一地，自庄公居犬邱、号西垂大夫，后人因名西犬邱为西垂耳"①。那么西垂在哪里呢？《史记·封禅书·正义》云：西垂"汉陇西郡西县也。今在秦州上邽县西南九十里也。"② 汉代人也认为陇西郡西县有畤。《史记·封禅书·集解》引晋灼曰："《汉注》：在陇西西县。人先祠山下，形如种韭畦，畦各一土封。"《索隐》云："《汉旧仪》云：祭人先于陇西西县人先山，山上皆有土人，山下有畤，埒如菜畦，畦中各有一土封。故云畤。"③ 这些记载虽然没有提及畤名，但当为西畤。西县的设立时间较早，根据甘肃境内出土青铜器证明，西县至迟在战国时已经设立。

顾祖禹《读史方舆纪要》认为，西县城在秦州（今天水市）"西南百二十里，即所谓西犬丘也"。此外，《甘肃通志》《直隶秦州新志》《天水县志》以及王国维《秦公敦跋》、马非百《秦集史》、刘琳《华阳国志校注》等，都主张西垂即西县在天水西南120里的观点。这些记载说明，西垂或西犬丘即后来的西县，而西县的具体位置就在今天水西南90~120里之间。《辞海》称："殷、周时对约今甘肃东南部一带的泛称。"④ 随着研究的不断深入，西垂的大概位置逐渐趋于明朗。雍际春认为，西垂即西县城址，就是西晋所设的始昌县故城，它的大致方位在今甘肃礼县盐关镇以东。⑤ 康世荣经实

---

① 王国维：《秦都邑考》，《观堂集林》，卷十二，河北教育出版社，2002年，第336页。
② （西汉）司马迁：《史记·封禅书》，中华书局，1982年，第1358页。
③ （西汉）司马迁：《史记·封禅书》，中华书局，1982年，第1365页。
④ 舒新城：《辞海》（地理分册·历史地理），上海辞书出版社，1984年，第83页。
⑤ 雍际春：《秦人早期都邑西垂考》，《天水行政学院学报》2000年第4期。

地考察认为，犬丘（西垂）位于今礼县红河乡岳家庄、贾家庄一带。① 祝中熹认为，西县城即西垂，应在今礼县永兴和长道附近。② 虽然具体位置有所不同，但大概方位均位于今天礼县境内。

随着考古成果的大量出现，学术界对西畤的位置也逐渐得以确认。礼县鸾亭山山顶祭祀遗址有人认为是"西畤"的一部分。礼县是秦汉时期的西县，也是秦文化的发祥地。鸾亭山祭祀遗址即便不是西畤的全部，也是其一部分。③

吴阳上畤及下畤是秦灵公三年（前422）建立的。《史记·封禅书》记载："其后百余年，秦灵公作吴阳上畤，祭黄帝，作下畤，祭炎帝。"然而，同文又记载，"文公梦黄蛇自天下属地，其口止于鄜衍。文公问史敦。史敦曰：此上帝之征，君宜祠之。'于是作鄜畤，用三牲郊祭白帝焉。自未作鄜畤也，而雍旁故有吴阳武畤，雍东有好畤。皆废无祠。"文公为襄公之子。作鄜畤时，雍旁就有废弃的吴阳武畤，可见吴阳武畤的设置当在襄公之前。

吴阳上畤及下畤与吴阳武畤同在一处，是对后者的恢复。《雍录》记载："武畤、好畤在雍县旁之吴阳。此二畤者，不知何世所造，参求其地，即秦灵公所立上畤、下畤吴阳地也。灵公既立上、下畤，又立武畤、好畤。"上、下畤都在吴阳。《史记·封禅书》《索隐》云："吴阳，地名，盖在（吴）岳之南。"看来，吴阳之吴，系吴岳之简称。吴山实际上乃今宁夏南部、甘肃东部和陕西西部之陇山的南段，俗称小陇山。吴岳当是吴山之主峰，在今陕西陇县以

---

① 康世荣：《礼县红河——秦先祖的发祥地》，《礼县文史资料》第1期。
② 祝忠熹：《秦人早期都邑考》，《陇右文博》1996年创刊号。
③ 梁云：《对鸾亭山祭祀遗址的初步认识》，《中国历史文物》2005年第5期。

西至今甘肃灵台境内。《汉书·地理志》载右扶风之汧县："吴山在西，古文以为汧山、雍州山，北有蒲谷乡弘中谷，雍州弘蒲薮。汧水出西北，入渭。芮水出西北，东入泾。"汧县治所在今陕西陇县。《中国历史地图集》定其辖境包括甘肃华亭全境，吴山在其境内西部。一山出两水，吴岳是汧水、芮水的发源地。《古今图书集成》"方舆汇编山川典"第七十七卷转《岍山地志》："扶风汧县西吴山，《古文（尚书）》以为岍山，今陇州县吴山县西吴岳山也。"可见，吴山主峰吴岳当为小陇山最高峰之五台山。吴阳应在五台山之南，有深谷名弘中谷，有泽地名弘蒲薮。吴阳上、下畤的位置当在谷中大泽边的某个台地上。① 根据当地人士的考察，华亭县西南五台山即吴山，山南麓的莲花台有上、下畤遗址，概即秦人之上、下畤。②

畤文化作为秦文化的一种，其发源于甘肃东南部，而"上，下畤"的遗址在今华亭县，故华亭县既是秦"畤"文化的发源地之一，也是秦文化东进和中原文化西播的交汇地带。

三、畤的形制与秦人畤祭礼仪

据上文可以知，畤的雏形与田地有关。"高山之下，小山之上"，表明畤居于山间高地。《汉书·郊祀志》记："地贵阳，祭之必于泽中圆丘云。"可见，不仅要选择向阳方向，而且周围还要有水，一般为圆形。前引《汉注》记："形如种韭畦，畦各一土封。"《汉旧仪》云："如种韭畦，畦中各有二土封。故云畦畤。"《汉书·郊祀志》

---

① 汪受宽：《畤祭原始说》，《兰州大学学报》2002 年第 5 期。
② 王学礼：《陇山秦汉寻踪——古上、下畤的发现》，《社科纵横》1994 年第 3 期。

颜师古注秦献公所立畦畤:"畦畤者,如种韭畦之形而畤于畦中,各为一土封也。"看来,畤的形状犹如韭菜地,中间有一两个土堆。秦人甚至有一畤就以畦为名。《史记·高祖本纪·索引》引《太康地理志》云:"畤在栎阳故城内,其畤若畦,故曰畦畤。"西畤与畦畤的建立时间相差400年,两者的形状相同,则表明畤的原始形制得到了沿袭,因此,可以推测秦人的其他畤坛的形状也大都如此。那么畤坛的形状为什么单单犹如韭菜畦呢?《楚词》收宋玉《招魂》云:"倚沼畦瀛兮遥望博。"注云:"畦,犹区也。"知畦即田陇,而韭菜也是分陇种植的。因此,可以推测,"形如种韭畦"畤坛的大概形状是:周围有水的山间圆丘上,中间是一土封,周围有环状或者平行的条陇。

从上述可以知道,西畤祭祀用骝驹、黄牛、羝羊等。《索隐》云:"骝驹:赤马黑鬣曰骝。"又引《诗传》云:"羝,牡羊。"用马、牛、羊祭祀,当属于最高规格的祭祀之礼。吴阳上畤所祭为黄帝,下畤所祭为炎帝。上畤、下畤和鄜畤、密畤组成秦雍四畤。《史记·封禅书》记载秦雍四畤祭礼规模及用牲云:"春夏用骍,秋冬用骝。畤驹四匹,木禺龙栾车一驷,木禺车马一驷,各如其帝色。黄犊羔各四,圭币各有数,皆生瘗埋,无俎豆之具。三年一郊"。其中一切事务由太祝具体负责,按一定时节进行祭祀。

西畤祭祀的是上帝或者白帝。西畤建立时,秦襄公是刚刚得到周天子承认的地方诸侯,而上帝则是全天下之神。《礼》曰:"天子祭天地,诸侯祭其域内名山大川。"司马迁据此认为偏居西北的秦襄公没有资格祭祀上帝,因此称其行为为"僭越"。其实,秦襄公、秦文公、秦献公时,盛行东部中原各国的四方、五德学说在西垂秦国尚未完全确立，而祭祀上帝只是一种早期的民间信仰，秦襄公西畤祭祀仅仅是将民间信仰的习惯沿用而略加改制而已。《淮南子·天文训》记："西方金也，其帝少昊，其佐蓐收，执矩而治秋。"少昊是主西方之神，而秦人"居西垂，自以为主少皞之神"。因此，秦人先祭上帝，后改祭白帝，这就表明秦人祭祀目标逐渐明确。秦人对五德学说的全面继承当以吕不韦的《吕氏春秋》为标志，此前的行为表明秦人对五德学说的吸收仅仅达到择利己者而用的程度。另外，畤本身起源于民间行为，与五德学说相差甚远。即便在一统中原后，秦人的祭祀之礼与儒家经典也多有抵牾。① 因此，司马迁的指责有求全责备之嫌。

《史记·封禅书》记"西畤、畦畤祠如其故，上不亲往"，即皇帝不亲自前往祭祀，不知为何。顾颉刚《五德终始说下的政治和历史》认为，秦人只有四畤，西畤、畦畤是汉人伪窜。汪受宽则认为，顾颉刚说为疑古过甚。在汉代初年，五帝和五德之说已经相当完备。吴阳上畤、下畤和鄜畤、密畤加上祭祀黑帝的北畤，五畤已经完备，而西畤、畦畤由于无法计入五帝之中，故而被排除。也有人认为：这可能是因为西畤和畦畤离新都咸阳较为偏远的缘故；还有一种可能是因为西畤、畦畤、鄜畤均祠白帝，这样就有重复之嫌。所以最后，以鄜畤来祠白帝，而其他相同的则不予重视了。② 后两种说法很有道理，只是未能点名真谛。《史记·封禅书》记载："及秦并天下，令祠官所常奉天地名山大川鬼神可得而序也。"即秦始皇统一天下后，对天下各地奉祀的神灵进行规范。西畤、畦畤未能进入四畤行

---

① 李梅：《论秦畤祭天》，《唐都学刊》2005 年第 6 期。
② 武峰：《秦"畤祭"考》，《临沂师范学院学报》2005 年第 2 期。

列而"上不亲往"是秦国对各地鬼神"得而序"的结果。

四、畤与秦文化

产生于甘肃东部地区的畤祭,是中国早期礼制文化的重要内容,经过秦、西汉时期的演变和发展逐渐趋于成熟和完善。畤祭文化的演变过程是西秦文化与中原文化交汇融合的具体反映。

(一) 秦畤是中国畤文化的起源

秦诸畤的发展过程,是中国畤文化不断成熟的过程。秦汉诸畤中,西畤最早见于文献记载。因此,秦人的畤祭历史,就是中国畤祭文化的早期历史。从秦襄公被封为诸侯开始,秦人就不断完善自己的畤祭文化。将最初祭祀上帝的民间行为逐渐规范为秦的国家行为,并进而成为整个中国礼制文化的重要组成部分。秦畤祭从秦襄公至秦献公,前后绵延达 400 余年。秦始皇统一六国,一统天下,整理天下鬼神,编排序列,使中国的礼制祭祀文化得到整理和规范。畤祭由秦国一隅礼制而成为中国礼制,大大丰富了中国礼制文化的内涵。

(二) 秦诸畤的发展过程,也是西垂文化东进的过程

西畤、上畤、下畤位于甘肃东南部,伴随秦势力的不断东扩,秦文化也走向中原,秦雍四畤的范围已到达关中。至秦朝建立时,畤祭文化已经由秦文化转变为中国国家文化。同时,大量的西垂文化也因畤文化而东传。如秦人在西畤祭祀时用马,这一习俗沿袭至秦朝建立。《汉书·郊祀志》王先谦《补注》引沈钦韩曰:"《周礼》:'正祭皆无用马牲之事。……至匈奴杀马以祭天,戎狄皆然。'《魏书·礼志》:'神尊者以马,次以牛。'《元史·郊祀志》:'冬至

用纯色马一。'然则秦乃循西戎之俗也。"① 可见，杀马祭祀是秦人受西戎旧俗的影响，而这一习俗也随着畤祭文化的东进被带到了关中乃至全国。

（三）秦畤祭礼仪程式的演变表示了中原文化的西播进程

秦人地居西部，始为周之附庸，"诸夏宾之，比於戎翟"②。而畤祭又起源于西垂民间，本不为看重。当襄公祭祀上帝之初，他的追求目标并没有远大至称霸中原的地步，他所面临的首要问题是如何进入"周"天子的统治系统，得到诸夏的承认。因此，为了能接近中原文化，秦人在畤祭过程中不断吸收了来自中原的祭祀文化因素。比如：由祭祀上帝转而祭祀白帝，意味着秦由域外西垂的"庸"国变为周天子"王土"上的"侯"国，这是中原礼制文化向秦文化圈渗透的第一步。随着秦军事势力的发展和畤的设置地域的东移，畤的数量由一个变为六个，祭祀天神由白帝变为青、黄、炎、白四帝，表明秦人畤祭的理论基础逐渐成熟，也表明中原五行学说在秦文化中的大面积渗透。

（四）秦畤祭一方面是秦国的国家宗教活动，另一方面也是秦国政治追求不断膨胀的表现

秦畤祭礼仪先后多有变迁，但作为一种对天神的祭祀，都保持在了国家的最高礼仪水平上。透过畤坛设置考量秦先公、先王的政治欲望，其间有一个从纯礼法到追求政治权力的发展过程。秦襄公立西畤、秦文公立鄜而祠白帝，都只表明他们自以为应"主少皞之神"，是他们对居"西"位的认识，尚无更多的政治要求。80 多年

① 王先谦：《汉书补注》，中华书局，1983 年。
② （西汉）司马迁：《史记·六国年表》，中华书局，1982 年．第 685 页。

后，秦宣公做密畤祠青帝；再过 250 年，秦灵公做上、下畤祭黄帝和炎帝，反映秦先公们的政治野心已经从单纯礼仪行为的僭越发展到了对东、中、南方统治权力的要求。秦先公在祭祀西部天神的基础上，进而祭祀东、中、南三方之主神，就有以四方之主自居之意。由此可见，秦国灭诸侯、代周王而做天下共主的意念，最迟当萌发于秦灵公时。①

① 李清凌：《畤文化考论证》，《西北师大学报》2004 年第 5 期。

汉代安民县治所与陇山三个关隘考察[①]

张多勇[②]

(北方民族大学　鄂尔多斯盆地历史地理研究中心　宁夏　银川　750021)

摘要：文章在研究历史文献的基础上，通过野外考察确定汉代"罢安定呼池苑，以为安民县"之安民县遗址在今华亭市，华亭市街道皇甫山下原看守所北侧残留长150米的山嘴有文化层，汉代时这里当是平台，文化延续在300年以上，当是汉代呼池苑以及安民县的治所遗址；并考察了唐代仪州、华亭县和以后华亭县的变迁以及古城遗址；认为华亭市政府所在地历代是扼守陇山关隘的军事据点，华亭是汉代回中道经过的地方，还是宋代黄石河路经过的地方，是重要的交通枢纽和重要的军事要地。

关键词：安民县；仪州；回中道；黄石河路

---

①　基金项目：北方民族大学中央高校基本科研业务费专项资金项目"陕甘宁蒙毗邻地区历史地理专题研究"（项目编号113159152）；"鄂尔多斯盆地历史地理研究中心"（项目编号12019000903）。

②　作者简介：张多勇（1966~），男，汉族，甘肃华池人，历史学博士，北方民族大学教授，主要从事历史地理学、历史文献学的教学和研究。

《汉书·平帝纪》载：元始二年（2 年），"罢安定呼池苑，以为安民县。"①唐颜师古注《汉书》，以为"中山之安定也。池音大河反"②。因汉景帝于前元三年（前 154）封庶子刘胜为中山王，国都卢奴县（在今河北定州市区），其辖境在滹沱河下游，滹沱河古又作虖池或滹池，所以将呼池苑与滹池河和联系起来，安民县就到了中山国。但中山国并未有安定县，据《汉书·地理志》记载，汉代巨鹿郡安定侯国，《中国历史地名大辞典》载："西汉本始元年（前73），封燕刺王子贤为安定侯，属巨鹿郡。治所在今河北辛集市东北旧城镇西七里，东汉废。"③唐颜师错将巨鹿郡安定侯国误为中山之安定，这样安民县就位于今安定河北定州市，定州市周边是河北大平原，当不会设置马苑。王文涛《西汉"罢安定呼池苑以为安民县"属地考》一文④将古代学者的研究与考证归纳为：中山说、河间说、关中说、巨鹿说四种观点，并赞成巨鹿说。范文澜《中国通史简编》第二编第二章，认为安民县在今甘肃省的华亭县。谭其骧先生《新莽职方考》认为："安定郡汉二十一县增置一县，安民县。《平帝纪》元始二年'罢安定呼池苑，以为安民县'。"将安民县纳入安定郡的属县当中。祝世林《陇山以东平凉地区南部古代地理地名探索》一文，对安民县在今华亭县也作了辨析。⑤ 雍际春、李伟《西汉

---

① 《汉书》卷十二《平帝纪》，中华书局，1962 年，第 353 页。

② 《汉书》卷十二《平帝纪》，中华书局，1962 年，第 354 页。

③ 史为乐主编：《中国历史地名大辞典》，中国社会科学出版社，2005 年，第1120 页。

④ 王文涛：《西汉"罢安定呼池苑以为安民县"属地考》，《中国史研究》1993年第 2 期，第 168、124 页。

⑤ 祝世林：《陇山以东平凉地区南部古代地理地名探索》，《西北史地》1994 年第 4 期，第 3-4 页。

"罢安定呼池苑以为安民县"属地新考》（以下简称《新考》）一文,[1] 认为安民县属地不在中山国,亦非巨鹿郡安定侯国,而在安定郡安定县,安民县与呼池苑,地在今甘肃华亭县一带。笔者赞同安民县在今甘肃省华亭市观点,但应该通过野外考察的工作,找到安民县的古城遗址,为安民县的治所提供考古学证据。

一、安民县应在今华亭市境内

"罢安定呼池苑,以为安民县",首先考虑"安定"是安定郡,还是安定县?《汉书·地理志》记载,安定郡辖安定县;巨鹿郡有安定侯国;交趾郡有安定县（今越南红河口一带）。颜师古错将安定县附加在中山国,故有"中山之安定也"一说。清人全祖望同意颜说,"呼沱则是中山,非关中。况平帝由中山王为天子,故首加恩于潜藩。但中山之安民县,前志、续志皆无。殆亦不久并省。"[2] 此说以推定呼池苑是中山国属县,不见于地理志,是不久并省的原因。钱大昭认为,"颜说非也。中山无安定县,若以为近于滹池河,亦当在河间国之乐成、弓高间矣",[3] 将汉代的呼池苑与今天的滹池河相联系,将安民县确定在河间国。比较各说,《新考》一文确定安民县地在今甘肃华亭县一带,推测的方位是正确的,并认为,"安民县约省废于东汉安帝永初五年安定等四郡内徙之时,则其在两汉间置县时间历时约 110 年左右。"这个观点与笔者观点一致。笔者认为,《后

---

[1] 雍际春、李伟:《西汉"罢安定呼池苑以为安民县"属地新考》,《陕西师范大学学报》（哲学社会科学版）, 1998 年第 4 期,第 76-81 页。

[2] 王先谦:《汉书补注》卷一二。

[3] 钱大昭:《汉书辩疑》卷二。

汉书·郡国志》所载北地郡、安定郡、上郡、西河郡的属县是东汉羌乱以后省并的结果，而非如《后汉书·郡国志》所说："凡前志有县名今所不载者，皆世祖所并省也。前无今有者，后所置也。凡县名先书者，郡所治也。"①

《汉书》《后汉书》再无关于安民县的记载，袁宏《后汉纪·光武帝纪七》云：建武八年"春正月，来歙（xi）自杨城将二千人，斩山开道，径至略阳，袭嚣将金梁等杀之，因保其城，上闻之喜甚。"②《水经注》（引《东观汉记》）曰：略阳川水"又西经略阳道故城北，渥渠水出南山，北经峡北入城。建武八年，中郎将来歙与祭遵所部护军王忠、右铺将军朱宠，将二千人，皆持卤刀斧，自安民县之杨城，从番须回中伐树木开山道，至略阳"。③ 增加"自安民县之杨城，从番须回中伐树木开山道，至略阳"句，笔者考得回中道是"从关中出发至宝鸡，沿千河县溯源西进，从华亭县麻庵乡之普沱至华亭县，在六盘山与太统山两个山系之间的通道北行，至泾源县，北上在瓦亭与泾河道汇合"④。番须道是翻越陇山的关口通道，在今华亭县境内。当时隗嚣都城在冀（今甘谷县），汉代的略阳当在今发源于张家川县流入秦安县的五营河谷地（秦安县陇城镇附近），吴浩生认为在今秦安县陇城镇西蔡家河（但没有找到古城遗

① 《后汉书》志第十九《郡国志》，北京：中华书局1965年版，第3385页。

② 袁宏撰，周天游校注：《后汉纪校注》，天津古籍出版社，1987年，第152页。

③ 郦道元著，陈侨驿校注：《水经注》卷十七《渭水》，中华书局，2009年，第 页。

④ 张多勇：《丝绸之路陇山以东段走向考察报告》，《金塔居延遗址与丝绸之路历史文化研究》，甘肃教育出版社，2014年，第667页。

址)。① 光武帝部将来歙等从安民县之杨城出发，伐树木开山道，翻越陇山，占领略阳。"嚣大惊曰：'何其神也'？帝闻得略阳，甚喜，曰：略阳，嚣所依阻，心腹已坏，则制其支体易矣。"② 可见安民县在今陇山以东的华亭县境内。王先谦亦说："案其行兵之道，则安民县属安定郡无疑。其县西汉末置，东汉初即改并，故两志俱未详。"③

《新考》一文认为安民县在安定郡的安定县，这点笔者不能赞同。笔者考得安定郡之安定县治所在甘肃镇原县开边乡张庄汉城遗址，④ 两者之间直线距离 80 千米，其间隔着泾河和太统山，实际路程 180 千米，华亭县不可能是安定县的辖区。所以《汉书·平帝纪》载："罢安定呼池苑，以为安民县。"其"安定"当指安定郡，在安定郡下置县，以合乎常规。"罢安定呼池苑，以为安民县"可解释为：罢安定郡境内的呼池苑，置安民县，以安流民。

二、寻找安民县古城遗址

安民县的地望在哪里？刘玉林先生告诉我，他怀疑安民县在华亭县安口镇，当是唐代避李世民讳，改为"安口"。陶荣先生也说：安民县应在安口镇。是说甚为有理。笔者 2005 年 2 月 24 日骑摩托车

---

① 吴浩生：《汉代甘肃略阳城考》，《甘肃社会科学》1984 第 6 期，第 103-106 页。

② 《资治通鉴》卷四十二《汉纪》"世祖光武皇帝建武八年春"，中华书局，1956 年，第 1355 页。

③ 王先谦：《汉书补注》卷一二。

④ 张多勇：《历史时期临泾县地望变迁考察研究》，《北方民族大学学报》（哲学社会科学版）2019 年第 3 期，第 149 页。

到安口考察，发现安口川沟道狭窄，不符合汉代置县的地理条件（汉代在黄土高原所置县城多在河谷开阔地或交通要道上），更为重要的是，安口也没有发现汉代遗址。访问当地居民景志正（男，当年62岁），他讲述了安口镇因烧制瓷器而兴盛的历史。传说明朝有兄弟两人把窑神请到安口，先在柳家河设置窑厂，开始烧制瓷器。所以有"先有柳家河，后有安口窑"的说法，安口窑最兴盛时是清前期。窑神供奉在凉永寺，又迁兴隆寺。窑神造像非常高雅，同治回民起义，白彦虎军队围困汉民，汉民修筑堡子，坚守40天，最后堡子攻破，窑神被毁。他介绍对面山上掘出大瓦，笔者前往观察，捡到均为明清的瓦片。他介绍高卢坡有名叫王开的老者，70多岁，知道情况，华亭县的老住户是辛家河，但今已经绝户。同治变乱以后，迁入了许多人，他祖上从静宁县迁来，王开从庄浪县迁来。民国二十一年，华亭县霍乱病流行，人口大量死亡，几乎快绝，随后又迁来移民，构成今天的华亭县居民。他介绍马营子、土骨堆有许多瓦片，传说为李世民扎马营的地方。笔者前往观察，未见汉代瓦片，仅有唐宋布纹瓦片，较为稀少，当是唐代的马苑所属各寺遗址。

2012年8月1日，笔者与刘玉林、戴晓刚在华亭县考察，发现在华亭市街道、西依皇甫山（又叫华尖山）有城墙，当为宋代仪州城。山下旧看守所北侧有一山咀，长约150米。山嘴有剖面，有大量绳纹瓦片，文化层厚3~4米。8月2日，在东峡村上河自然村公路东侧有汉代文化层，厚1米，有大量绳纹瓦片，有板瓦、筒瓦，剖面长20米。这里也是安口到华亭必经此古道的关口。还拜访了当地收藏家毕树林，其收藏标本：①出土于陈家沟北皇甫山南麓的客省庄二期文化陶罂1件，侈口，红陶夹砂，外绳纹，有附加堆纹；

②常山下层文化橘红色篮纹陶片数件；③华亭县公安局背后汉代绳纹瓦片、云纹瓦当残片多件；④安居小区修楼挖地基挖出宋代瓷片、雨点纹陶片；⑤双凤山公园出土大型唐代布纹瓦 4 片；⑥宫山出土兽面纹瓦当 1 件（金代）；⑦宋耀州绿釉瓜楞盏 1 件、安口瓷瓷器多件。

8 月 2 日在鲁家塬遗址考察。位于华亭县策底镇鲁家塬村策底河南岸二级阶地，经纬度为：N35° 18′ 29.8″，E106° 36′ 38.7″，海拔 1551 米，距离镇政府东 0.5 公里，地面散落少量汉瓦片。

根据在华亭县城发现的汉代遗址的情况，可以做出以下推测：一是华亭县看守所北侧的山嘴，残留长 150 米，汉代文化层厚 3~4 米，这里汉代时当是平台，虽旧阶地今天大量被水土流失残蚀，但文化层厚、建筑残件密集，瓦片、陶片等内容丰富。毕树林收藏有此地出土的云纹瓦当残片多件，可确定为汉代城镇遗址，且文化延续在 300 年以上，当是汉代呼池苑以及改置的安民县治所遗址，并可推测今华亭县城街道今天所在的一级阶地，是汉代以后近 2000 年河流下切形成的新阶地。二是东峡村上河社公路东侧有厚 1 米汉代文化层，当是驿站遗址，两个遗址相距 2.5 千米，当是汉代安民县的关隘或驿站。三是鲁家塬汉代遗址，当是汉代呼池苑的三丞之一（马苑令下置三丞）治所。

三、唐代陇山重镇仪州和华亭县的变迁

《元和郡县图志》曰："华亭县，本秦泾阳县地，大业元年置华

亭县，以在华亭川口故名。"①《太平寰宇记》卷三十二《陇州》：华亭县"三年，改为亭川县，属安定郡。唐元和三年三月，废入汧源县。"《太平寰宇记》卷一百五十又载："仪州，理华亭县，本西戎之界，秦陇之地，凤翔之边镇。后魏普泰元年，筑城置镇，以搤蕃戎之路。唐为神策军，后唐同光元年，改为仪州。周显德六年，置华亭县于州郭。皇朝乾德二年，割秦陇三镇之地置安化县。太平兴国二年，改为仪州，避御名。领县二：华亭、安化。"根据以上记载，可以理清华亭县的变迁脉络：北魏普泰元年（531），华亭筑城置镇；隋代大业元年（605），置华亭县；大业三年（607），改为亭川县，唐代有华亭县，隶属陇州；元和三年（808）华亭县并入汧源县，唐代又在此置神策军；五代后唐同光元年（924），改为义州；后周显德六年（959），置华亭县成为义州附郭县；北宋乾德二年（964），割秦陇三镇之地置安化县（今泾源县），制胜关在今泾源县城西；太平兴国二年（977），因避讳宋太宗赵光义讳，改为仪州，仪州辖二县：华亭、安化（今泾源县，《大清一统志》卷二百一《平凉府》：华亭县："汉泾阳县地，隋大业元年置华亭县，属安定郡。义宁二年，属陇州。唐垂拱二年，曰亭川。神龙元年，复故名。"与《太平寰宇记》不同的是华亭县改亭川县的时间，为唐代垂拱二年（686），增加神龙元年（702），复故名。

《宋史》卷八十七《地理志》："渭州，下，陇西郡，平凉军节度。本军事，政和七年，升为节度。旧置泾原路经略安抚使，泾州、原州、渭州、仪州、德顺军、镇戎军皆属。熙宁五年，废仪州。元

---

① 《元和郡县图志》卷二《陇州》，中华书局，1983年，第46页。

符二年，增置西安州。崇宁三年，又以熙河路会州来属。大观三年，又增置怀德军。凡统五州三军。"① 泾原路经略安抚使，辖五州三军：泾州、原州、渭州、仪州、西安州、德顺军、镇戎军、怀德军。渭州辖五县：平凉、潘原、安化、崇信、华亭。其中"华亭，中下，熙宁五年，废仪州，与安化、崇信同来隶"②。熙宁五年（1072），废仪州，置华亭县，同时，废安化县、崇信县，归华亭县管辖。"安化，中。熙宁七年，废制胜关。移县于关地。以旧地为镇。"③ 熙宁五年（1072）以后，安化县地均归华亭县管辖。

另据两唐书记载，唐后期吐蕃侵犯，广德元年（763 年）华亭陷于吐蕃，永泰二年（766 年）收复。大历八年（773 年），在华亭置义宁军。金、元、明、清华亭县俱属平凉府。

2012 年 8 月 2 日，笔者与刘玉林、戴晓刚在华亭县考察了仪州城址。城址位于华亭县城北，北依华尖山，以人字状向山下延伸。顶端阙台宽 12 米，长 18 米，地理坐标：N35°13′15.4″，E106°38′15.3″，海拔 1570 米。东西墙在顶台夹角 100°；西城墙有一段毁为农田，护城河已发育成毛沟，西墙高 6.8 米，夯层厚 6~8 厘米，基宽 9 米，被公路挖开一口，宽 8 米。顶台到西城墙最南端有 512 米，即现存西城墙为 512 米。西城墙最南端地理坐标：N35°13′15.4″，E106°38′15.2″，海拔 1560 米；东城墙被平为小型梯田用于植树，但墙体走向明显，东城墙存 317 米，东西墙两端的距离为 636 米，东墙最低点海拔 1501 米，山顶与山下城墙落差 70 米。

---

① 《宋史》卷八七《地理志三》，中华书局，1977，第 2157 页。
② 《宋史》卷八七《地理志三》，中华书局，1977，第 2157 页。
③ 《宋史》卷八七《地理志三》，中华书局，1977，第 2157 页。

值得指出的是，平凉郡、平凉县与华亭县无关。笔者研究认为，十六国时期初置平凉郡、平凉县以及北魏的平凉郡治所在宁夏泾源县城南果家山遗址；北周、隋代的平凉县治所均在今甘肃平凉市崆峒区安国镇油坊庄；唐初的平凉县治所是安国镇颉河南岸孟城子遗址；唐代贞元以后平凉县治所是山城子遗址；唐代因吐蕃占领原州，置行原州，治所是安国镇土桥古城遗址；原治今陇西的渭州因吐蕃占领其地，迁徙至今平凉市区所在地，因相距40里二州并立，将行原州迁往今甘肃镇原县；宋代以后渭州、明清平凉府均治今平凉城。①

四、陇山唐代马苑在华亭境内的遗址

《汉书·百官公卿表》："太仆，秦官，掌舆马，有两丞。属官有大厩、未央、家马三令，各五丞一尉。……又边郡六牧师苑令，各三丞。"明确有六牧师苑。雍际春在《西汉六牧师苑考》一文中认为，《汉书·地理志》记载有五苑，失载一苑，即安定郡呼池苑。②钱大昭在《两汉书辩疑》中认为，边郡六牧师苑当在陇西、天水、安定、北地、上郡、西河六郡之内。

《新唐书·兵志》："唐之初起，得突厥马二千匹，又得隋马三千

---

① 张多勇：《泾河中上游汉安定郡属县城址及其变迁研究》，西北师范大学硕士学位论文，2007。

② 雍际春：《西汉六牧师苑考》，《天水师范学院学报》1994 第 1、2 期，第 100 页。

于赤岸泽①，徙之陇右，监牧之制始于此。"② 唐代得突厥马 2000 匹，又得隋马 3000 匹，迁徙陇右始置马监。《旧唐书·职官志三》提到太仆寺下属的牧马监时曰："凡诸群牧立南、北、东、西四使以分统之，其马皆印，每年终，监牧使巡按挈数以功过相除，为之考课。"③ 南、北、东、西四使为监牧。《唐六典》卷五《尚书兵部》载："驾部郎中、员外郎掌邦国之舆辇、车乘，及天下之传、驿、厩、牧官私马·牛·杂畜之簿籍，辨其出入阑逸之政令，司其名数。" 又曰："而监、牧六十有五焉，皆分使而统之。" 按曰："南使十五监，西使十六监，北使七监，东使九监，盐州使八监，岚州使三监。"④ 合计 58 监，虽总数不及 65 监，但指出了 6 使的名称为：南使、西使、北使、东使、盐州使、岚州使，唐朝的监牧使亦可见一斑矣。《新唐书·百官志》云："自京师西属陇右，有七马坊，置陇右三使领之。"⑤ 可知陇右有三监：南、西、北使。陇右三个监牧使驻地在何处？唐人李吉甫《元和郡县图志》卷三云："贞观中，自京师东赤岸泽移马牧于秦、渭二州之北，会州（今靖远县）之南，兰州狄道县之西（按：应是以东），置监牧使以掌其事。仍以原州刺史为都监牧使，以管四使。南使在原州西南 180 里，西使在临洮军西 220 里，北使寄理原州城内，东宫使寄理原州城内。天宝中，诸

---

① 赤岸泽：在今陕西省大荔县西南。《周书·宣帝纪》：大象二年（580），宣帝行幸同州，"自应门至于赤岸泽，数十里间，幡旗相蔽，鼓乐俱作"；隋大业三年（607）炀帝北巡，顿于此；唐初在此牧马，贞观以后移马牧于陇右。

② 《新唐书》卷五十《兵志》，中华书局，197 年 5，第 1337 页。

③ 《旧唐书》卷四四《职官志三》，中华书局，1975 年，第 1881 页。

④ [唐] 李林甫撰，陈仲夫点校：《唐六典》，北京：中华书局，2014 年，第 163 页。

⑤ 《新唐书》卷四八《百官志》，中华书局，197 年 5，第 1255 页。

使共有五十监。"① 据此，我们已参照宋人的记载考定在原州西南
180 里的南使城，即今静宁县城。唐初原州在今固原市原州区，北
使、东使均寄治在今固原城。另据《续资治通鉴长编》，宋真宗大中
祥符九年三月丙午条：秦州知州"（曹）玮议筑南市城。……南市本
曰南使，蕃语讹谓之南市，西南距州 150 里，东北距笼竿城 80 里，
秦、渭相接，扼西戎要处也"②。西南距秦州 150 里，东北距笼竿城
（在隆德县城）80 里，南市城理应是今静宁县城，雍际春考得南使
城在今静宁县古城镇。③

2012 年 8 月 2 日，笔者与刘玉林、戴晓刚在华亭县考察了西华
镇草滩村，这里有官寺和钟寺的地名。官寺地理坐标：N35°09′
07.0″，E106°32′59.7″，海拔 1692 米，传说为钟楼遗址，耕地中有布
纹瓦片。据当地农民梁治林（60 岁）回忆，周围为瓦子滩，现有石
础香座，遗雷祖庙，山号清凉山，从阳关行政村官祠自然村，从西
河滩至钟楼全为瓦片，虽然瓦片不甚密集，但长度在 1 千米以上。
钟寺地理坐标：N35°09′00.2″，E106°32′24.6″，海拔 1744 米，现场
观察有瓦片，属于唐宋建筑遗址，当是唐代南使城所辖苑马寺的
遗址。

华亭县山寨乡南山顶有城子遗址，山顶有一平滩残塬，遗址在
公路北侧，呈高台状，高出平面 2.5 米，城墙均已毁坏，地面散落
布纹瓦片和大量金元时期黑瓷片，器物有碗、缸、罐等。根据文化
层复原，古城东西长 180 米，南北长 80 米。东墙地理坐标：N35°17′

---

① 《元和郡县图志》卷三《关内道三》，中华书局，1983 年，第 59 页。
② 《续资治通鉴长编》卷八六，宋真宗大中祥符九年三月丙午条，第 1874 页。
③ 雍际春：《南使（市）城考》，《唐史论丛》，2009 年，第 19 页。

28.1″，E106°28′21.1″，海拔为 1799 米，西面经纬度为 N35°17′27.7″，E106°28′14.3″，海拔 1801 米。据刘玉林先生讲，20 世纪 80 年代中期第二次文物普查时，此处为荒地，有瓦片，金元瓷片有大量堆积，现开辟为耕地。城子遗址当是宋金时期马苑管理机构的古城遗址。

五、陇山重镇华亭市地理形胜

（一）陇山地形

六盘山的基岩为白垩纪六盘山群泥岩、薄层泥灰岩、砂质泥岩及砾岩等组成，分为南北走向的两个山系，北部青冈岭与崆峒山为一个山系，我们称为太统山系，从宁夏固原市南向南延伸至陕西岐山县；六盘山（陇山）是另一个山系，从宁夏海原县至陕西宝鸡西的渭河岸，两支山系均南北跨陕甘宁三省区，两个山系合起来可称广义的陇山，六盘山系可称狭义的陇山。两个山系中间有谷地隔开，谷地地跨原州区、泾源县、华亭县、陇县、千阳县等 5 县区。六盘山隆升是青藏高原隆升的响应，根据华亭蒋庄、神峪、朝那剖面风成红黏土古地磁测年，年龄大致为 810 万年。六盘山在距今 810 万年隆升至 1500 米，至距今 380 万年六盘山系急剧隆升。① 从岩石走向可以看出，泾源县至华亭县谷地是南北向的河谷，六盘山系隆升较快，太统山系隆升较慢，出现山势向东倾斜，河水东流，将太统山系切割出 5 个峡谷，即华亭县神浴峡，为黑河源头；华亭县安口峡，为汭河源头；崆峒前峡被认为是泾河的源头；崆峒后峡是平凉市通

---

① 宋友桂、方小敏、李吉均、安芷生、苗晓东：《晚新生代六盘山隆升过程初探》，《中国科学 D 辑》2001 年增刊，第 142-148 页。

泾源县的峡谷；弹筝峡（金佛峡），从崆峒区安国镇至泾源县大湾乡，是颉河的源头；乃家河，是茹河的源头，从宁夏彭阳县，经甘肃镇原县，至庆阳市西峰区注入蒲河。

华亭市周边地理形胜图

《元和郡县志》卷三《泾州》平凉县："泾水，源出县西南泾谷。地理志云泾阳县笄头山，泾水所出。淮南子云'笄头山一名薄落山，故泾水亦曰薄落水。又南流经都卢山，山路之中，常如弹筝之声，故行旅因谓之弹筝峡。"① 百泉县又载："可蓝山，一名都卢山，在县西南七十里，《十六国春秋》曰：赫连定据平凉，登可蓝山，望统万城泣曰：'先帝若以朕承大业，岂有今日?'"②《大明一统志》曰："大统山，在崆峒山东，又崆峒山西北有望家山，游师雄诗：'大统失崔嵬，望家渐岸峇'。"大统山究竟在崆峒山东，还是在崆峒山西?《大清一统志》曰："大统山，在平凉县西南可蓝山西五里，又西南二十里曰白岩山，下有聚粮平。"《甘肃省通志》曰："笄头山，在县西四十里，以形名。泾水所出，黄帝西至于崆峒，登笄头。与崆峒山连。"又载："可蓝山，在县西南二十里，元和志：一名都卢山，十六国春秋赫连定胜光二年畋于阴盘，登岢蓝山，屯兵于此。寰宇记：可蓝山亦泾水源，与笄头山连亘，又为分水岭山。"又载："大统山，在县西南二十里，与可蓝山相接。"历史文献中所载大统山、可蓝山、崆峒山、鸡头山、笄头山、薄落山、都卢山均指六盘山和大统山系被切割的山头。

（二）华亭西扼陇山三隘口

西汉末，以知书通经而闻名陇上的成纪人隗嚣起兵响应刘玄，伐王莽，先后攻取陇西、武都、金城、武威、张掖、酒泉、敦煌诸郡。在刘秀称帝，隗嚣拥兵陇上（冀县今甘谷县），公孙述称帝于四川的大背景下，隗嚣起先向光武帝称臣，随后又联合公孙述抵制刘秀，刘秀与隗嚣争夺陇上10余年。在河西等郡归附刘秀后，天水、

① 《元和郡县志》卷三《泾州·平凉县》，北京：中华书局，1983年版，第60页。

② 《元和郡县志》卷三《泾州·平凉县》，北京：中华书局，1983年版，第60页。

陇西、安定、北地等郡复归附于隗嚣。光武帝为派中郎将来歙与祭遵自安民县之杨城，从番须回中伐树木开山道至略阳。"嚣大惊曰：'何其神也'？帝闻得略阳，甚喜，曰：略阳，嚣所依阻，心腹已坏，则制其支体易矣。"这是一次成功的从侧背袭击天水地区的战例，是从安民县的杨城翻越陇山的。根据袭取略阳在今张家川县陇城镇，说明来歙、祭遵是从今华亭市进入张家川的张棉乡，汉代的杨城应在陇山以东。笔者2011年和景灏、王忠宪、缪喜平4人走了翻越陇山的三条古道：陇关道、固关道、秦家源古道。其中从陇县郑家寺村（北上可到华亭麻庵村），西行由纳家吊沟经张家川县秦家源一路有古道翻越陇山，在张家川县恭门镇河峪村有汉代摩崖石刻，石刻西距恭门镇14公里、张家川县城25公里，碑刻记述汉阳太守刘福主持修复陇道的事迹，现被列为甘肃省第八批省级文物保护单位。因为门锁，不能一睹，这条道路姑且叫作"秦家源道"。这条道路可通陇山以西的汉代略阳县，虽不在今华亭市辖境，但也是华亭西翻越陇山的重要关隘。

从陇县固关镇北上的另一条道路，经麻庵铜场沟越陇山可到达张家川县的张棉乡，这条道路或可通汉代略阳县。张棉驿传说是因汉代张骞儿子的名字命名的驿站，我们将其称为"张棉道"。安民县之杨城当在以上两条道路上，或是今华亭市西华镇麻庵村（原麻庵乡），或者在陇县固关镇境内。

华亭在汉代还有另一条翻越陇山的道路番须口。《后汉书》又载：建武八年春，"来歙从山道袭得略阳城。嚣出不意，惧更有大兵，乃使王元拒陇坻，行巡守番须口，王孟塞鸡头道，牛邯军瓦亭，嚣自悉其大衆围歙。"① 陇坻、番须口、鸡头道、瓦亭当是翻越陇山的关隘。"公孙述亦遣其将李育、田弇助嚣攻略阳，连月不下。帝乃率诸将西征之，数道上陇使王遵持节监，大司马吴汉留屯于长安。"② 略阳已被光武帝的将领来歙、祭遵占领，隗嚣还派行巡守番须口，说明略阳不在番须口，但也在附近，据此可以推测番须口就是华亭今经马峡与庄浪县韩店之间的道路。

从光武帝对隗嚣的这次战争中我们可以看出，华亭县西在汉代就有翻越陇山的三个关隘，一是从沿陇县固关镇沿汧河溯源而上，在郑家寺村北行，至华亭市西华镇麻庵村，可通张家川县张棉乡，至秦安县陇城镇（汉略阳县）；二是从华亭市马峡通庄浪县的韩店乡，这条道路应该是汉代的番须口。另外，从沿陇县固关镇沿汧河溯源而上，在郑家寺村西行，由纳家吊沟经张家川县秦家源之张家川县恭门镇。

（三）丝绸之路回中道的重要节点

《史记》卷十二《孝武本纪》载："上郊雍，通回中道巡之。"集解"徐广曰：在扶风汧县"准确地记载了回中道要经过汧县（今千阳县）。《汉书》卷六《孝帝纪》载："四年冬十月，行幸雍祠五畤，通回中道，遂北出萧关，至代而还。"其意为从回中道可出萧关。"应劭曰：回中在安定高平，有险阻，萧关在其北，通治至长安也。孟康曰：回中在北地，有山险，武帝故宫。如淳曰：《三辅黄图》云：回中宫在汧也。师古曰：回中在安定，北通萧关，应说是也。而云治道至长安，非也。盖自回中通道，以出萧关，孟如二家

① 《后汉书》卷十三《隗嚣公孙述列传》，北京：中华书局，1965年，第528页。
② 《后汉书》卷十三《隗嚣公孙述列传》，北京：中华书局，1965年，第528页。

154

皆失之矣。回中宫在汧者，或取安定回中为名耳，非今所通道。"大体可以推测回中道经过千阳县、陇县、华亭县、泾源县的陇山与太统山之间的道路。① 2012年笔者全程走了此道，今天完全能够贯通。前引袁宏《后汉纪·光武帝纪》云："建武八年，中郎将来歙与祭遵所部护军王忠、右铺将军朱宠，将二千人，皆持卤刀斧，自安民县之杨城。从番须回中伐树木开山道至略阳。"从番须、回中伐树木开山道，夺取略阳，证明回中道要经过汉代安民县境内。

（四）宋代仪州是黄石河路的中继站

《续资治通鉴长编》卷一百四十五"仁宗庆历三年十二月辛丑"条：陕西宣抚使韩琦反对筑水洛城时，奏曰：水洛城"通秦原之援，兼去仪州黄石河路才较两驿"。不仅说明庆历三年（1043）以前，黄石河路已经修成，黄石河经过仪州，还说明距离两驿的路程，今天从华亭市去庄浪的道路有68千米。《续资治通鉴长编》卷一百四十九"仁宗庆历四年五月壬戌"条，再录韩琦不赞成修水洛城13条，其中第四条曰："自来泾原、秦凤两路通进援兵，只为未知得仪州黄石河路，所以议者多欲修水洛城一带城寨。自近岁修成黄石河路，秦凤兵往泾原，并从腹内经过，逐程有驿舍粮草，若救近静边寨，比水洛远一程，若救镇戎、德顺军，比水洛却近一程。今水洛劳费如此，又多疎虞，比于黄石河腹内之路。远近所较不多。"② 黄石河路从腹里经过，逐程有驿舍、粮草，运兵较为安全，黄石河路运兵

---

① 张多勇：《丝绸之路陇山以东段走向考察报告》，《金塔居延遗址与丝绸之路历史文化研究》，甘肃教育出版社，2014年，第667页。

② 《续资治通鉴长编》卷一百四十九"仁宗庆历四年五月壬戌"，中华书局，1995，第3605页。

可救静边寨（今静宁县）、镇戎军（今固原）、德顺军（今隆德县），所以不赞成劳费再修水洛城。

《续资治通鉴长编》卷三百三十八"神宗元丰六年八月甲戌朔"载："陕西转运司言：'同州韩城县山铁矿苗脉深厚，可置钱监；及渭州华亭县博济监因循废罢，欲于黄石河铸冶务复置监，废秦，陇州铁监。'从之。"① 罢华亭县博济监，于黄石河铸冶务复置监。黄石河铸冶务具体位置不详，但必在黄石河路上。崔玉谦《关于秦州弓门寨的几个问题》一文认为，黄石河路的走向是：秦州州城→长山寨→穰穰寨→弓门寨→陇山山脉→黄石河镇→仪州华亭县。② 黄石河路是北宋修筑的一条连接秦凤路与泾原路的主要通道。黄石河路经华亭县通镇戎军，到华亭县以后，必然走今天华亭至泾源县的陇山与太统山之间的通道，也就是说黄石河路的北段与汉代回中道重合。

---

① 《续资治通鉴长编》卷三百三十八"神宗元丰六年八月甲戌朔"，中华书局，1995，第8137页。

② 崔玉谦：《关于秦州弓门寨的几个问题》，《衡水学院学报》2016年第6期，第97-100页。

唐蕃战争与陇右政区格局演变初探

晏 波

(天水师范学院历史文化学院)

摘要：唐蕃百余年的相互争斗中，吐蕃势力在陇右逐步渗透，灭吐谷浑而据青海，以青海为基地寇略陇右，乘安史之乱而占河陇，侵扰西域。其政权内乱后唐收复陇右。双方政权边界因战争进程而盈缩，并以会盟方式加以确认。唐在吐蕃的强大攻势之下，对部分失陷州县采取迁徙治所设立行州与侨州的方式进行防御和管辖；部分少数民族内迁，唐设置羁縻府州以便管理。唐因吐蕃侵扰而进行的行政区治所、幅员、隶属关系调整等也成为陇右政区格局变动的主要内容。

关键词：唐蕃战争；陇右；行州；政区格局

唐代的少数民族政权中，吐蕃、回鹘建立的部族政权成为李唐王朝西北最重要的敌对势力。有唐一代，尤其是广德（763～764年）以后河陇尽陷，吐蕃曾数次兵临长安，史载"赞普尽河湟，薄王畿为东境，犯京师，掠近辅"。① 这种局面是吐蕃政权逐步吞并陇右地区，将部族边界从青海扩张到关陇边界地带，直接和关中李唐核心区对峙而产生的结果。唐蕃在陇右地区的势力消长，使得唐代陇右政区也呈现错综复杂的变动局面。

陇右这一地名出现很早，在《后汉书》《三国志》等史书中即有记载，大致是陇山以西地区，是人们观念中的模糊区域。直到唐代"陇右道"的设立，才赋予它的政区意义。唐代贞观元年（627年）设立十道，开元年间置十五道，陇右道即是其中之一。② 景云二年（711年）因为陇右道管辖范围过大，将陇右道"自黄河以西，分为河西道"。③ 尽管如此，《旧唐书》并没有把河西道算作一个单独的道，而是附属在陇右道下，并言"此又不在十道之中"。④ 陇右道的辖区在唐代也是不断变化的，谭其骧先生主编《中国历史地图集》唐代三个时期的全图和陇右道东部（741年）、西部（669年）更直观地揭示了这一点。⑤ 陇右道作为在行政上有固定的施政范围，但唐人观念中他们对陇右地区的认识只是一个大致范围，有时候以河陇指代陇右，如"广德元年（763年）秋七月，是月，吐蕃大寇

---

① 《新唐书》卷216列传第141下《吐蕃传》，中华书局，1975年，第6109页。

② 开元十五道的设置时间，目前有两种观点，一说为开元二十一年，一说为开元二十二年。见罗凯：《十五采访使始置于开元二十二年论》，《中国历史地理论丛》，2011年第1辑。

③ 《旧唐书》卷40《地理三 陇右道八》，中华书局，1975年，第1639页。

④ 《旧唐书》卷40《地理三 陇右道八》，中华书局，1975年，第1639页。关于河西道的设置时间，除景云二年外，《千金翼方》卷1第3篇《药出州土》已经列有十三道，河西道即为其中之一，其设置当在永徽年间。则景云二年河西道是再次设置。见文国等校注：《千金翼方》，上海古籍出版社，1999年，第12-17页。

⑤ 谭其骧主编：《中国历史地图集》第五册《隋唐五代十国时期》，中国地图出版社，1996年第2次印刷，第32—37页，第61-64页。

河陇，陷我秦、成、渭三州，入大震关，陷兰、廓、河、鄯、洮、岷等州，盗有陇右之地"。① 河陇又可以指代河湟，"吐蕃盗河湟久，近岁浸弱，而西迫大食，东抗南诏，分军外战，兵在河陇者不过五、六万。"② 目前陇右地区有广义和狭义之分，广义的陇右等同于陇右道辖区，狭义的"陇右"仅指今甘肃黄河以东，青海省青海湖以东至陇山的地区。③

本文的陇右地区，以唐代陇右道地区为主，兼及关内道部分地区（因部分州县今属于狭义陇右范围），不涉及西域安西都护府辖区。目前，学术界唐蕃之间的战争史研究很多，而政治统治侧重对吐蕃统治政权的兴衰史的考察。④ 行政制度方有吐蕃方对唐占领区的行政管理研究。⑤ 就统治政策、行政区划制度而言，因文书资料的发现，对河西，尤其是晚唐五代敦煌等地区的研究相对侧重。⑥ 但是就唐对失地尤其是失地权宜处理的研究并不多⑦，尤其是该地区的侨州、行州设置与政区要素调整问题罕有涉及，陇右地区民族迁徙导致的政区变动论述很少。本文拟在复原该地区的政区归属与边界

① 《旧唐书》卷 11《代宗本纪》，中华书局，1975，第 273 页。

② 《新唐书》卷 126 列传第 51《韩休》，中华书局，第 4437 页。

③ 雍际春：《陇右历史文化与地理研究》，中国社会科学出版社，2009 年，第 246 页。

④ 薛宗正：《吐蕃王国的兴衰》，民族出版社，1997 年。

⑤ 林冠群：《唐代吐蕃军事占领区建制之研究》，《中国藏学》，2007 年第 4 期。

⑥ 王继光，郑炳林：《敦煌汉文史料综述——兼论吐蕃统治河西时期的职官与统治政策》，《中国藏学》，1994 年；郑炳林：《晚唐五代敦煌归义军行政区划制度研究之一、之二》，《敦煌研究》2002 年第 2、3 期；李军：《晚唐政府对河陇地区的收复与经营——以宣、懿二朝为中心》，《中国史研究》2012 年第 3 期。

⑦ 李军：《唐代河陇陷蕃失地范围考》，《云南师范大学学报》（哲学社会科学）2010 年第 4 期。

调整的基础上，结合政治地理研究方法对此问题加以探讨，以期获得新的认识。

一、唐蕃战争陇右地区边界确定

从战争进程来看，唐蕃战争可分为三个阶段，不同阶段陇右地区归属和双方边界发生巨大变化。

第一阶段，吐蕃击败吐谷浑和唐军进攻，占领青海吐谷浑领地，攻陷州县，以日月山为界，双方政权权力缓冲地带消失。贞观十年（636年）二月，吐谷浑诺曷钵奉唐年号，遣子弟入侍，吐谷浑正式成为唐的附庸国的局面稳定下来。① 吐谷浑归顺，其在唐初不断寇扰李唐鄯、岷、兰、廓、凉等州的局面不复存在，李唐与西域各国的交通也不再受干扰。更为重要的是，吐谷浑地区成为唐与吐蕃军事缓冲地带，两个政权避免直接对峙。但这个局面维持不久，形势即发生了变化。

吐谷浑所在的青海地区成为吐蕃觊觎的目标。从吐蕃扩张的地理环境来看，喜马拉雅山脉之南地区却因为山高难以逾越，山南气候潮湿闷热而不适合发展，占领青海逐步向西域和东部扩张便成为他们的重要战略。高宗咸亨元年（670年）七月，"薛仁贵、郭待封至大非川为吐蕃大将论钦陵所袭，大败仁贵等，并坐除名，吐谷浑全国尽没"。② 此次大非川之战后，青海河湟一带成为唐蕃双方的政权边界直接毗邻区，唐蕃缓冲地带不存，更利于吐蕃向东蚕食唐王朝疆土。正如一些学者所言，"在唐蕃长逾万里的边界中，河湟青海

---

① 《旧唐书》卷3《太宗本纪下》，中华书局，1975年，第46页。
② 《旧唐书》卷5《高宗本纪下》，中华书局，1975年，第94页。

地区最居中，又有大河及其支源湟水、洮水南北并列自西东流，使此地区成为槽型地带，地势平坦，比其他唐蕃接境之区更容易进出"。① 唐代的吐蕃边患因此而更加频繁。中宗景龙四年（710年），吐蕃奏请河源九曲之地为金城公主汤沐邑。结果吐蕃势力再次向东南推进，吐蕃一度进逼至陇中兰州地区，致使玄宗"下诏欲亲征，发兵十余万人，马匹四万"。② 后金城公主请定双方边界，开元二十二年（734年），"唐遣左金吾将军李佺于赤岭（今日月山）与吐蕃分界立碑"。③ 双方此次政权边界以青海日月山为界（今湟源县境），直到天宝十四年（755年）以前，唐在河陇地区统治依然相对稳固。

第二阶段，安史之乱后河陇陷落及其唐蕃政权的边界划定。唐开元、天宝以前，西北朔方、陇右、河西、安西、北庭兵力雄厚，"军城戍逻，万里相望"。安史之乱发生后，"遣兵精锐者，皆征发入援，谓之行营，所留兵单弱，胡虏稍蚕之"。④ 在这种情况下，河陇形势完全转变，吐蕃乘虚而入，从德宗至德元年（756年）至代宗广德元年（763年），短短数年之间，"西北数十州相继沦没，自凤翔以西，邠州以北，皆为左衽矣"。⑤ 尤其是广德元年十月吐蕃攻陷邠州，直逼京师长安，并"陷京师，立广武郡王承宏为皇帝"，⑥ 势力达到顶峰。

吐蕃攻陷河陇情况具体如下：

---

① 林冠群：《唐代吐蕃史论集》，中国藏学出版社，2006年，第284页。
② 《资治通鉴》卷211玄宗开元二年冬十月条，中华书局，1956年，第6705页。
③ 《旧唐书》卷8《玄宗本纪上》，中华书局，1975年，第201页。
④ 《资治通鉴卷》223代宗广德元年七月条，中华书局，1956年，第7146页。
⑤ 《资治通鉴》223代宗广德元年七月条，中华书局，1956年，第7146~7147页。
⑥ 《新唐书》卷6《肃宗、代宗本纪》，中华书局，1975年，第169页。

至德元年（756 年），吐蕃陷威戎、神威、定戎、宣威、制胜、金天、天成等军及石堡石谷等城。①

至德二年（757 年）十月，吐蕃陷西平郡。② 上元元年（760 年），吐蕃陷廓州。③ 广德元年（763 年）七月吐蕃入大震关，陷兰、廓、河、鄯、洮、岷、秦、成、渭等州，尽取河西陇右之地。④ 侯林柏先生梳理唐代有关史籍材料，将吐蕃攻陷河陇的具体时间做了整理。⑤ 但一些时间和《元和郡县志》与研究结论（以下简称《元》）不同，兹引并在括号内注，相同者不注。

肃宗宝应元年（762 年）以前陷鄯州、武州、叠州、宕州。

宝应元年或二年（762 年或 763 年）陷秦州（《元》宝应二年）、渭州（《元》宝应二年）。

宝应元年（762 年）陷成州、洮州（《元》广德元年）。

代宗广德元年（763 年）陷河州（《元》宝应元年）、兰州（《元》宝应元年）、原州。

广德元年或上元二年（763 年或 761 年）陷岷州（《元》上元二年）。

广德元年或乾元元年（763 年或 758 年）陷廓州（《元》乾元元年）。

广德元年或宝应元年（763 年或 762 年）陷临州（《元》宝应元年）。

---

① 《资治通鉴》219 肃宗至德元载十二月条，中华书局，1956 年，第 7011 页。
② 《新唐书》卷 6《肃宗本纪》，中华书局，1975 年，第 159 页。
③ 《新唐书》卷 6《肃宗、代宗本纪》，中华书局，1975 年，第 163 页。
④ 《资治通鉴》223 代宗广德元年七月条，中华书局，1956 年，第 7146 页。
⑤ 侯柏林：《唐代边患史略》，台湾商务印书馆，1997 年，第 145–146 页。

广德二年（764年）陷凉州。

代宗永泰二年（766年）陷甘州、肃州（肃州陷落，《元》为大历元年）。

大历十一年（776年）陷瓜州。

德宗建中二年（781年）陷沙洲。①

其余未被侯氏所记有：上元二年（761年）芳州陷于吐蕃。② 阶州（武州）大历二年（767年）陷于吐蕃。③ 凉州在大历元年前已经陷落，史载："大历元年夏五月，河西节度使杨休明徙镇沙州，凉州沦陷故也"。④ 广德元年（763年），高适出兵不利，松州陷落。在西域的州郡和都护府也有一些相继陷落的，如庭州上元元年（760年）陷吐蕃⑤，西州贞元七年（791年）没于吐蕃。⑥ 自贞元十年（794年），罢陇右节度使，陇右道之地尽归吐蕃。⑦ 安西大都护府咸亨元年（670年）四月陷吐蕃，长寿二年（693年）收复，贞元三年

---

① 关于沙州陷落的时间，有大历十二年、建中二年、贞元元年、贞元二年、贞元三年及贞元四年六说，见金滢坤：《敦煌陷蕃年代研究综述》，《丝绸之路》1997年第1期。

② （唐）李吉甫撰，贺次君点校：《元和郡县图志》卷39《陇右道上》，中华书局，2005年，第1000页。

③ （宋）乐史撰，王文楚等点校：《太平寰宇记》卷154《陇右道五》，中华书局，2007年，第2971页。

④ 《资治通鉴》卷224代宗大历元年五月条，中华书局，1956年，第7191页。

⑤ （宋）乐史撰，王文楚等点校：《太平寰宇记》卷156《陇右道七》，中华书局，2007年，第2996页。

⑥ （唐）李吉甫撰，贺次君点校：《元和郡县图志》卷40《陇右道下》，中华书局，2005年，第1031页。

⑦ 周振鹤主编，郭声波著：《中国行政区划通史》（唐代卷下），第十五章《陇右道》，复旦大学出版社，2017年9月第2版，第1007页。

（787 年） 竟又陷吐蕃。①

　　对于唐代吐蕃攻陷河陇州府具体范围和名称，《会昌一品集》所收《赐缘边诸镇密诏意》记载最为精确。学界研究认为，当时河西、陇右两道所属河西、陇右、安西、北庭四节度所领的秦、渭、临、武、洮、岷、叠、宕、河、兰、鄯、廓、凉、甘、肃、瓜、沙、伊等 18 州是吐蕃统治河陇和晚唐收复和经营河陇的核心区域②。

　　吐蕃攻陷陇右之后，"遂居于原、会、成、渭之地。皆据河陇之胜以临唐境"。③ 陇州、灵州、泾州、邠州常数次被侵犯，京师长安屡次戒严。德宗即位后，即和吐蕃相尚结赞修好，于是建中四年（783 年）于清水会盟。盟约规定"今国家所守界：泾州西至弹筝峡西口，陇州西至清水县，凤州西至同谷县，及剑南西山、大渡水东为汉界。蕃国守镇在兰、渭、会、原，西至临洮，又东至成州，抵剑南，西界磨些诸蛮，大渡水西南为蕃界……黄河以北，从故新泉军直至北大碛直南至贺兰山骆驼岭为界，中间悉为闲田"。④ 此次盟约的签订，实质上是唐对吐蕃占有河陇和剑南部分辖区既成事实的确定，直到后来的长庆会盟，依旧维持了两个政权在此次清水会盟中关于领土边界的划分。至此，唐蕃政权边界从青海日月山一直推到了秦陇交界的陇山。当时的划界不像今天寸土必争，但却给双方留下了相互争夺的模糊性区域。比如闲田地区，类似隙地、瓯脱，

　　① （宋）乐史撰，王文楚等点校：《太平寰宇记》卷 156《陇右道七》。中华书局，2007 年，第 2999 页。

　　② 李军：《唐代河陇陷蕃失地范围考》，《云南师范大学学报》（哲学社会科学）2010 年第 4 期。

　　③ 《资治通鉴》卷 223 代宗广德元年九月条，中华书局，1956 年，第 7157 页。

　　④ 《宋本册府元龟》卷 981 外臣部盟誓 11529 上，中华书局，1989 年，第 3924 页。

虽然双方政府均不予管理，而实际上军队或臣民往往私自争夺资源，引发矛盾的升级，导致地方战乱。至此，吐蕃紧邻唐关中核心区，虎视眈眈，长安屡屡因其骚扰而戒严。

第三阶段，吐蕃衰落和陇右复归。吐蕃政权因大相尚结赞在贞元十二年（796年）去世后，势力盛极而衰。"吐蕃盗河湟久，近岁浸弱，而西迫大食，东抗南诏，分军外战，兵在河陇者不过五、六万。"① 与此同时，唐朝增加西南的军事进攻，连连得胜。但唐经过安史之乱的折腾，加上内部宦官专权和党争，已成衰落之势。双方再次约定握手言和，这就促成穆宗长庆会盟。盟誓约定吐蕃不入唐境入寇，唐放弃河湟地区，而承认吐蕃为西部各少数民族中的领袖地位。唐武宗会昌四年（844年），"朝廷以回鹘衰微，吐蕃内乱，议复河湟四镇十八州，乃以给事中刘濛为巡边使"。② 宣宗大中三年（849年）二月，"吐蕃以秦、原、安乐三州、石门、驿藏、木峡、制胜、六盘、石峡、萧七关归有司"。③ 五年（851年），"张义潮发兵略定其旁，瓜、伊、西、甘、肃、兰、鄯、河、岷、廓十州，遣其兄义泽十一州图籍入见，于是河湟之地尽入于唐"。④ 十一年（857年），吐蕃酋长尚延心献河、渭两州归降。咸通四年（863年），张义潮又收复凉州。⑤ 十四年，陇右道有天雄节度使、归义军节度

① 《新唐书》卷126列传第51《韩休》，中华书局，1975年，第4437页。
② 《资治通鉴》卷247武宗会昌四年二月条，中华书局，1956年，第7999页。
③ 《新唐书》卷8《穆、敬、文、武、宣宗本纪》，中华书局，1975年，第247页。
④ 《资治通鉴》卷249宣宗大正五年十月条，中华书局，1956年，第8048-8049页。
⑤ 《资治通鉴》卷250懿宗咸通四年三月条，中华书局，1956年，第8104页。

使、凉州节度使三镇。① 表面上看，唐朝似乎恢复了对陇右地区的全部统治，但实际上因为吐蕃战乱的影响和部落的存留，以及地方力量如张义潮等政权的存在，一些辖区基本上属于统而不治的情况，史称"宣、懿德微，不暇理疆，惟名存有司而已"。② 尽管史书如此记载，实际上宣、懿二朝对陇右地区收复与经营还是起到了一定的效果，前引李军的研究结论可以为证。

二、唐对失去州县的权宜处理——行州与侨州的设置

吐蕃的入侵，导致唐蕃政权边界的陇右推移和州郡的互有得失而外，另外一个显著的政区处理方式便是因防御需要将治所迁移，并对吐蕃攻陷部分州县设立行州与侨州。关于唐代的侨州问题，清人和当代的一些学者关注到了羁縻政区侨州设置，对于其他类型的侨州设置涉及很少。③ 经过查阅资料，唐代非羁縻政区的侨州与行州设置有多种情形，如因边疆内缩、因少数民族攻占疆土而设，因地方割据势力，因政权地方叛乱、地方新附户、流民而设等多种方式多种情况，这些都和羁縻府州侨置不同，也迥异于魏晋时期的侨州郡县。陇右地区的行州、镇与侨州、县设置属于少数民族政权入侵一类，具体考察有细分又可分为三种类型。

第一种，主动防御型的节度镇。如开元天宝时陆贽奏请防御吐

① 周振鹤主编，郭声波著：《中国行政区划通史》（唐代卷下），第十五章《陇右道》，复旦大学出版社，2017 年 9 月第 2 版，第 1007 页。
② 《新唐书》卷 40 志第 30《地理四》，中华书局，1975 年，第 1040 页。
③ 樊文礼：《唐代灵、庆、银、夏等州界内的侨置府州》，《民族研究》，1990 年第 4 期；任爱君《唐代契丹羁縻制度与"幽州契丹"的形成》，《中国边疆史地研究》，2008 年第 1 期。

蕃时曾陈述，为"制西北二蕃，则朔方、河西、陇右三节度而已。上虑权分或诏兼领之，中兴未遑外讨，则侨四镇安定。以陇右附扶风，所当二蕃"①。这里的二蕃，指当时比较强大的两个少数民族，其中之一为吐蕃，一为回鹘。

第二种，主动防御迁移治所后再迁徙的行州。贞观十道中，松州都督府属陇右道，下辖州松、文、扶、当、悉、柘、静等州，随着吐蕃在西南的进攻，永徽以后，以"据梁州之境，割属剑南道也"。②吐蕃自宝应以后多次进犯唐境，以"赞磨为东面节度使，专河、陇。天子以虏数入塞，诏治守障，徙当、悉、柘、静、恭五州，皆据险以守"。③大历五年（770年），"徙置当、悉、柘、静、恭五州于山险要害之地，备吐蕃也。"④广德元年（763年），"吐蕃取陇右，适（高适）率兵出南鄙，欲牵制其力，既无功，遂亡松维二州及云山城"。⑤在松州覆没的情况下，"松、当、悉、静、柘、恭、保、真、霸、维、翼等为行州，以部落首领世为刺史、司马"。⑥

第三种，因吐蕃占领辖区后被迫迁徙所设的行州，这在陇右地区最为普遍。如原州（大致为今宁夏固原市原州区）州治在平高县，这是隋代开皇时期的旧址所在，大业时虽有将原州改为平凉郡之事，

---

① 《新唐书》卷157列传第82《陆贽列传》，中华书局，1975年，第4928-4929页。
② 《旧唐书》卷41《地理志四剑南道》，中华书局，1975年，第1699页。
③ 《新唐书》卷216列传141《吐蕃下》，中华书局，1975年，第6091页。
④ 《旧唐书》卷11《代宗本纪》，中华书局，1975年，第297页。
⑤ 《新唐书》卷143列传68《高适》，中华书局，1975年，第4681页。
⑥ 《新唐书》卷42《地理六剑南道》，中华书局，1975年，第1086页。

但治所不变，直到"武德元年，重为原州，县仍属焉"。① 但是广德以后，原州屡次被置为行州。《新唐书·地理志》载"平凉郡，中都督府，望，广德元年没吐蕃。节度使马璘表置行原州于灵台之百里城。贞元十九年徙治平凉，元和三年又徙治临泾，大中三年收复关陇。归治平高，广明后复没吐蕃又侨治临泾"。②

表：吐蕃入侵陇右地区后侨、行镇、州、县设置表

原州县名	行、侨州县类型	设置时间	行州与侨置州县治所	设置原因
安西四镇	侨镇节度使	贞元六年	安定	吐蕃入侵
原州	行州	广德元年	灵台百里城	
行原州 1	行州	贞元十九年	平凉	
行原州 2	行州	元和三年	临泾	
行原州 3	侨州	广明年间	临泾	
渭州	行州	元和四年	原州平凉县	
行渭州	行州	中和四年	原州平凉县	
威州	行州	光启三年	凉州镇	
雄州	行州	中和元年	承天堡	
成州	行州	贞元五年	同谷西泥公山	

① （唐）李吉甫撰，贺次君点校：《元和郡县图志》卷 3《关内道》，中华书局，2005 年，第 58 页。

② 《新唐书》卷 37 志第 27《地理一关内道》，中华书局，1975 年，第 968 页。

续表

成州1	行州	咸通年间	同谷	
秦州	行州	广德元年至大历年间①	普润军	
上禄县	行县	太和年间	成州骆谷城	
武州	行州	中和四年	潘原	
松州所属州	行州	广德元年后	(地点不明)	
阶州	行州	大历二年	(地点不明)	
潘原县	行县	贞元十年	彰信堡	以上俱同

（资料来源：《新唐书》《旧唐书》和《资治通鉴》等史料，表中1、2、3指设置次数）

从表中来看，与上文关于河陇州县陷落相比较，仅有20个州县设置了行、侨州，而大部分陷落州县并未设置。从表中我们还可以看出，因吐蕃占据陇右之后，对关中地区的入侵加剧，关内道部分州及其属县治所一度被吐蕃攻破，以致其治所不断迁移，形成行州与侨州。而原来州县所有侨治州与行州地治所基本上都是向内迁徙，反映出吐蕃强大的攻势。例如原州，就先后数次改变行州治所，吐蕃攻取陇右后不久，即在大历五年（770年）冬，"修原州城，屯据之"。② 因当时一些善于统兵的节度使，如郝玭等在这些行州镇守，才遏制了吐蕃的强大攻势。

行州、侨州置治所多位于唐蕃边界临近战略要地，行州设置多

---

① 《旧唐书》卷14《宪宗本纪》，中华书局，1975年，第427页。
② 《旧唐书》卷12《德宗本纪》，中华书局，1975年，第358页。

次的地点，如原州、渭州，反映出唐蕃对战略要地的反复争夺。贞元十九年（803 年）在平凉筑城置行原州，即因该地"去故原州一百五十里，本原之属县，地当御戎要冲"。① 临泾置行原州，因该地"在泾州北九十里，扼犬戎之要冲"，配合善于用兵之郝玼兼刺史，得人地之利，遂有"自玼镇临泾，西戎不敢犯塞"的局面②。清人顾祖禹也说："陇口之要在平凉，而平凉之要尤在原州。"③ 唐治行原州于临泾，"吐蕃不敢过临泾，泾原获安"。由于原州失去，唐只能在次要的战略位置平凉、临泾设行原州、渭州等以防御吐蕃。《纪要》称："唐自广德以后，西陲尽为异域，而泾原之备日棘。贞元七年诏以平凉当会之冲，居北地之要，命泾原节度使刘昌筑平凉故城，扼弹筝峡口……此平凉置州列郡之权舆也。"④ 鉴于原州战略地位的重要性，尽管当时原州已为吐蕃辖境，早在大历八年（773 年）元载便建议朝廷筑城原州。他说："今国家西尽潘原，而吐蕃戍摧沙堡，原州居其中，当陇山之口，其西皆监牧故地，草肥水美，平凉在其东，独耕一县，可给军食，故垒尚存，吐蕃弃而不居。每岁盛夏，吐蕃畜牧青海，去塞甚远，若乘间筑之，二旬可毕。移京西军戍原州，移郭子仪戍泾州，为之根本……朝廷高枕无忧。"⑤ 但因以为这是书生之论加之元载获罪，事情未能成功。建中初年，宰相

---

① 《旧唐书》卷 13《德宗本纪》，中华书局，1975 年，第 371 页。

② 《旧唐书》卷 14《宪宗本纪》，中华书局，1975 年，第 427 页。

③ 顾祖禹撰，贺次君、施和金点校：《读史方舆纪要》卷 58《陕西七》，中华书局，2005 年，第 2775 页。

④ 顾祖禹撰，贺次君、施和金点校：《读史方舆纪要》卷 58《陕西七》，中华书局，2005 年，第 2775 页。

⑤ 《资治通鉴》卷 224 代宗大历八年十月条，中华书局，1956 年，第 7224 页。

杨炎也有此意，但因将帅不睦，终未实施。

原州如此，设置成州、松、阶亦位于会盟所划边界区域附近，也是这个道理。从行州和侨州的设置上来判断，可以说明的是，唐蕃在清水会盟后的某些时间段里，吐蕃实际占有的区域已经远远越过陇山，进入关内道，吐蕃政权的实际边界部分已经推进到关中一带。贞元二年（786 年）十一月、十二月，先后一度吐蕃攻陷盐、夏两州，贞元三年（787 年）三月，"吐蕃尚结赞得盐、夏州，各留千余人守之，退屯鸣沙"。① 据此，可以说吐蕃已经跨越了清水盟约规定边界，两个政权辖区出现的犬牙交错状况，甚至有短暂飞地的可能性。

三、战乱影响下的陇右族群的羁縻管理与州府设置

以上主要侧重探讨唐蕃战争对重要地理位置占领引起的双方划界，唐对失去州县的处理状况，且侧重于正州，对少数民族的羁縻州和迁徙问题没有涉及，这里详细说明。② 首先来看陇右地区少数民族迁徙设州情况，主要涉及党项、吐谷浑、沙陀等族。

唐陇右道西南地区受到吐蕃的攻击，党项族内迁。"贞观三年（630 年）内附，列其地置州县，隶松州都督府（当时属陇右道）。五年又开其地置州 16，县 47。乾封二年（667 年）吐蕃入寇，废都、流、厥、调、凑、般、匐、器、迩、锽、率、差等 12 州，咸亨二年（671 年）又废蚕、黎二州，禄山之乱，河陇陷吐蕃，乃徙党项州所

---

① 《资治通鉴》卷 232 德宗贞元三年三月条，中华书局，1956 年，第 7482 页。
② 对于唐代的羁縻府州研究，目前多集中在西南、东北地区，陇右地区研究相对薄弱。

存者于灵、庆、银、夏之境。"① 此后变成为关内道灵州都督府辖羁
縻州，咸亨前后灵州都督府辖党项州51，府15。这些羁縻州和府中，
也存在侨治情况。归德州本属灵州，但"侨治银州境"。② 静边州都
督府，"贞观中置，初在陇右，后侨治庆州之境"。③ 庆州都督府辖
下芳池州都督府，侨治怀安。《新唐书》列陇右道属羁縻党项州有
73州1府1县，分有版和无版两类，置废时间在贞观三年至永泰元
年（629年至765年）间。它们分别隶属于秦州、临州、洮州等，但
唐初时这些州隶松州都督府，肃宗"时懿、盖、嵯、诺……等州界
内徙，余皆没于吐蕃"。④ 因此才有内徙后隶属陇右秦州、临州、洮
州等州的情形。但据学者分析，懿、盖这些州在永隆元年（680年）
后由于吐蕃攻取羊同、党项及诸羌之地，就有可能已经内迁，不当
在肃宗时候。⑤ 陇右道内秦州下辖的马邑州，本在秦、成二州山谷
间，宝应年间因吐蕃入侵，向内"徙于成州盐井故城"（今礼县盐关
镇境内）。广德元年（763年），没于吐蕃。⑥ 洮州辖密恭县"上元
三年（764年）为吐蕃所破，因废，后复置"。⑦

吐谷浑在唐蕃大非川之战后，举吐谷浑地皆为吐蕃所有。咸亨
三年（672年）徙凉州，但"吐蕃盛，又徙灵州，帝为（慕容诺曷

① 《新唐书》卷43《地理七羁縻州、关内道》，中华书局，1975年，第1123-
1124页。
② 《新唐书》卷43《地理七羁縻州、关内道》，中华书局，1975年，第1123页。
③ 《新唐书》卷43《地理七羁縻州、关内道》，中华书局，1975年，第1123页。
④ 《新唐书》卷43《地理七羁縻州、陇右道》，中华书局，1975年，第1134页。
⑤ 刘统：《唐代羁縻府州研究》，西北大学出版社，1998年，第24-25页。
⑥ 周振鹤主编，郭声波著：《中国行政区划通史》（唐代卷下），第九章《陇右
道羁縻地区》，复旦大学出版社，2017年9月第2版，第1350页。
⑦ 《新唐书》卷43《地理七羁縻州、陇右道》，中华书局，1975年，第1132页。

钵）置安乐州，即拜刺史"。① 安乐州遂属关内道，开元二十二年（734 年）隶属原州，② 原州县落后属灵州。据唐出土墓志记载判断，安乐州在今宁夏同心韦州一带。③ 慕容诺曷钵死后，圣历三年（700年），"余部诣凉、甘、肃、瓜、沙等州降"，但当时宰相张锡和右武卫大将军杨璟深却有迁徙其部众于秦、陇、丰、灵之议。凉州都督郭元振陈述利害："今降虏非强服，皆突矢刃，弃吐蕃而来，宜当循其情，为之制也。当甘、肃、瓜、沙降者，即其所置之，因所投而居情易安。"④ 则天同意后，陇右道内安置吐谷浑而设州不少，从目前文献来看，集中在陇右道凉州都督府下，如阁门州羁縻州。⑤《旧唐书》凉州府下共有 8 府州："吐谷浑部落、兴昔部落、阁门府、皋兰府、卢山府、金水州、蹘林州、贺兰州，以上八府州，并无县，寄在凉州界内，共有户五千四十八，口一万七千二百一十二。"⑥ 当然，这些府州不全是吐谷浑部落，但阁门府为安置吐谷浑部落而设之府无疑。《新唐书》《旧唐书》记载"阁门"府、州，其应为一处，可能因为在不同时间内设置，先为府，后因吐谷浑"不安其居"，部众迁徙，人数不多而降为州。据刘统研究，该羁縻州在唐鄯州湟水县，后来部众迁移至关内道延州。⑦

沙陀族也有一部分被安置在关内道盐州下，设阴山都督府以管

① 《新唐书》卷 221 列传 146《吐谷浑》，中华书局，1975 年，第 6227 页。
② 《新唐书》卷 64《方镇年表》，中华书局，1975 年，第 1763 页。
③ 刘统：《唐代羁縻府州研究》，西北大学出版社，1998 年，第 157 页。
④ 《新唐书》卷 221 列传 146《吐谷浑》，中华书局，1975 年，第 6228 页。
⑤ 《新唐书》卷 43《地理八羁縻州、陇右道》，中华书局，1975 年，第 1134 页。
⑥ 《旧唐书》卷 40《地理志三陇右道》，中华书局，1975 年，第 1641 页。
⑦ 刘统：《唐代羁縻府州研究》，西北大学出版社，1998 年，第 187 页。

理。迫于吐蕃在陇右的威力，元和三年（808 年）沙陀附吐蕃，并被安置在甘州，沙陀部族于是成为吐蕃军队的前锋，"后回鹘取凉州，吐蕃疑尽忠持两端，议徙沙陀于河外"。因此，沙陀首领想归顺大唐，遂"悉众三万落循乌德犍山东，吐蕃追之，行且战，……士裁两千，骑七百，款灵州塞，诏其部处盐州，置阴山，以执宜为府兵马使"。①

以上是唐蕃战争时期陇右收复前，除吐蕃外的少数民族族群迁移后的羁縻府州设置，其余在此地区设置的其他羁縻州如岷州、渭州、津州、超州、罕州等羁縻州的具体情况，详见郭声波相关论述。② 陇右归复后，吐蕃在陇右地区"种族分散，大者数千家，小者百十家"。③ 吐蕃族遗留较多地方，尽管收复但难于管理，因而成为吐蕃豪酋管辖地或羁縻地区。唐渭州，在今陇西附近地区，因处渭河上游河谷，吐蕃种类较多。史载唐渭州迁至平凉作行州，尽管大中五年收复，原地区"五代时为羁縻之地，宋初因之"。④ 而这一带及其以西的地方即为某些吐蕃首领部落的聚居地，如落门川讨击使论恐热、尚婢婢等，他们曾在吐蕃政府答应归还该州的情况下，举众叛乱，"吐蕃每发兵，其富室多以奴从，往往一家至十数人。及论恐热作乱，奴多无主，遂相纠合为部落，散在甘、肃、瓜、沙、

---

① 《新唐书》卷 218 列传 143 《沙陀》，中华书局，1975 年，第 6155 页。
② 周振鹤主编，郭声波著：《中国行政区划通史》（唐代卷下），第九章《陇右道羁縻地区》，复旦大学出版社，2017 年 9 月第 2 版，第 1350-1357 页。
③ 《宋史》卷 492 《外国八》，中华书局，1975 年，第 14151 页。
④ 顾祖禹撰，贺次君、施和金点校：《读史方舆纪要》卷 59 《陕西八》，中华书局，2005 年，第 2810 页。

河、渭、岷、廓、叠、宕之间，吐蕃微弱者反依附之"。① 大中十一年（857年），"吐蕃酋长尚延心以河、渭二州部落来降……奏延心为河、渭都游弈使，使统其众居之"。② 正是如此多的吐蕃部落遗留和居留的其他少数民族，宋以后，河湟地区施行汉蕃两种行政体制并行，直到元代这种形局面才得以扭转。

四、唐蕃战乱下陇右政区要素变更及影响

上文主要侧重探讨唐蕃之间在陇右地区边界划定，行州、羁縻州设置等情况，唐后期吐蕃与归义军政权之间的界线，吐蕃占领河陇之后的政权设置问题，除引言所列学人论著外，杨铭先生在《吐蕃统治敦煌与吐蕃文书研究》一书"前言"部分提到了不少论著及本文"上编"集中讨论了吐蕃统治敦煌问题，可资参考。③ 作为历史政治地理研究，正如周振鹤先生所言，如果仅仅局限于政区设置、边界划定是远远不够的。对政区的幅员、形状、行政治所、层级等分解释式的要素研究，不但能体现行政区划本身的变化，也能体现政区之间的相互关系。④ 唐蕃之间的战争也深刻影响着该地区政区要素的变动过程，在此简要论述。

幅员，它涉及唐蕃两个政权的疆域盈缩，中央下辖区地方层级

---

① 《资治通鉴》卷250懿宗咸通三年十二月条，中华书局，1956年，第8101、8102页。

② 《资治通鉴》卷249宣宗大中十一年冬十月条，中华书局，1956年，第8064-8065页。

③ 杨铭：《吐蕃统治敦煌与吐蕃文书研究》，中国藏学出版社，2008年。

④ 周振鹤：《建构中国历史政治地理学的设想》，《历史地理》第15辑，上海人民出版社，1999年。

幅员的演变。疆域的变化前面已经大致叙述了，地方层面的若以唐代的道、州、县几个层面来说，也有着不同的变化，诸如陇右道的松州都督府辖区划割剑南道；叠、宕、武、成 4 州原属陇右道，但因吐蕃入侵的关系，改属山南道，陇右道的辖区范围逐渐缩小，关内道也因吐蕃占领部分州县，在一段时间里幅员也缩小。州县层面按理也会有增加、缩小的情况，这里列举因防御吐蕃幅员增加的两个州、县情形。凉州拓境千里：长安元年（701 年）"以主客郎中郭元振为凉州都督、陇右诸军大使。先是，凉州南北境不过四百余里，突厥、吐蕃频岁奄至城下，百姓苦之。元振始于南境硖口置和戎城，北境碛中置白亭军，控其要冲，拓州境千五百里，自是寇不复至城下"。① 方渠县境之开拓，贞元十三年（797 年），"筑方渠、合道、木波，皆吐蕃要路，筑城，开地三百里"。② 不过这种幅员的开拓，多是依据战时堡垒的构筑而导致的，军事的影响因素起了决定作用。

　　治所，一些行州治所固定，并领县，影响深远。比如渭州在平凉县置行渭州，开始为寄治形势，但"及为行渭州，其民皆州自领之"。③ 因此，领有平凉县。后来，割原州设平凉县，割泾州设潘原县为行渭州两属县。④ 到后来，直接改称渭州，"五代因之，宋亦曰

---

① 《资治通鉴》卷 207 则天后长安元年十一月条，中华书局，1956 年，第 6557—6558 页。

② 《资治通鉴》卷 235 德宗贞元十三年正月条，中华书局，1956 年，第 7576—7577 页。

③ 《新唐书》卷 37《地理一》，中华书局，1975 年，第 969 页。

④ （宋）乐史撰，王文楚等点校：《太平寰宇记》卷 151《陇右道二》，中华书局，2007 年，第 2918 页。

渭州，庆历初为泾原路经略安抚使治所"。① 行原州治临泾，"宋原州亦治焉。金因之"。② 行原州本寄治临泾县，后唐清泰三年（936年），（行）原州刺史翟建因该州寄治临泾县，无民可治，奏请将临泾割属该州。③ 成州在同谷设行州治所，五代、宋治所不变，明改为县治所依然。④ 而一些县、堡寨则一跃而为州、县之治所，政治、军事地位提高。如安定、临泾、平凉、萧关、承天堡、彰信堡等，其余还有定成堡为临泾县治。⑤

隶属关系的变更，如果细分可以列为以下几种情况：改属他道，改属他州，改属别县，或属其他政权与地方武装力量。叠、宕、武、成4州原属陇右道，但因吐蕃入侵的关系，改属山南道。"按贞元十道图云，叠、宕、武、成四州，自分十道后，并属陇右道。自上元二年末吐蕃，成、叠、宕、武并置在白江侧……其五州并合属山南道，因是定焉"。⑥ 陇右道松州都督府改隶剑南等、改属他州。清水县原属于秦州，后隶属于凤翔府，"禄山乱，陷于吐蕃。至大中二年始收复，敕此县缘郡城未置，权隶于凤翔府"。⑦ 鄯州，"上元二年

① 顾祖禹撰，贺次君、施和金点校：《读史方舆纪要》卷58《陕西七》，中华书局，2005年，第2774页。
② 同上，第2786页。
③ 《旧五代史》卷150《郡县志》中华书局，1976年，第2015页。
④ 顾祖禹撰，贺次君、施和金点校：《读史方舆纪要》卷59《陕西八》，中华书局，第2826页。
⑤ （宋）乐史撰，土文楚等点校：《太平寰宇记》卷33《关西道九》，中华书局，2007年，第709页。
⑥ （宋）乐史撰，王文楚等点校：《太平寰宇记》卷155《陇右道六》，中华书局，2007年，第2986-2987页。
⑦ （宋）乐史撰，王文楚等点校：《太平寰宇记》卷150《陇右道一》，中华书局，2007年，第2901页。

为吐蕃所陷，遂废。所管鄯城等三县（湟水、龙支、鄯城），入河州管"。① 上文所列平凉县、临泾、潘原县原属原州，后归属行原州、行渭州。唐后期方镇兴起，这些行州又多为节度使所管辖，隶属关系又发生了变更，如行渭州，元和四年（809年），泾原节度使增领行渭州，乾宁元年（894年）该节度使又增领行武州，兴凤陇节度使在大中四年（850年）增领行秦州。②

因为原县受吐蕃侵占后为镇、为寨而废置为他县所属者亦有之。如伏羌县废为寨而隶大潭县；上邽县，唐天宝末入陷吐蕃，大中初收复为镇，隶清水。成州（治同谷）原领长道、潭水、上禄等三县，"以吐蕃侵扰，百姓流离，并废为镇"③。北宋初成州领同谷和栗亭两县，栗亭新置，则因吐蕃入侵改长道、潭水、上禄三镇当属同谷所辖。此类情况还有一些，因文献缺乏，无法一一证实。

隶属其他政权和地方武装所属者也不少。张义潮收复瓜沙等11州后，至大中五年（851年）七月，虽然遣兄义泽将本道图经户籍献唐王朝归顺，实际管辖权还在张氏，因此才有沙州"地当乾位，华夷所交，实一都会之府也"之说。④ 随着吐蕃在河西统治的湮灭，甘州回鹘又崛起和归义军政权争长短，我国西部的政治地图又发生了历史性的新变化。⑤ 吐蕃党项等少数民族占据者如叠州为吐蕃占

---

① （宋）乐史撰，王文楚等点校：《太平寰宇记》卷151《陇右道二》，中华书局，2007年，第2923页。

② 《新唐书》卷64《方镇年表》，中华书局，1975年，第1779、1790、1784页。

③ （宋）乐史撰，王文楚等点校：《太平寰宇记》卷150《陇右道一》，中华书局，2007年，第2905页。

④ （宋）乐史撰，王文楚等点校：《太平寰宇记》卷153《陇右道四》，中华书局，2007年，第2955页。

⑤ 薛宗正：《吐蕃王国的兴衰》，民族出版社，1997年，第201页。

有，直到"后周建德六年，始有其地".① 一些行州设置后对后代政区隶属关系也产生了重要影响。拿行渭州来说，"旧理襄武县，今理平凉县，元和三年，置行渭州于平凉县。元（原）领县四。今二：平凉、潘原".② 渭州本治陇西襄武县，行渭州设在平凉县后，平凉县因此而成为行州的属县，如"平凉县，唐元和四年，以渭州陷蕃，权置行渭州于此。天福五年（940年）割属渭州"。原州也有类似的情况，自安禄山之乱而吐蕃寇边，先后在平凉县、临泾县设行原州，最后以临泾县为治所，原来所领平高、百泉、平凉和萧关4县，在置行原州后该行州仅领临泾一县。这是行州变为领有实县的情况，明显管辖范围也发生了变更。长道县，原属成州，但因成州所在地区受吐蕃侵扰，成州改为行州，该县人民流散，废为镇，等到户口繁衍，再设县时改属秦州。③

除以上所述政区要素变动外，管理体系的新变革是唐蕃战争影响下政区变动的另外一个方面，其表现至宋代才凸显出来。唐实行道、州、县、乡、里的管理行政体制，陇右也不例外，只是西域少数民族地区实行了都护府制。唐蕃战争之后，都护府辖区和其他一些区域，如洮阳州、伊州、肃州、甘州、会州、西州、宥州、盐州、银州、胜州、瓜州、鄯州、沙洲、凉州、夏州、灵州、庭州、安西

---

① （宋）乐史撰，王文楚等点校：《太平寰宇记》卷155《陇右道六》，中华书局，2007年，第2985页。

② （宋）乐史撰，王文楚等点校：《太平寰宇记》卷151《陇右道二》，中华书局，2007年，第2917-2918页。

③ （宋）乐史撰，王文楚等点校：《太平寰宇记》卷150《陇右道一》，中华书局，2007年，第2905-2906页。

大都护府等沦为化外之地。① 延及宋朝，这些收复地区则实行了路、州、县、（乡）寨、堡等管理体系，原因除了西夏侵边的因素外，还在于战后吐蕃聚居区存留和对其防御。河湟一带也是如此，宋熙宁年间收复河湟设立寨、堡等军事性质的机构来处理边疆民族事务，如熙州原属唐临州之地，在熙宁五至七年间（1072 年至 1074 年间）设狄道县、康乐寨、通谷、庆平、渭源等 8 堡，"河州，安乡郡，军事，唐河州，后废，皇朝熙宁六年（1073 年）收复"。② 陇右其余各州这种情况，李昌宪有具体的考证，兹不复述。③

此外，新设、废弃郡县在唐蕃战争的进程中也出现，废弃一般在区域沦没后放弃，收复后又复置或新置道理明显，毋庸论证。这里举唐取黄河九曲后设立郡县的情况。黄河九曲之地，中宗景龙四年（710 年）吐蕃奏请为公主汤沐邑，之后"逾河筑桥，置独山、九曲两军，去积石三百里，又于河上造桥"。④ 他们自此之后兵犯唐渭州，直到天宝十二年（753 年）"陇右节度使哥舒翰击吐蕃，拔洪济、大漠门等城，悉收九曲部落"。⑤ 次年，哥舒翰奏请"于所开九曲之地置洮阳、浇河二郡及神策军，以临洮太守成如璆兼洮阳太守，

---

① （宋）王存撰，王文楚、魏嵩山等点校：《元丰九域志》卷 10《省废州军、化外州、羁縻州》，中华书局，2011 年，第 479—480 页。

② （宋）王存撰，王文楚、魏嵩山等点校：《元丰九域志》卷 3《秦凤路》，中华书局，2011 年，第 133 页。

③ 周振鹤主编，李昌宪著：《中国行政区划通史宋西夏卷》第三编第六章《陕西路州县沿革》，复旦大学出版社，2007 年，第 362—375 页。

④ 《资治通鉴》卷 211 玄宗开元二年十月条，中华书局，1956 年，第 6705-6706 页。

⑤ 《资治通鉴》卷 216 玄宗天宝十二载五月条，中华书局，1956 年，第 6918 页。

充神策军使"。①

当然唐蕃战争期间的政区改名现象很多，多出于显示国威、怀柔远人的政治象征意义，此不赘述。

---

① 《资治通鉴》卷 217 玄宗天宝十三载七月条，中华书局，1956 年，第 6927 页。

陇东地区历史上的牧马业

——以华亭市、崇信县、崆峒区为中心的探讨

郑国穆

（甘肃省文物考古研究所）

内容提要：陇东地区自秦代以来就是牧马的传统地区，秦人非子牧马在陇山两侧的地区。乌氏倮以经营畜牧有名。汉代的边郡监苑36所之一的呼池苑，其大致位置在今关山以东的泾河西侧支流汭河、黑水河及达溪河等上游地区，就是今崆峒区、华亭县及崇信县部分地区。此区域在汉代以后历经隋唐，牧马业继续发展，尤其是安史之乱前后，以李元谅为代表的神策军驻军军镇在华亭、崇信、灵台县等地长期经营，军屯和牧马业结合，形成半农半牧的交错分布，以及"歧陇间善水草及腴田"的八马坊之宜禄坊、安定坊和太平坊所在的泾河东西支流流域，牧马业也得到持续的发展。明清平凉地区仍然是牧马之优良地区，文献记载平凉府的麻务川子、策底川、红城川、固原里、白崖、双井等地，就在陕西苑马寺长乐监的辖属区域内，大致就是今固原及平凉辖区，尤其是麻务川子、策底川等地，在今崆峒区、华亭县接壤处的山间麻川村、山口村及汭河上游的北涧沟、策底河一带，就是武安苑的牧马之地，今崆峒区峡

门乡的山口城址、麻武乡的城子城址，两者其一必是武安苑衙门所在，另一可能就是其下辖营堡之一。不同历史背景下的社会、政治、经济及环境等因素的制约，导致不同朝代牧马业的变迁及其草场分布区域的变化。

关键词：陇东地区　牧马业　呼池苑　陕西苑马寺　武安苑
麻务川子　策底川

陇东地区，此处所说是陇山（六盘山）以东今平凉、庆阳以及固原南部的泾河流域。在研究甘肃茶马古道文化遗产问题时，探讨茶马古道的历史脉络及线路走向，对于甘肃来说，马匹的饲养问题就显得非常重要，这就涉及历代牧马业的地域范围及其历史变迁。从秦汉以来，乃至隋唐，再到宋、明以降，在平凉、固原及以六盘山为中心的广大地域，一直是历代牧马的地方。但是考察这些地域，鲜有留存至今的与牧马有关的历史遗迹可以与文献记载明确互证。本文在前人研究的基础上，结合文物普查和野外考察对有关历史遗迹的认识，试谈有关牧马业的问题，以求教于大家，不当之处，祈请指正。

一、秦的养马传统

《史记·货殖列传》："乌氏倮畜牧"，"畜至用谷量马牛。秦始皇帝令倮比封君，以时与列臣朝请"①。秦时乌氏的畜牧能手乌氏倮，经营畜牧业，养殖众多时，卖之而求稀奇物，贡献戎王，戎王

---

① 《史记》卷129《货殖列传》。

以 10 倍之价酬之，复营畜牧，至以谷量马牛。秦始皇令其位比封君，常参与朝臣谒见之列。乌氏，即秦汉乌氏县，学界研究一般认为就在今平凉市崆峒区附近的泾河南岸一带①，那么乌氏倮的养马区域也就在今崆峒区和华亭、崇信县接界处一带，也就是说，今平凉市崆峒区的南、东南至今汭河乃至黑河一带，大概就是乌氏的大致活动范围。这是关于平凉养马最早的记载。

秦人久有重视养马的传统，秦以后大规模养马都由官办。非子"好马及畜，善养息之"，曾为周孝王"主马于汧渭之间，马大蕃息"②。战国时秦国以"秦马之良，戎兵之众，探前趹后，蹄间三寻者，不可胜数也"③。在秦始皇陵东侧的上焦村西探出马厩坑 93 座，试掘出土"三厩""中厩""宫厩""左厩""大厩"等刻辞器物。有考古学家推测，"秦王朝的宫廷厩苑名称至少有 8 个，即大厩、宫厩、左厩、中厩、右厩、一厩、二厩、三厩等。"④ 李斯《谏逐客书》说到"外厩"，"外厩"可能是与"中厩"相对应的其他诸厩的统称。云梦睡虎地出土秦简《厩苑律》中，也有关于"其大厩、中厩、宫厩马牛"的内容。传世官印有"龙马厩将""右马厩将""左

---

① 乌氏，即秦汉乌氏县，学界研究的地望变化不一。张多勇认为乌氏县在今崆峒区十里铺，张德芳认为汉乌氏县（置）在今崆峒区一带，薛正昌认为在固原一带，也有学者付建认为可能在彭阳县新集乡小河湾秦汉遗址。参见：张多勇：《从居延 E·P·T59·582 汉简看汉代泾阳县、乌氏县、月氏道城址》，《敦煌研究》2008 年 2 期；张德芳：《西北汉简中的丝绸之路》，《中原文化研究》2014 年 5 期；薛正昌：《历代马政在固原》，《固原师专学报》1996 年 2 期；付建：《朝那鼎与乌氏、朝那》，"先秦秦汉史微信"公众号）。

② 《史记》卷 5《秦本纪》。

③ 《战国策·韩策一》。

④ 袁仲一：《秦代陶文》，西安：三秦出版社，1987 年，第 67—69 页；秦俑坑考古队：《秦始皇陵东侧马厩坑钻探清理简报》，《考古与文物》1980 年第 4 期。

马厩将""左中马将""小马厩将""小田南厩"等，罗福颐判定为秦官印。① 秦养马机构在地方行政部门中也有"厩"的设置。② 甘肃张家川马家塬战国墓地发现的装饰豪华的车队以及用马头、马蹄随葬，用大量牛头骨祭祀的情形③，或许与乌氏倮等畜牧业主的经营有关。而他们的成功是得到秦执政者的鼓励和褒奖的。④

二、汉代的边郡牧马基地呼池苑

汉承秦制，中央设九卿，九卿之中有太仆掌马政，下设牧师苑令，有马苑。西汉有 36 苑，分布在西北。监苑有官奴婢 3 万，养马30 万匹⑤。东汉时，与安定、陇西羌族经常发生战争，汉必俘羌族牛马驴驼数以万计。安定一带正以畜牧为主，养马已成风气，陇东的绝大部分土地汉时属凉州，有"凉州之畜为天下饶"的记载⑥。

《汉书·百官公卿表》："太仆，秦官。掌舆马有两丞。……又边郡六牧师苑令各三丞。"可知 6 牧师苑是西汉在边郡设立的国家牧马基地。《汉书·地理志》载：北地郡灵州县有河奇、号非二苑。归德县有堵苑和白马苑。西河郡鸿门县有天封苑。清人钱大昭认为，上

---

① 罗福颐：《秦汉南北朝官印征存》，北京：文物出版社，1987 年，第 5~6 页。此外，《史记》卷 18《高祖功臣侯者年表》，说张良"以厩将从起下邳"，王陵"以客从起丰，以厩将别定东郡、南阳"，也证明秦时有"厩将"官职。

② 《史记》卷 95《樊郦滕灌列传》记载，从高祖起兵，以功封汝阴侯的夏侯婴，原先即"为沛厩司御"。

③ 甘肃省文物考古研究所、张家川回族自治县博物馆：《2006 年度甘肃张家川回族自治县马家塬战国墓地发掘简报》，《文物》2008 年第 9 期。

④ 王子今：《秦统一原因的技术层面考察》，《社会科学战线》2009 年第 9 期。

⑤ 《汉书》卷 19 上《百官公卿表上·注》引《汉官仪》云："牧师诸苑三十六所，分置北边西边，以郎为苑监，官奴婢三万人分养马三十万匹。"

⑥ 《汉书》卷 28《地理志》。

述诸苑就是西汉"边郡六牧师苑",地当西汉陇西、天水、安定、北地、上郡、西河6郡之内①,大概就是今甘肃东部、宁夏南部、陕西北部及内蒙古中南部一带。所以,呼池苑可能是《汉书·地理志》失载的边郡6牧师苑之一。

《汉书·平帝纪》记载元始二年"罢安定呼池苑以为安民县"。作为36苑之一的"呼池苑"其归属何地?在今天哪里?首先,从文献记载分析安民县与呼池苑在安定郡。《后汉书·刘盆子传》《后汉记》《东观汉记》《后汉书·来歙传》等汉魏间的史料记载的赤眉入安定、光武帝及部将来歙等伐隗嚣等战事,都发生在安定、北地、天水诸郡及右扶风西北一带地区②;其次,考古资料也确定呼池苑在安定郡。而在敦煌的悬泉置遗址出土汉简:明昭哀闵百姓被灾害,困乏毋訾,毋(赡),为择肥壤地,罢安定郡呼池苑③,明确地告诉我们呼池苑属安定郡。而在《汉书·高祖本纪》:(元始二年)轩安定呼池苑,以县。师古注曰:中山之安定也。颜师古所说在中山是错误的。所以,安民县与呼池苑之属地,在安定郡安定县。

谭其骧《新莽职方考》认为,西汉安定郡原有21县,后增置一县,即由呼池苑改置为安民县。④ 范文澜也认为西汉罢呼池苑所设安

---

① [清]钱大昭:《汉书辩疑》,上海:上海文澜书局石印,光绪壬寅。

② 雍际春、李伟:《西汉"罢安定呼池苑以为安民县"属地新考》,《陕西师范大学学报》(哲学社会科学版)1998年4期;雍际春:《"亚驼""呼池"与要册湫考辨》,《陕西师范大学学报》(哲学社会科学版)2008年2期。

③ 张德芳:《汉简确证:汉代骊靬城与罗马战俘无关》,《光明日报》2002年5月19日。

④ 谭其骧《新莽职方考》,二十五史刊行委员会,二十五史补编(第二册),北京:中华书局1955年,1736页。

民县在今华亭县。① 裘锡圭考证，诅楚文的"亚驼"应读作"虖池（虖沱）"，其所告之神，在今甘肃东端泾水至正宁一带，应有一条河流与呼池苑同名。西汉平帝时改为安民县的呼池苑即因此得名。要册湫当与此河相关，诅楚文的"亚驼"即指此湫或此河之神。②古汭水，就是今泾河上游的重要支流黑水河，又名宜禄川水，"虖沱"为其又一别称。③ 所以，学者们的研究结论就是：呼池苑因泾河支流古汭水而得名，地当在今华亭县一带。

关于泾河流域西部的几条河流，达溪河、黑水河和汭河，哪个是古汭水呢？其历史记载，在此有必要作一下简要说明。

泾河上游右岸有两条较大支流，一是今汭水，一是今黑河。今汭水，发源于华亭县北部和中部的小陇山山脉。上游有策底河、西华河、南川河等支流，在石嘴子（石堡子）汇合后流经今崇信县（宋至今治所未变）北，在泾川县西北注入泾河，全长 120 公里；今黑河，北距今汭水不足 30 公里，发源于华亭县南部山地，流经今崇信县南，向东又经灵台和泾川间，在陕西长武县南有达溪河（古黑水）从南来注之，东流至亭口镇注入泾河，全长 155 公里。

据研究，汭水有古今之别，流经崇信县北和泾川城北的是今汭水，而从长武县南注入泾水的是明以前的古汭水。顾祖禹《读史方舆纪要》始将其与南侧的今黑水河（古汭水）相混淆。明清《陕西通志》《平凉府志》《华亭县志》《崇信县志》《泾州志》等也沿袭

---

① 范文澜：《中国通史》（第二册），北京：人民出版社 1978 年，123 页。

② 裘锡圭：《诅楚文"亚驼"考》，《文物》1998 年第 4 期。

③ 雍际春：《"亚驼""呼池"与要册湫考辨》，《陕西师范大学学报》（哲学社会科学版）2008 年 2 期。

错误，谭其骧主编《中国历史地图集》也将明以前的古沕水错标在今沕水位置。今沕河，明代以前称为"阁川水"，"自明人始移其名于阁川"（嘉庆《大清一统志》卷 258《平凉府·山川》），沕水张冠李戴，从黑河移至阁川。①

由于沕水、黑河两河的发源地、流向、流经地区有相同或相似之处，所以曾经被混淆。相同处是都发源于华亭县，都是自西向东流入泾河，都流经华亭、崇信县，不同之处是今沕水在泾川县王母宫石窟脚下汇入泾河，而黑河是在长武县亭口镇（彬县大佛寺石窟西北 4.5 公里不远处）汇入泾河，两处入泾河口相距直线约 60 公里。所以说，在明以前古沕水应指今黑河，阁川水指今沕水。

今达溪河，其上游的发源地陇县五马山，向东经新集、百里到灵台县，再到位于长武县东南亭口差不多 100 里，故名"百里溪"。而真正的达溪河则是灵台县境内起源于朝那后沟地域，流经上良、什字、百里，是从西北向东南走向的一个主要的支流（现称为涧河。涧河又在哪里呢？涧河在达溪河以北约 10 里、当地有叫涧沟的河谷里，基本由南到北汇入位于泾川、灵台交界的黑河中。这条涧河曾经在河旁有潭名曰"涧沟潭"，后因地质变化枯竭，至今仍有涧沟潭的地名），汇到百里溪，故名达溪河。在灵台城西北 30 里的西屯乡白草坡西周墓出土有"潶伯作宝傆彝"铭文青铜器，潶在这里是地名或封国名，因黑水而得名，潶伯是周王封在潶的伯爵。②《说文》："黑，火所熏之色也。"从水、黑声，即潶字，潶是水名。《广韵》：

---

①　王元林：《沕水考辨》，《中国历史地理论丛》1999 年 1 期。

②　阳飏：《灵台白草坡　西周墓葬里的青铜王国》，《甘肃日报》2016 年 7 月 26日第 09 版。

"漻，水名，在雍州。"雍州的漻水，即《禹贡》《山海经》中的黑水。可证达溪河（故名百里溪）其最早应为黑水。

鉴于以上几条汇入泾河的河流的历史记载的混乱，在理清其文献记载的地理位置之后，再来探讨安民县、呼池苑等的地望，笔者认为：安民县就是在原呼池苑所在的地区建立的行政建置，其具体地望不仅仅局限于古汭水（今黑水河）源头所在的华亭县南部一带，也可能包括与古汭水源头南北向相邻地域的古阁川水（今汭河）上源，及其上游的策底河、涧沟河一带以北地区（今属崆峒区峡门乡、麻武乡）的范围。

三、隋唐时期的陇右牧马业

北魏末，贺拔岳以"牧马"为名欲向西北扩张，屯兵于平凉西境连营数十里，也说明平凉是著名的牧场。隋代也注重牧马，而牧马地区就在陇右。当时置有陇右牧，以统诸牧，又有骅骝牧、二十四军马牧、苑川十二马牧①。隋炀帝大业三年（607 年），于陇右设置监牧机构，原州（固原）马政仍得以延续。开皇三年（583 年），居住在漠北的突厥自河套南下侵扰，由木峡关、石门关两路攻入平凉郡治（固原）境内。庆阳、延安、天水等地均遭破坏，使其"六畜咸尽"②。这种掠夺性的战争具有很大的破坏性，不但破坏了固原的养马业，周边地区也受到严重损失。③

唐代置群牧使，初年的牧地也是在陇右。马政发展到了鼎盛时

---

① 《隋书》卷 28《百官志下》。

② 《隋书·北狄》。

③ 薛正昌：《历代马政在固原》，《固原师专学报》1996 年 2 期。

期，主要也是靠陇右牧，始于贞观十五年（641 年），毁于宝应元年（762 年），历时 121 年。其范围东达平凉，西及兰州，南抵天水，北接固原。天宝中，诸监牧使共辖 50 监，其中南使 18 监，西使 16 监，北使 7 监，东使 9 监。太仆少卿张万岁创办陇右牧，相继任监牧使者有 33 人。在原州置陇右群牧监，由原州刺史兼任群牧监使。在西北地区设置的监牧中，平凉郡（治固原）是当时西北四大监牧之一，设置东、西、南、北四监牧使掌管牧马，监牧使和北使、东使都设在原州城内①。贞观二十年（646 年）八月，唐太宗"踰陇山，至西瓦亭观马政"②，过平凉到瓦亭视察陇右马政。唐代政府规定的牧马地区，最初是兰、渭、原、秦 4 州，接着扩展到岐、邠、泾、宁 4 州，后来又到了娄烦，还有银、绥等州。政府规定的牧马地区实际上也就都成了半农半牧地区。③

据《陇右监牧颂德碑》载：至开元十三年，陇右监牧都使管 5 个监牧使，分别是：明威将军、行左卫郎将、南使梁守，忠武将军、行右羽林中郎将、西使冯嘉秦，右千牛长史、北使张知右，左晓卫郎将兼盐州刺史、盐州监牧使张景运，陇州别驾、修武县男、东宫监牧使韦衡。④ 这里已明确东宫使早已移驻陇州境。和麟德年间北使和东宫使均寄驻原州城内不同，据东宫使韦衡兼任陇州别驾，可知其驻所早就迁入陇州地界。陇州，治今陕西陇县，其西倚陇山山脉

---

① 钟侃、陈明猷、吴忠礼：《宁夏史话》，银川：宁夏人民出版社 1993 年，第 62 页。

② 《资治通鉴》卷 189

③ 史念海：《隋唐时期黄河上中游的农牧业地区》，《唐史论丛》1987 年第二辑，收入《黄土高原历史地理研究》"农牧地区分界编"，黄河水利出版社，2001 年。

④ ［宋］李昉：《文苑英华》，北京：中华书局，1966.

与秦州为邻，北达泾水上游支流达溪河、黑水河等河川与原州接壤。
据此可知，东宫监牧使所管 9 个牧监当已由原州扩散到陇州地界。
陇右诸牧监生产用地已跨越陇坻左右，包括秦、渭、兰、会、原、
陇 6 州之山川。① 可见，早在开元十三年之前，在泾水上游支流达溪
河、黑水河等河川与原州接壤之地，就已成为唐代的监牧使之一的
东宫使由原州南移驻牧的牧马之地了。

《唐会要》指出"岐下岐陇间善水草及膏腴田，皆属七马坊"②，
《旧唐书》也记为"自长安至陇右，置七马坊，为会计都领。岐、陇
间善水草及腴田，皆属七马坊"③。据《岐豳泾宁四州八马坊颂碑》：
"先是，国家以岐山近甸，豳土晚寒，宁州壤甘，泾水流恶，泽茂草
丰，地平鲜原。当古公走马之郊，接非子犬丘之野，度其四境，分
署八坊。其五在岐，其余在三郡。"然《颂碑》所载 8 马坊，分别
是：保乐坊、甘露坊、南普润坊、北普润坊、岐阳坊；太平坊、宜
禄坊、安定坊。"其五在岐"，前 5 马坊分布在岐州（今凤翔）境内。
"其余在三郡"，即太平坊、宜禄坊、安定坊分布在宁、豳、泾 3 州。
据王世平考证：太平坊，置于宁州彭原郡（今宁县）地界，即今正
宁县所处子午岭山脉西坡，即"宁州壤甘"之区。宜禄坊，分布在
幽州新平郡（今彬县）宜禄县（今长武县）一带，即今长武县之
地，恰处今泾河、黑水河（唐时宜禄川，源出陇州华亭县流经良原、
鹑瓢诸县而东至豳州宜禄县境汇入泾水）、南河、磨子河环绕之区。

---

① 艾冲：《论唐代前期陕甘宁黄土高原牧业用地的分布》，《陕西师范大学继续
教育学报（西安）》2004 年 9 月第 21 卷第 3 期。

② ［宋］王溥：《唐会要》卷 65、72，北京：中华书局，1955.

③ ［后晋］刘昫撰：《旧唐书》卷 141《张茂宗传》。

正所谓"豳土晚寒""当古公走马之郊"水丰草茂之地。其牧地很可能向东延布于今彬县、旬邑北境。安定坊，因处在泾州安定郡（今泾川县北）附郭安定县境而得名，其牧地还应包括鹑觚（今灵台县）、良原（今灵台县良原乡））二县之地。这一带恰是"泾水流恶，泽茂草丰，地平鲜原"之域。而今崇信县境唐代属原州管区，适在陇右诸监牧范围，正所谓西"接非子犬丘之野"形势耳。① 宜禄坊分布在豳州的西、北境。太平坊分布在马岭水（今马莲河）东侧的子午岭西坡。安定坊分布在泾州南部低山区。② 可见，8马坊中非岐山的3坊中宜禄坊、安定坊及太平坊，均在今平凉、庆阳地界的泾河流域及其西侧的黑水河、东侧的马莲河等支流流域范围内。

安史之乱中，唐玄宗入四川，太子李亨仓皇北上，过平凉，阅监牧马，得马数万匹，又得勇士500人，才使肃宗中兴③。吐蕃占领陇右后，唐与吐蕃发生争战中通过所得的俘获，也反映出吐蕃在河陇经营畜牧的情形。代宗永泰元年（765年），朔方军于灵台县（今灵台县）东50里攻破吐蕃，获驼马牛羊甚众④。大历三年（768年），朔方军复破吐蕃于灵武，获羊马数千计。宪宗元和十三年（818年），灵武于定远城破吐蕃2万人，获羊马甚众⑤。原州城，在清水会盟后即属吐蕃所据，元和十三年，平凉镇遏使郝玼收复原州

---

① 王世平：《跋郝昂<岐豳泾宁四州八马坊颂碑>》，《魏晋南北朝隋唐史料》（第4册），1982。

② 艾冲：《论唐代前期陕甘宁黄土高原牧业用地的分布》，《陕西师范大学继续教育学报（西安）》2004年9月，第21卷第3期。

③ 杨鹏英：《马政与平凉二寺》，《平凉日报》2008年12月10日版。

④ ［后晋］刘昫撰：《旧唐书》卷196上《吐蕃传上》。

⑤ ［后晋］刘昫撰：《旧唐书》卷196下《吐蕃传下》。

城时，获羊马不知其数①。郝玼在原州城下获得羊马，可知当地已是牧区了。原州城附近尚且如此，更远的地方就不能说仍然是农耕地区。② 在战争中，吐蕃掳掠唐人不少，也不会让这些人在边界附近种植。贞元二年（786）平凉会盟失败后，吐蕃大掠汧阳（今陇县）、吴山（今千阳县南）、华亭（今华亭县）等界人庶男女万余口，悉送至安化峡西，将分隶羌、浑③。羌、浑都是游牧部落，得到这些掳获生口，不会使他们仍从事农耕操作。④ 史念海先生的这些分析推测，说明这些被吐蕃占领地区以及掳掠人口的地方都是非农耕区，在今灵台、原州、华亭及陕西的陇县、千阳县的地域，在当时还是最适合牧马的地区。

神策军，原为唐朝西北的戍边军队，在开元、天宝年间，唐朝与吐蕃在西北边境展开了一系列的拉锯战。唐玄宗时，哥舒翰击败吐蕃，自天宝十三载（754 年）七月十七日，哥舒翰请立浇河、洮阳两郡并建立宁边、威胜、金天、武宁、耀武、天成、振威、神策 8 军。⑤ 拟洮阳太守成如璆充任首任神策军使。⑥ 从天宝十三载（754 年）哥舒翰在磨环川设立始，到天复三年（903 年）废除，共经历 149 年。

神策军初置于磨环川，位于洮水南岸，与洮阳郡隔水相望。从

---

① ［后晋］刘昫撰：《旧唐书》卷 196 下《吐蕃传下》。
② 史念海：《隋唐时期黄河上中游的农牧业地区》，《唐史论丛》1987 年第二辑，收入《黄土高原历史地理研究》"农牧地区分界编"，黄河水利出版社，2001 年。
③ ［后晋］刘昫撰：《旧唐书》卷 196 下《吐蕃传下》。
④ 史念海：《隋唐时期黄河上中游的农牧业地区》，《唐史论丛》1987 年第二辑，收入《黄土高原历史地理研究》"农牧地区分界编"，黄河水利出版社，2001 年。
⑤ 《元和郡县图志》卷 39，陇右道上"廓州"。
⑥ 《唐会要》卷 78《节度使》，上海：上海古籍，2006

其地理位置判断，磨环川当在今甘南藏族自治州卓尼县扎古录镇迭当什村西的洮河南岸一带。在此，有一座唐代的迭当什城址，依地势而筑，东、西、北三面临水，平面呈不规则长方形，占地面积约6000平方米。残墙长1100米、基宽4.5米、残高0.5~2.5米、顶宽0.6~1.5米，夯层厚0.1~0.12米，夯层内夹横木条。城南墙外有护城沟，距迭当什墓100米。东距强岔村100米处，北临洮河，南靠森林大山。笔者推测，此城址极有可能就是最早的神策军城所在。

唐朝中后期后，神策军进入京师成为中央北衙禁军的主力，负责保卫京师和戍卫宫廷及行征伐事。神策军的布防，最先主要驻扎在京畿道一带。代宗时期，除京城长安外，还有奉天、武功、扶风、好畤、麟游、普润、兴平、天兴、鄠县、陕州等地。德宗时，神策军驻防之地有所扩大。至宪宗时，除京畿地区外，扩大到关内道。左神策军驻扎在京西北8镇，即普润镇、崇信城、定平镇、归化城、定远城、永安城、颌阳县。右神策军驻扎奉天镇、麟游镇、良原镇、庆州镇、怀远城等5镇①。此后，虽有变化，但不出京畿、关内一带。在这些军事驻扎地区犬牙交错地布置，除了互相策应对吐蕃作战外，也起到了监临诸军的作用。

在平凉的崇信县城、灵台县的良原乡一带，唐代有神策军驻防。"唐广德元年，陷吐蕃。永泰中，（华亭）县之东南析为神策军地"②，华亭县的南部也为神策军地。左神策军在京西北驻军的8镇之一崇

---

① ［北宋］司马光，胡三省注：《资治通鉴·唐纪五十三》，中华书局，2009年。

② ［明］赵时春撰，［民国］张维校补：《平凉府志》卷十一"华亭县建革"，全国公共图书馆古籍文献编委会编《中国西北稀见方志续集（八）》，中华全国图书馆文献缩微复制中心，264页。

信镇，即今崇信县城所在崇信故城址（唐-清，位于锦屏镇西街村东南锦屏山、汭河南岸，东、西、北三面临汭河，南踞锦屏山。总面积140000平方米。城平面略呈方形，现存唐、明、清代残墙。唐城墙残长29米，残高3.6米，残宽1米。明、清城墙残高16米（北墙），顶宽5.2米，北墙马面顶部长3.2米，宽3.8米）。①《明一统志》载："唐贞元间，李元谅始筑城屯军，名崇信。"自宋建隆四年（963）建崇信县起，历代是县治所在地。其始筑于唐，宋元修补使用，明代扩建。据《崇信县志》载：时知县高斗垣截唐镇城之半，筑锦屏山麓，踞山临水，倚险以居，由此取名锦屏。清初又大加修缮，有东、西二门，南、北二巷，来爽、宾阳二街，文庙等古建筑，现已毁；右神策军驻扎5镇之一良原镇，即今灵台县梁原乡东门村的良原故城址（面积南北长460米，东西宽260米，总计119600平方米，故城南北依洞山，北临黑河，东侧有小河南北流经，所处位置为一高山河床，约6米的台地上）。②

　　唐代的神策军驻扎地崇信镇、良原镇，就与神策军的李元谅是密切关联的。李元谅（732~793），少为宦官骆奉先养息，冒姓骆，名元光，唐代安息（今伊朗）人，德宗贞元三年（787），吐蕃劫盟平凉，骆元光备守而得免。③ 德宗念其勋劳，赐姓李氏，改名元谅。封武康郡王，节度陇右。李元谅驻崇信、百里、良原，新筑崇信城。所筑崇信城，就是今崇信县所在，现存有其养马的厩城遗址、寝宫遗址等，另外他还在今灵台县的白里、良原都有军队驻防，分别在

---

① 崇信县第三次文物普查数据资料。
② 灵台县第三次文物普查数据资料。
③ ［宋］欧阳修等撰：《新唐书》卷156《李元谅传》，中华书局，1975

今汭河和黑水河流域，也与牧马不无关系。隋唐时期在黄土高原开辟农业，当地官吏及驻军将帅也都积极加以推广，李元谅①、杨元卿②、裴识③、周宝④等在泾州皆有相当的树绩。⑤ 尤其是元谅在良原等地驻兵防守的同时，也发动军士在修城的同时也开垦土地屯田。

四、明代平凉牧马业的兴盛

明代为巩固西北边防，加强太仆寺和苑马寺的马政机构设置。设陕西、甘肃行太仆寺，分别管理陕西都司和陕西行都司所属卫所官军骑操马匹。陕西行太仆寺，衙门治平凉府（今平凉市崆峒区），职掌陕西都司所属西安等 28 卫、凤翔等 20 所、清水等 74 营堡官军骑马的提调，比较固原、平凉、庆阳、秦州 4 卫官马孳牧，印烙陕西苑马寺所属监苑牧马和陕西都司所属卫所官军骑操马；甘肃行太仆寺，衙门治甘州卫（今张掖市甘州区），职掌陕西行都司所属凉州等 12 卫、镇夷等 3 所官军骑操马的提调、比较、印烙等项事务。又

---

① ［后晋］刘昫撰：《旧唐书》卷 144《李元谅传》："加陇右节度支度营田观察临洮军使，移镇良原。良原古城多摧圮，陇东要地，虏人寇常牧马休兵于此。元谅远烽堠，培城补堞，身率军士，与同劳逸，艾林蘸草，斩荆棘，俟干尽焚之。方数十里，皆为美田，劝军士树艺，岁收粟菽数十万斛。"《新唐书》卷 156《李元谅传》基本相同。

② ［后晋］刘昫撰：《旧唐书》卷 161《杨元卿传》："旋授检校散骑常侍泾州刺史，……乃奏置屯田五千顷。"《新唐书》卷 171《杨元卿传》同。

③ ［宋］欧阳修等撰：《新唐书》卷 174《裴度传附裴识传》："识帅泾原，……治堡障，整戎器，开屯田。"

④ ［宋］欧阳修等撰：《新唐书》卷 186《周宝传》："进检校工部尚书泾原节度使，务耕力，聚粮二十万斛，号良将。"

⑤ 史念海：《黄土高原及其农林牧分布地区的变迁》，原载《历史地理》创刊号1981 年，收入《黄土高原历史地理研究》"第五编　农林牧分布编"，黄河水利出版社，2001 年，383-402 页。

对应设置陕西、甘肃苑马寺，下设监苑，遍及陕甘宁青 4 省区。到明成化年间，在固原设置陕西三边总制，奠定了终明一代马政在西北的地位。

永乐四年（1406），明成祖敕谕甘肃总兵宋晟、宁夏总兵何福，全权委托着手建立陕西、甘肃苑马寺①，下设监苑遍及陕甘宁青 4 省区。《明太宗实录》卷 59 "永乐四年九月　丁巳朔" 载：

> 壬戌设陕西、甘肃二苑马寺，寺置卿一员，从三品，少卿一员，正四品，寺丞一员，正六品，首领官主簿一员，从七品，寺统六监，而每寺先设二监，曰：祁连，曰甘泉，隶甘肃苑马寺。曰长乐、灵武，隶陕西苑马寺。监统四苑，每监先设二苑，西宁、大通隶祁连监，广特、麒麟隶甘泉监，开城、安定隶长乐监，清平、万安隶灵武监。监置监正一员，正七品，监副二员，正八品，录事一员，未入流。苑视其地里广狭，为上中下三等：上苑牧马万匹，中苑七千匹，下苑四千匹。苑有围长，从九品。一围长率五十夫，每夫牧马十匹。余八监四十苑，命甘肃总兵官西宁侯宋晟、宁夏总兵官左都督何福度地势次第设置。敕晟等曰：今苑马寺以广孳牧，每寺统六监，监统四苑，寺置卿、少卿，寺丞监置正副苑，立围长，以率牧马之夫。春月草长纵马于苑，迨各草枯则收饲之。今先设四监，尔处应有牝马，宜分配与之。凡回回鞑靼以马至者，或全市或市其半，牝马则尽市之。以给四监其监之未设者，即按视水草便利可立处，遣人以闻马政重事其加意精思有可行者，悉宜条奏毋有所隐。②

甘肃苑马寺主要在河西地区，此姑且不论。按明太宗实录载：

---

① 《明太宗实录》卷 59，永乐四年九月　丁巳朔条。
② 《明太宗实录》卷 59，永乐四年九月　丁巳朔条。

陕西苑马寺，先设长乐、灵武二监，每监先设二苑，长乐监隶开城、安定苑，灵武监隶清平、万安苑。之后又设同川监、威远监、熙春监、顺宁监。

陕西苑马寺所属监苑，散布在平凉、庆阳、延安、巩昌和临洮 5 府境内。关于陕西苑马寺所设 6 监及属苑的位置问题，有学者研究认为：长乐监辖开城、安定、广宁、弼隆 4 苑。长乐监设在今固原市原州区；灵武监辖清平、万安、定边、庆阳 4 苑，灵武监设在今宁夏灵武县。其中：开城苑，在今固原市南开城镇，明朝在此设开城县。安定苑，在今通渭县故安定监城。清平苑，初设在今环县北，明朝在此设清平堡。万安苑，初设在环县万安村①。据杨一清："同川监所辖天兴、永康、嘉靖、安胜四苑，在开城县及庆阳府安化县地方"②。庆阳府安化县即今庆阳市庆城县。据此，同川监在今庆城县同川里。同川监辖 4 苑大致分布在今庆城县至固原原州区一线。其他如：威远监辖武安、陇阳、保川、泰和 4 苑，监设在今隆德县境，其辖属苑分布在固原市原州区到隆德县一线。熙春监辖康乐、凤林、香泉、会宁 4 苑，监设在临夏县或临洮县境，其属苑分布在会宁、临洮、康乐及榆中县一线。顺宁监辖云骥、升平、延宁、永昌 4 苑。据杨一清说：顺宁监云骥等苑"在延安府保安县及庆阳府安化县地方"。③ 明保安县即今陕西志丹县，明安化县即今甘肃庆城县。据此，顺宁监设在志丹县西北的高家湾，明朝曾于此设顺宁堡，

---

① 姚继荣：《明代西北马政机构置废考》，《青海师范大学学报》（社会科学版），1993 年第 2 期。

② 《明经世文编》卷 114，杨一清《为修举马政事疏》。

③ 《明经世文编》卷 114，杨一清《为修举马政事疏》。

故名。升平苑，在今陕西宜君县升平镇，北宋曾于此设升平县，故名。云骥、延宁、永昌3苑，大致分布在志丹县和庆阳县之间的洛河上游、马莲河两岸。①

对于以上监苑的位置及分布地区的观点，笔者认为似有可商榷处：

开城苑，据嘉靖《固原州志》卷一载：苑马寺所属固原州地方监苑的开城苑在头营内，即今宁夏回族自治区固原市头营镇头营村的头营城址②。据《关中奏议》卷1《为处置马营城堡事》："开城苑，原设八营，头营二营旧有城堡俱各逼狭，头营合于本城迤东展拓共二百三十六丈，开城苑衙门在此设立。二营于本城迤南展拓共二百九十五丈，三营旧城堡被河水冲浸不堪安插人马，今于本城迤西坐落地名第二湾创置，周围二百八十丈，四营、六营、七营各旧有城堡，年久坍塌俱因旧修理。五营，原无城堡于地名庙儿平创置，周围一百六十丈。八营，旧有城堡镇戎千户所开设在内，别无空闲地基，今于本城迤南展拓共一百六十丈。"③ 可知：开城苑原有8营。头营与开城苑合于一处设衙门。二营在开城苑本城向南展扩建置。三营在头营的开城苑本城以西的第二湾重新创建。五营创置于庙儿坪。八营原在镇戎千户所开设，后准备也在开城苑本城向南展扩

<hr>

① 姚继荣：《明代西北马政机构置废考》，《青海师范大学学报》（社会科学版），1993年第2期。

② ［明］杨经纂辑，刘敏宽纂次，牛达生、牛春生校勘：《嘉靖万历固原州志》卷一"苑马寺所属坐落固原州地方监苑"之"开城苑"，宁夏人民出版社1985；国家文物局主编《中国文物地图集·宁夏分册》，文物出版社2010，400页。

③ ［明］杨一清撰：《关中奏议》卷1《为处置马营城堡事》，收入《钦定四库全书》。

建置。

安定苑，在今甘肃省定西市通渭县马营镇，笔者做过考察，有遗址尚存，其所在的安定苑后来升为监城。据《关中奏议》卷1《为处置马营城堡事》："安定苑，坐落巩昌府通渭县地方，原设中营、原川、稠泥河、衙门、石硖口、双井共六营，中营就附本苑旧有城堡一座，年久损坏地基逼狭，今各将本城迤南展拓三十五丈北面因山斩削成墙，其余各因旧墙帮筑，东西共二百步，南北二百七十步，周围共二里六分四毫，本苑衙门仍在此修置。原川、稠泥河、衙门、石硖口四营，先年各军因被敌众抢掳自行用力，各于本山修有小堡，年久亦多损坏，督令各军随宜修补。双井营，原无城堡，亦合就于本营，地方照依各营修筑小堡一座。"① 可知：安定苑原设中营、原川、稠泥河、衙门、石硖口、双井共 6 营，中营就附本苑旧有城堡，双井营原无城堡，合在安定苑所在的中营，其余原川、稠泥河、衙门、石硖口 4 马营各自在本营修建堡营。

据《关中奏议》卷1《为处置马营城堡事》："灵武监清平苑，坐落平凉府固原州地方，旧有小城堡一处，不堪安插人马，今勘得古迹彭阳旧城基址，西倚高山东瞰平川，周围九百丈，合于此修置大城堡一座，平川东南北三面共四百五十丈，高山西南北三面亦如平川丈数，内修建本监本苑衙门阛苑人马俱堪在此收集居住。"② 可知：清平苑原来在固原州地方某小城堡，后勘查修置在彭阳旧城，

① ［明］杨一清撰：《关中奏议》卷1《为处置马营城堡事》，收入《钦定四库全书》。

② ［明］杨一清撰：《关中奏议》卷1《为处置马营城堡事》，收入《钦定四库全书》。

灵武监、清平苑的衙门及苑马寺人马都在此城居住。彭阳旧城即今彭阳县城所在。

据《关中奏议》卷1《为处置马营城堡事》："万安苑，坐落固原州及庆阳府环县地方，原无城堡衙门，今勘得地名板井川见有新修城堡一座，周围四百三十五丈五尺，四面皆距深沟，天然斩削不烦人力，合在此修设万安苑衙门。但本苑草场广阔地临边境恐卒遇声息人马急难收集一处，今于草场界内勘得旧有孙家堡、杨家堡基址二处，各离板井川三十里亦合各修建小城堡一座，收集附近人马。"① 可知：万安苑的范围是固原州及庆阳府环县，最初无城堡，后来杨一清在板井川新修城堡作为万安苑衙门。同时，还在万安苑草场界内旧有的孙家堡、杨家堡各自修建小城堡。根据记载，万安苑可能就是位于今环县合道乡万安村的万安城址，该城历来认为是宋城②，看来或许到明代也有沿用？笔者咨询过环县文物普查的同志采集到的瓷器标本为明代，未见宋代标本③。

明正统元年（1436年）裁撤陕西苑马寺的同川、威远、熙春、顺宁4监及所属苑，只存长乐、灵武二监及所属5苑。正统二年（1437年）同时也裁撤甘肃苑马寺及其所属监苑④。陕西、甘肃苑马寺寺监苑两度大裁革，是由于宣德、正统年间以来西北边防日益松

---

① ［明］杨一清撰《关中奏议》卷1《为处置马营城堡事》，收入《钦定四库全书》。

② 国家文物局主编《中国文物地图集·甘肃分册》，测绘出版社，2011年6月第1版。

③ 参见环县三普文物资料。可能在《中国文物地图集·甘肃分册》的记载文字中有误。

④ 《明英宗实录》卷29

弛，部分监苑的设置又过于靠近沿边，经常遭到南犯蒙古部族的抢掠而不便牧养的缘故。以陕西诸监为例，弘治初兵部官员在给孝宗皇帝的奏疏中说："正统以后，边备渐弛，北虏知平凉饶马，屡入寇，掠马以去，马遂日耗。久之，遂裁革同川等四监、泰和等十九苑"。①

正统四年（1439 年）二月，因灵武监清平、万安 2 苑"逼近胡虏"常被掳掠，改归于开城②。成化年间，巡抚都御史余子俊奏请，正式将前次裁革的甘肃苑马寺，拨归陕西苑马寺，另设黑水苑（固原黑城）隶属于长乐监③。弘治后期，杨一清又恢复原属威远监的武安苑，隶属于灵武监④。基本上集中分布在今固原、平凉、庆阳附近，形成了陕西苑马寺 2 监（长乐、灵武监）7 苑（开城、安定、广宁、清平、万安、黑水及武安苑）的格局，一直保持到明末⑤。明代中后期，尤其是嘉靖时期，虽也设苑马寺，养马之地仅限于六盘山东西固原、会宁等地和陕西西北隅的定边、靖边诸县⑥。

明代，平凉的气候适宜、土壤肥沃、交通便利，接近产马的西域地区，又曾是牧马的重地，国家有两个马政机构设在平凉，使平凉成了八方辐辏的马政中心。一设陕西行太仆寺。明洪武三十年

---

① 《明孝宗实录》卷 24
② 《明英宗实录》卷 52
③ 《明经世文编》卷 114，杨一清《为修举马政事疏》。
④ 《明经世文编》卷 114，杨一清《为修举马政事疏》。
⑤ 姚继荣：《明代西北马政机构置废考》，《青海师范大学学报》（社会科学版），1993 年第 2 期。
⑥ 《明经世文编》卷 114，杨一清：《为修举马政事疏》及《为处置马营城堡事》。

（1397 年）置，其衙署在今崆峒区城内北门什字路东北①。管领陕西都司所统西安 28 卫所、清水等 74 营堡的马政，以及与西域等的马市；二设陕西苑马寺。明永乐四年（1706 年）置，衙署在今崆峒区平凉市粮食局及以东址②。管领 6 监 24 苑牧马之事。苑分三等，上苑牧马 1 万匹，中苑 7000 匹，下苑 4000 匹。牧地分布在平凉、庆阳、巩昌 3 府。二寺皆设卿、少卿、丞等官职。至嘉靖四十一年，太仆寺有 56 人、苑马寺有 76 人先后任职。

明代实行官牧和民牧两法，官牧供给边镇国防，民牧供给京军。民牧皆视丁田授马，按岁征驹，种马死，孳生不及数，就要赔补。明初马政尚好，久则弊生。弘治十五年（1502 年），左副都御史杨一清奉命督理陕西马政。当时牧场仅存 6.6 万多顷，牧马 2800 余匹。他认为"开城、安定水泉便利，宜为上苑，可牧万马"，遂得孝宗支持，得以实现。其间，在平凉办了许多实事。陕西苑马寺卿车霆《重刻痊骥通玄论序》中写道："先生（指杨一清）以近时多疫疠，医疗无方，前岁命霆延请医师龚锦，以专训迪，博选各苑俊秀堪训子弟，会集平凉，建舍数间，以教以学。"赵时春《马政记》中又赞："公整肃纪纲，增置官属，搜括垦田，益市民马，一时观美，三年二驹，其计利深矣！"经过一番整顿，曾带来短时繁荣。

----

① ［明］赵时春撰，［民国］张维校补：《平凉府志》卷一"城郭"；全国公共图书馆古籍文献编委会编：《中国西北稀见方志续集（八）》，中华全国图书馆文献缩微复制中心，第 10 页。

② 《明经世文编》卷 114，杨一清《为修举马政事疏》及《为处置马营城堡事》。［明］赵时春撰，［民国］张维校补：《平凉府志》卷一"城郭"；全国公共图书馆古籍文献编委会编：《中国西北稀见方志续集（八）》，中华全国图书馆文献缩微复制中心，第 11 页。

明嘉靖三十七年，平凉府通判陈应祥根据图籍，以平、固以北皆为牧地，居民的村落室庐田户皆被圈占，并强民代牧，把马政流弊转嫁给了农民。《平凉府志》载："岂非官多牧扰，法烦弊生，缙绅衣锦，难御边塞之风寒，而肩舆能驺从点集追呼，非孕字重累之所能堪乎。且牧地十七万七千余顷，养马一万四千余匹，牧军才三千三百余人，田重牧轻。皮肉收银三两有奇，公用银三千余两，责之三千三百余人，物轻输重。每岁个个入贺，督监参谒不绝，迁代岁月繁促，南北习俗异宜，道路往来劳费，牧人之不支如此。……民不堪命矣。"马政的施行及二寺的设立，曾使陇东平凉两度成为全国重要的畜牧基地①。

五、明代平凉府牧马基地之一武安苑位置考证

关于明代的牧马之地，早在明朝初年永乐四年（1406 年）十一月，宁夏总兵官、左都督何福在陕西所属平凉等府考察可牧马之地，上奏给朝廷提及有 18 处，分别是属宁夏、平凉府、巩昌府、凤翔府及西安府所辖。

《明太宗实录》卷 61："宁夏总兵官、左都督何福奏：按视陕西所属平凉等府堪牧马之地十有八处：宁夏之察罕脑儿、铁柱泉；平凉府之麻务川子、策底川、红城川、固原里、白崖、双井；巩昌府之庙山、长小城、芦子沟；凤翔府之小寨、雪白里；陇州之咸宜；西安府之桑家庄、终南里、利霍里并图上其他。命吏部各立苑名设官理之。"②

---

① 杨鹏英：《马政与平凉二寺》，《平凉日报》2008 年 12 月 10 日版。
② 《明太宗实录》卷 61，永乐四年十一月壬午条。

在明永乐四年（1406年），明成祖敕谕甘肃总兵宋晟、宁夏总兵何福，被朝廷全权委托着手建立陕西、甘肃苑马寺①，下设监苑遍及今陕甘宁青4省区。宁夏总兵官、左都督何福上奏，在陕西所属平凉等府考察可牧马之地，上奏给朝廷提及有18处，就是奉明太宗朱棣敕谕而全权委托在陕西建立苑马寺及下设监苑的具体工作之一。何福所选中的18处可做牧马监苑之地中，其中平凉府所属就有6处：麻务川子、策底川、红城川、固原里、白崖、双井。"红城川"可能在今宁夏同心县北的红城堡所在的清水河川一带，明代属平凉府管辖的最北端。"固原里"可能就是今固原市所在原州区一带，在明代是固原州，当属平凉府管辖。"双井"是不是今环县白马城附近的双井子？白马城在嘉靖四年由杨一清第三次总制三边时筑城于此，与其西北的平虏千户所（今预旺镇）及再往西的红古城（今同心县南红古城址）构成自西向东的防御。②"白崖"尚不明确位置所在，有待再考。

这里主要就"平凉府之麻务川子、策底川"作为牧马地的位置来作一考证探讨，大概属于今平凉市辖的崆峒区、华亭市的范围，其具体位置范围考证如下：

麻务川子，就是今崆峒区麻武乡与华亭交界处的北涧沟河河谷

---

① 《明太宗实录》卷59，永乐四年九月丁巳朔条。

② "固原东路创修白马城记"碑刻，位于甘肃省庆阳市环县芦家湾乡庙儿掌村的白马城址。在［明］王九思撰《渼陂集》（台北：伟文图书出版社有限公司，中华民国六十五年：355）内也收录了《固原东路创修白马城记》碑文，其中一句："固原之地，中路则有预望，西则红古，东则今有白马，保障之形既建。操备之念恒存，则虎山以北虏骑难入。平凉以南，郡县可安枕而卧焉！"就明确了建筑白马城的战略防御思想。

及其附近地域。北涧沟河源于麻武乡南，作为华亭县与崆峒区的界河，东南向流到华亭县策底镇的策底坡，汇入策底河；策底河继续东流，在华亭县石堡子汇入汭河；汭河再继续东流经崇信县，最终在泾川县王母宫石窟下汇入泾河。在麻武乡东南 13 公里（飞鸟）有"麻川村"，其地名与"麻务川"有关联，可能是其历史地名的遗留。从平凉市十里铺沿大岔河南行到峡门回族乡，经三道沟、四道沟翻越关梁下坡即到策底坡，过涧沟河经策底镇到华亭县的公路就在麻川村附近。

策底川，就是今华亭县策底镇的策底河川谷，在策底坡西接北涧沟河水，策底河东流在石堡子汇入汭河，汭河再继续东流经崇信、泾川县，在王母宫石窟下最终汇入泾河。

正如前文已经辨清楚今汭河和黑水河的历史，我们就可以明白：从河流的流向及所汇入泾河的情况看，麻务子川、策底川从大的流域看，都是在泾河流域中，具体而言就是属于泾河支流之一的汭河的支流策底河。

检索文物普查资料发现，在麻武乡西北约 6 公里（飞鸟）的城子村有明代的城子城址。在麻川村东北约 3.5 公里的山口子村，有明代的山口城址及山口烽火台遗址，周围方圆几十公里再无任何城址。分析可能与明代在今涧沟河 - 策底坡 - 策底河（崆峒区与华亭县交界处）河谷地带建设"麻务川子""策底川"马场有关。西北侧的城子城址与东北侧的山口城址及山口烽火台遗址，分别把守"麻务川子""策底川"马场河谷的东西两侧，是最好的防守管理位置。

城子城遗址：位于崆峒区麻武乡城子村城子社，GPS 坐标：N35°28′50.30″，E106°30′15.70″。城址现存地表痕迹已不明显，仅从地势走向及和当地人调查，可知城址的范围，城址大约东西长 3000 米、南北长 3600 米，面积 10800000 平方米。城址分布于南部山区沟壑纵横地带，地势东南高、西北低，西、北向邻沟，西边邻近山沟有泾水上游水流，北边邻十万沟，自然植被丰富，与大阴山相望，为黄土和红胶土土质。南、东边为山梁，南侧山梁有一缺口，当地人称为城门，现有便道路通过。城内现散居城子社村民。

　　山口子城遗址：位于崆峒区峡门回族乡山口子村二社。GPS 坐标：N35°23′42.40″，E106°42′23.00″。城东至距虎度麻家 5 米，南至山坡田地，西至一条农机小路，北至北边城墙处的农机小路，东西长 260 米、南北长 270 米，面积 70200 平方米。现存城墙在东北向较明显有一段长 150 米的残墙，夯筑痕迹明显，另在西北向有一条长约 20 米的夯筑痕迹，其余已不见城墙遗迹，仅仅只能看出城的清晰轮廓范围。城内现为农田，多为小坡洼地，平整度差，城外有农机小路从西北角分叉下山通行。遗址分布南部丘陵沟壑山区地带，城近处紧邻山洼山沟，远处为山梁包围，地势缓，植被好，土质为黄土和红胶土。

　　除了上述野外文物古迹的对应之外，还有一条文献记载，也可以分析出与华亭市策底川有关的行迹。陈棐在嘉靖三十六年（1557）到三十八年曾任甘肃巡抚，在甘肃留下许多记录其行迹的摩崖题刻及文字①，其中有一首诗，可能就是对其过今平凉、华亭的策底川，与牧马有关的巡察公务的记载。《陈文冈先生文集》卷7《凉郡城南道中》：

> 凉城晓出向南辕，神策名留策底村。
>
> 闻道三边已马市，缘何五郡复兵屯？
>
> 山幽雀叫还争闹，野旷羢鸣似诉喧。
>
> 秋雨银河欲注泻，乾坤洗甲共民冤。②

诗名"凉郡城南道中"，点题就说陈棐从平凉城往南，就是在往华亭路上的所思所想。诗中提到"策底村"就是今策底坡一带的策底川。"神策名留策底村"一句，陈棐是说在今华亭策底川一带，历史上曾经是唐代神策军的驻防地区之一，也从侧面说明了神策军的驻防兵镇与牧马监苑的牧地之间的密切关系。似乎也有另外一层意思：策底的村名可能就是源于唐代的"神策军"。策底，就是神策军驻地附近，"底"或为"坻"的近音转写。在赵时春撰《平凉府志》卷11"华亭县"所附华亭县图标注的今策底河就为"柴坻"③，而《大清一统志》平凉府"山川"："柴坻川，在华亭县北，源出湫头

---

① 陈棐，字文冈，鄢陵人，嘉靖进士，官至甘肃巡抚，著有《陈文冈先生文集》二十卷。在甘肃徽县观音崖题"春生玉峡"摩崖，合水县"碧落霞天"摩崖及"邵庄晓行"题诗碑刻，山丹县"锁控金川"摩崖，古浪县"甘酒石"刻石，甘州区撰"防边碑记"及"甘泉谢雨碑""八腊祠碑""尊经阁贮书记""元真观谢雨文"等碑文，留下许多历史行迹。参见郑国穆：《陈棐在甘肃行迹考—兼论明代甘肃驿道路线》，待刊。

② [明]陈棐：《陈文冈先生文集》卷七《凉郡城南道中》诗，收入《四库全书》。

③ [明]赵时春撰，[民国]张维校补：《平凉府志》卷十一"华亭县图"；全国公共图书馆古籍文献编委会编：《中国西北稀见方志续集（八）》，中华全国图书馆文献缩微复制中心，264页。

山之阳，东南流至县东入汭水。明统志：有策坻水在县北三十里，即柴坻也。"① 策坻、柴坻实际上都是"策底"的不同转写。

作为甘肃巡抚的陈棐，在说道"三边"已经有"马市"，又反问再次屯兵的"五郡"，是不是就是前文所指的永乐年间的宁夏总兵官、左都督何福上奏所提的所属18处牧马之地的宁夏、平凉府、巩昌府、凤翔府及西安府5个"府"，抑或者所指陕西苑马寺所属监苑，散布在平凉、庆阳、延安、巩昌和临洮5府境内？无论所指如何，陈棐的行迹可以印证今崆峒区到华亭策底一带在明代嘉靖时期仍为养马市马之地。

明朝建立后，"元人北归，屡谋兴复……故终明之世，边防甚重。"② 活动在北方的残元势力始终是明代最主要的边患。为了建立强大的边防体系，明初即开始沿长城设立军事防线，至弘治年间逐步建立起东起辽东西至甘肃的"九边"③ 防御体系。固原是"九边"中最后设立的重镇④。因"三边据险，固原居中，左顾则赴援绥、灵，右顾则迎应甘、凉，是谓四塞之接也"⑤。固原亦为三边之最要。"初，寇未入河套，平凉、固原皆内地，无患。自孛来往牧后，固原当兵冲，为平、庆、临、巩门户。"⑥ 自此，固原战事渐趋增

---

① 《钦定大清一统志》卷201平凉府"山川"之"柴坻川"条，收入《钦定四库全书》。

② ［清］张廷玉：《明史·兵志·边防》，北京：中华书局1974年，2235页。

③ 九边是辽东镇、蓟州镇、宣府镇、大同镇、太原镇（也称山西镇或三关镇）、延绥镇（也称榆林镇）、宁夏镇、固原镇（也称陕西镇）、甘肃镇。

④ 韦占彬：《明代"九边"设置时间辨析》，《石家庄师范专科学校学报》2002年9期。

⑤ ［明］杨经纂辑，刘敏宽纂次，牛达生、牛春生校勘：《嘉靖万历固原州志》，银川：宁夏人民出版社1985，1页。

⑥ ［清］张廷玉：《明史·秦纮列传》，北京：中华书局1974，4744页。

多。面对固原地区边防局势的日趋紧张，明廷认识到固原镇边防的重要性，开始启用重臣驻扎固原总制三边军务。"成化十年，王越总制延绥、甘肃、宁夏三边，驻固原。"① "成化十四年，诏起户部尚书兼右副都御史秦纮，总制三边军务。"② "嘉靖三年，起致仕大学士杨一清为兵部尚书，总制陕西三边军务。"③ 嘉靖四年（1525年），蒙古亦不剌部逐渐向东南移动，"春夏逐水草驻牧，秋冬踏河冰掠洮岷"，杨一清入阁。后期，以俺答汗为首的蒙古部落大批进入青海。嘉靖八年（1529年）杨一清病卒。在嘉靖三十六年作为甘肃巡抚的陈棐，从平凉城往南在去华亭到策底的路上诗中提及的"三边"就是在上述的历史背景下。

明代陕西苑马寺发展到弘治时期以后，形成2监（长乐、灵武监）7苑（开城、安定、广宁、清平、万安、黑水及武安苑）的格局，到明末基本再未变过。那么，永乐初何福考察所初定的平凉府的麻务川子、策底川、红城川、固原里、白崖、双井等地，可能还是在长乐、灵武监的辖属范围内。那么，在崆峒区麻务子川（今麻川村）、华亭市策底川（今策底河川）一带的牧马地，归属于明代陕西苑马寺的哪个监苑呢？以下几条史料可以从不同侧面来证实：明代武安苑、后来升为武安监的官方牧马监管机构衙门的位置，在今华亭市和崆峒区交界处的山中，麻务子川（今麻川村）、华亭市策底川（今策底河川）一带就是武安苑（监）的牧马地。

其一，《明史》卷92 "马政"：

---

① ［清］张廷玉：《明史·宪宗本纪》，北京：中华书局1974，169页。
② ［清］张廷玉：《明史·秦纮列传》，北京：中华书局1974，4744页。
③ ［清］张廷玉：《明史·世宗本纪》，北京：中华书局1974，219页。

"（弘治）十五年冬，尚书刘大夏荐南京太常卿杨一清为副都御史，督理陕西马政。一清奏言："我朝以陕右宜牧，设监苑，跨二千余里。后皆废，惟存长乐、灵武二监。今牧地止数百里，然以供西边尚无不足，但苦监牧非人，牧养无法耳。两监六苑，开城、安定水泉便利，宜为上苑，牧万马；广宁、万安为中苑；黑水草场逼窄，清平地狭土瘠，为下苑。万安可五千，广宁四千，清平二千，黑水千五百。六苑岁给军外，可常牧马三万二千五百，足供三边用。然欲广孳息，必多蓄种马，宜增满万匹，两年一驹，五年可足前数。请支太仆马价银四万二千两，于平、庆、临、巩买种马七千。又养马恩队军不足，请编流亡民及问遣回籍者，且视恩军例，凡发边卫充军者，改令各苑牧马，增为三千人。又请相地势，筑城通商，种植榆柳，春夏放牧，秋冬还厩，马既得安，敌来亦可收保。"孝宗方重边防，大夏掌兵部，一清所奏辄行。迁总制仍督马政。诸监草场，原额十三万三千七百余顷，存者已不及半。一清核之，得荒地十二万八千余顷，又开武安苑地二千九百余顷。正德二年闻于朝。及一清去官，未几复废。"①

明孝宗弘治年间（1488～1505 年）重视边防，弘治十五年（1502 年）杨一清督理陕西马政，在有关苑场"筑城通商"，又在清核诸监草场基础上，在武安苑新开草场地 2900 余顷②，但是到明武宗朝又逐渐复废。

---

① ［清］张廷玉等撰：《明史》卷 92 志 68 兵四"马政"，中华书局 1974 年 4 月版。

② ［明］黄训辑：《名臣经济录》卷 36"杨一清陕西马政"，收入《钦定四库全书》。

其二，关于武安苑新开草场地事，在杨一清撰《关中奏议》卷2《为添设马苑营堡以便收牧事》记述颇为详尽，限于篇幅，此不赘引全文，只择引明言"武安苑"衙门建立的前后沿革的记载："……及查得永乐四年旧设未开有武安、弼隆、嘉靖、保川、天兴、永康等苑俱在平凉府所属州县内。武安苑在本府隆德县地方，相离府治稍近合无，于前勘草子山开设一苑，仍以武安旧苑为名，或就以平凉为名隶灵武监。所辖苑设雾子镇、水泉儿湾、石佛头、小山子四营，本苑衙门于雾子镇建立。将原投牧军流民苟通等一百六十三户各随原住坐处所分隶四营……"① 这里杨一清明确说明：武安苑原在平凉府隆德县地方，距离府治较近。后在"草子山"又开设新的监苑，仍沿用之前"武安"旧苑的名称。新的武安苑衙门在"雾子镇"建立，下辖设雾子镇、水泉儿湾、石佛头、小山子4个马营。其中雾子镇及4个马营的今位置所在何处，有待再仔细研究考证。

关于"草子山"的四至范围，可能就是杨一清撰《关中奏议》卷2所记载："西至马铺岭第三道沟，北至草子山麓金□沱小圆山子石板庄窠，东至土桥子大路并石人山，南至徐家岭红土深岘各为界，东西长六十里、南北阔二十里。""除高山陡峻沟涧外，实有耕牧草地共二千六百六十顷，与各县民间地土俱无干碍，水草便利，堪以牧马"② 的土地，"流民苟通等一百六十三户计人丁五百四十一丁，

---

① ［明］杨一清撰：《关中奏议》卷2《为添设马苑营堡以便收牧事》，收入《钦定四库全书》。

② ［明］杨一清撰：《关中奏议》卷2《为添设马苑营堡以便收牧事》，收入《钦定四库全书》。

俱在彼处修庄开地住种"①，"草子山一带地宜水草，堪以牧畜，山多材木便于砍伐，以致流民苟通等修打庄窠住成家业"②，属于以苟通等流民长期居住经营成家立业之地。对于这些土地，"本处草子山一带草场宽阔，四至界内于平凉卫、崇信、华亭等县三处军民地土俱无相干，乞将前地设为本寺所属草场牧放官马。"③ 杨一清巡察后会同平凉府地方官员商议，请求将草子山一带设为陕西苑马寺牧放官马的草场。

其三，明崇祯五年的战事，其攻击路线也可以佐证武安苑的位置。《明史》"曹文诏列传"：

"红军友、李都司、杜三、杨老柴者，神一魁余党也，屯镇原，将犯平凉。国事檄甘肃总兵杨嘉谟、副将王性善扼之，贼走庆阳。文诏从鄜州间道与嘉谟、性善合。（崇祯）五年三月，大战西濠，斩千级，生擒杜三、杨老柴。余党纠他贼掠武安监，陷华亭，攻庄浪。文诏、嘉谟至，贼屯张麻村。官军掩击，贼走高山。游击曹变蛟、冯举、刘成功、平安等噪而上，贼溃走。变蛟者，文诏从子也。会性善及甘肃副将李鸿嗣、参将莫与京等至，共击斩五百二十余级。追败之咸宁关，又败之关上岭。追至陇安，嘉谟、变蛟夹击，复败之。贼余众数千欲走汉南，为游击赵光远所遏，乃由长宁驿走张家川。其逸出清水者，副将蒋一阳遇之败，都司李宫用被执。文诏乃

---

① ［明］杨一清撰：《关中奏议》卷 2《为添设马苑营堡以便收牧事》，收入《钦定四库全书》。

② ［明］杨一清撰：《关中奏议》卷 2《为添设马苑营堡以便收牧事》，收入《钦定四库全书》。

③ ［明］杨一清撰：《关中奏议》卷 2《为添设马苑营堡以便收牧事》，收入《钦定四库全书》。

纵反间，绐其党，杀红军友，遂蹙败之水落城。追至静宁州，贼奔据唐毛山，变蛟先登，殄其众。"①

此段记载的攻击和逃跑路线，是从镇原县以北孟坝镇的西壕（宋西壕寨址，明代沿用）一路往南经镇原县城、跨过茹河，上平泉塬经新城镇（宋新城寨址，明代沿用），再往南到草峰塬，下塬过泾河到平凉的四十里铺镇，再进南山一路向西南到武安监（今崆峒区峡门乡山口子、麻川村一带），再往南过北涧沟河、策底河，到华亭、庄浪县境，还有经咸宁关（咸宜关之误，今陇县固关镇咸宜关村）、关上岭翻越关山到长宁驿〔在关山西，属明陇州管辖，长宁驿在（武功）县东 45 里，俗曰东扶风镇，军站也。成化中移置清水石觜，即今清水县马鹿镇长宁村〕，显然是自东北向西南经华亭、陇县之间翻越关山向西到达张家川、庄浪县（水落城，即水洛城），甚至再往西的静宁等地。从这个运动线路可以明确：武安监处在华亭东北、平凉西南的方位，具体就是今崆峒区峡门乡、麻武乡与华亭市策底镇交界处一带。

其四，还有一条文献可以佐证"武安苑"的大致位置。赵时春撰嘉靖《平凉府志》卷 4"山川"②：

"……暨华亭之化平白岩翠屏，东南二十里曰石马山，又南二十里曰马岭山，北麓咸抵泾川，东十里曰大岔谷，南二十里曰雕窠峡。马岭石马之水道于泾，东与马岭对峙而最高者曰箭括岭，曰草子山，

---

① ［清］张廷玉等撰：《明史》卷 268 列传 156"曹文诏"，中华书局 1974 年 4 月版。

② ［明］赵时春撰，［民国］张维校补：《平凉府志》卷四"山川"；全国公共图书馆古籍文献编委会编：《中国西北稀见方志续集（八）》，中华全国图书馆文献缩微复制中心，106 页。

南抵武安监，凡六十里。谷曰小岔，又东曰甲岨，又东曰四十里沟，草子东十里曰叶平原，谷曰打火沟，曰涧沟，置白水驿，东去县七十里。……"

民国《平凉县志》卷一"地理志"① 同上沿袭记载，不同在于《平凉府志》记为"武安监"，而民国《平凉县志》记为"武安苑"。依上两志记载：武安苑（监）是在化平之东、白水驿之西。

而据民国《华亭县志》卷一"古迹"："金化平县，在安化城东二里许，金大定七年筑化平城，成则宋安化城废县治亦移。元、明，清初省，属华亭。光绪初年，左宗棠因其城完好，分置化平厅，属平凉府。"② 宋安化县治所在熙平七年（1074）由原安化县（今泾源县山寨乡所在，故地后置安化镇）迁往制胜关地，即今泾源县城所在③。那么，明代省属华亭县的化平，就是今泾源县城东 2 里许；白水驿是在今白水镇附近。那么，在今白水镇之西、泾源县之东的区域，就是今崆峒区峡门乡、麻武乡与华亭市策底镇交界处一带。这与在《平凉府志》卷 11"华亭县"华亭县图也标注"武安苑"在华亭的东北方向④是基本吻合的，也是与今崆峒区峡门乡的山口城址在位置和方位上高度契合。联系到上文所及：杨一清巡察后会同平

---

① ［民国］郑文惠撰：《平凉县志》卷一"地理志"，陇东日报报社印刷所，民国三十三年五月付印。

② ［民国］郑震谷等修，幸邦隆总纂：《华亭县志》卷一"古迹"，民国二十二年石印本。

③ 王怀宥：《唐宋时期安化峡、安化县及安化镇位置考辨》，《西夏研究》2017年 2 期。

④ ［明］赵时春撰，［民国］张维校补：《平凉府志》卷十一"华亭县图"，全国公共图书馆古籍文献编委会编《中国西北稀见方志续集（八）》，中华全国图书馆文献缩微复制中心，264 页。

凉府及平凉、华亭、崇信县的地方官员商议，请求将草子山一带设为陕西苑马寺牧放官马的草场，以及"草子山南抵武安监，凡六十里"的位置关系，可知：草子山一带就是武安苑的官办牧马草场地。再有，联系到上文所及的嘉靖三十六年甘肃巡抚陈棐到策底一带的行迹，也可以分析出陈棐无疑是与巡查武安苑（监）的官方牧马有关。

其五，《大清一统志》也有"武安苑"大概位置的记载。《大清一统志》卷201平凉府"监牧"：

"武安苑，在平凉县南六十里。明洪武三十年于府治东建陕西行太仆寺，永乐四年又建陕西苑马寺，领六监二十四苑，其长乐监领广宁、开成、黑水、安定，灵武监领清平、万安、武安，共七苑，在府境，余在庆阳、巩昌二府境，今废。"①

清代平凉县即今平凉市崆峒区，其南60里（如按照清代光绪年间1里＝576米）约合今34.5公里，大概到今华亭县城以北地带的范围。

综合以上《明史》《平凉府志》《大清一统志》及民国《平凉县志》等史志的相关记载，还有嘉靖三十六年甘肃巡抚陈棐巡察策底川的行迹的佐证，可以实证：武安苑（监）处在华亭市东北、平凉市西南的方位，具体就是今崆峒区峡门乡、麻武乡与华亭市策底镇交界处一带。文献记载平凉府的麻务川子、策底川等地，大致就在今崆峒区、华亭县接壤处的山间及汭河上游的北涧沟、策底河一带，也就是武安苑的牧马之地。今崆峒区峡门乡的山口城址、麻武乡的

---

① ［清］《钦定大清一统志》卷201平凉府一"监牧"条，收入《钦定四库全书》。

城子城址，两者其一必是武安苑（即雾子镇）所在，另一个可能就是其下辖营堡（水泉儿湾、石佛头、小山子马营）之一。其中山口城址扼守麻务川子（今麻川村）山口，作为武安苑官办牧马衙门的可能性最大。

六、结语

陇东地区自秦代以来就是牧马的传统地区，秦人非子牧马在陇山一带的华亭、陇县等地。乌氏倮以经营畜牧有名。汉代的边郡监苑 36 所之一的呼池苑，其大致位置在今关山以东的泾河西侧支流讷河、黑水河及达溪河等上游地区，就是今崆峒区、华亭县及崇信县部分地区。此区域在汉代以后历经隋唐，牧马业继续发展，尤其是安史之乱前后，以李元谅为代表的神策军驻军军镇在华亭、崇信、灵台县等地长期经营，军屯和牧马业结合，形成半农半牧的交错分布，以及"歧陇间善水草及膄田"的 8 马坊之宜禄坊、安定坊和太平坊所在的泾河东西支流流域，牧马业也得到持续的发展。明清平凉地区仍然是牧马之优良地区，文献记载平凉府的麻务川子、策底川、红城川、固原里、白崖、双井等地，就在陕西苑马寺长乐监的辖属区域内，大致就是今固原及平凉辖区，尤其是麻务川子、策底川等地，在今崆峒区、华亭县接壤处的山间麻川村、山口村及讷河上游的北涧沟、策底河一带，就是武安苑的牧马之地。今崆峒区峡门乡的山口城址、麻武乡的城子城址，两者其一必是武安苑衙门所在，另一个可能就是其下辖营堡之一。不同历史背景下的社会、政治、经济及环境等因素的制约，导致不同朝代牧马业的变迁及其草场分布区域的变化。

甘肃华亭出土的北朝造像题材内容及相关问题探讨

孙晓峰

（敦煌研究院　麦积山石窟艺术研究所　741020）

内容摘要：甘肃华亭所处的泾河上游及关山一带是古代丝绸之路北线的交通要道，也是南北朝时期氐、羌、匈奴、鲜卑、屠各等少数民族内迁聚居的重要地区，所属的泾州也是北魏境内佛教文化兴盛的主要地区之一。这里发现和出土的北朝佛教造像塔、造像碑、单体造像等在题材内容、表现形式、佛装样式、雕刻技法等方面呈现出强烈的地域风格和特点，其中四面体多层造像塔最具有代表性，是研究和探讨中国北朝时期多元文化和文明和谐共存、融合创新的珍贵历史遗存。

甘肃陇东是中国内地较早接受佛教传播的地区之一，这与魏晋南北朝时期这一带是丝绸之路北线的必经之地，以及陇山南北大量聚居着从事农牧业的氐、羌、屠各、卢水胡等少数民族有着密切关系。特别是北魏统一中国北方后，先后在泾水流域设置泾州和豳州，对包括平凉、庆阳和陕西咸阳北部山区在内的子午岭和关山周边地区实行有效控制。虽然通过裁撤护军、设置郡县等方法加强对域内少数民族管理，以期加快民族融合，缓和民族矛盾。但从区域内存世和发现的相关造像碑等所承载的历史信息来看，依然存在着强烈的地方文化特色，其中有许多值得探讨和研究的问题，特别是以华亭为代表的泾河上游关山一带出土和发现的北朝造像塔和造像碑最具代表性。

一、华亭造像碑和造像塔概述

华亭市境内是北朝时期佛教遗存保存较多的地区之一。其中 20 世纪 90 年代在南川乡出土的窖藏佛教造像是新中国成立以来该县境内最重要的发现。这处遗址位于华亭县西南约 10 公里的南川乡谢家庙村北侧的一处台地之上（图 1），原为一片缓坡状耕地。窖藏地点

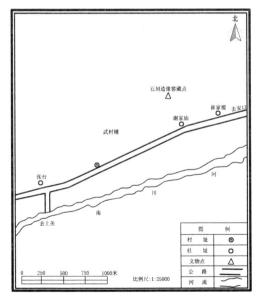

图 1　华亭北朝造像窖藏点地理位置图

原为山坡上一个直径约 1.5 米见方的土窑洞，其地理坐标为北纬 35°10′59″，东经 106°42′59″。历史上佛像及造像碑被人为封存于此后，再未经过扰动。山脚下为东西走向由华亭市区通往安口镇的公路，路南侧为汭河支流南川河，从南川乡武村铺附近沿公路南下约 20 公里即为石拱寺石窟。

1990 年冬天，当地村民在平整梯田时，在将缓坡削平取直时无意间发现了这处佛教造像窖藏地点，经华亭县博物馆工作人员清理，当时共清理出土各种造像碑、造像塔、单体造像及残块等共计 24 件。1994 年，当地村民在后续平整梯田时，再次发现 4 件造像残块。上述文物一并移交华亭县博物馆保存。华亭县文物部门随即以窖藏地点为中心，划定了边长 30 米的文物保护范围及建设控制地带。这批造像数量集中、保存完整，具有很高的历史、艺术和学术价值。但长期以来，除部分造像内容有个案性研究外，① 整体情况尚不为学界所知。笔者因主持甘肃东部地区中小石窟调查工作，在华亭县博物馆杨庆宁、王怀宥先生等同仁支持和帮助下，与参与此项工作的同事一起，较为详细地调查了这批出土文物，现略述如下，以飨读者。

南川乡谢家庙村②出土的这批佛教造像遗存一共 24 件，其中造像碑 10 件，四面式造像塔 8 件，背屏式造像 4 件，单体菩萨像 1 身，另 1 件为造像塔顶盖。石质为青灰色或褐黄色细砂岩，材质较为柔

---

① 王怀宥：《平凉出土北魏佛教石刻造像探析》，《丝绸之路》，2015 年第 4 期；王怀宥：《甘肃华亭县出土北朝佛教石刻造像供养人族属考》，《敦煌学辑刊》，2016 年第 2 期；陈泗：《甘肃华亭县谢家庙北朝佛教石刻造像窖藏性质分析》，《文物鉴定与欣赏》，2017 年第 11 期。

② 2007 年，华亭县乡镇行政建置调整，南川乡现已并入安口镇，为尊重历史和叙述方便，本文仍沿用旧称。

软细腻。整体保存状况较好，部分造像碑残损较为严重，造像塔龛内部分浮雕风化、脱落，细部情节模糊不清。

（一）造像碑

造像碑数量最多，共计 10 件。其中方额造像碑 2 件，圆额造像碑 4 件，圭形造像碑 1 件，残碑 3 件。其中双面雕刻内容的仅 1 件，既编号 0019 的北周保定四年（公元564 年）造像碑（图 2），碑正面分上、中、下三栏，上栏内浮雕释迦、多宝，中栏内浮雕释迦本尊及二胁侍菩萨，下栏内浮雕交脚弥勒和释迦坐像，形象、直观地表现出代表过去、现在和未来的法华三世佛造像思想。碑背面阴刻的宝帐之下尖拱龛内，正中一禅定高僧形象，两侧各一胁侍弟子，下侧为阴刻发愿文，表达出功德主张丑奴愿逝者早日摆脱地狱轮回之苦，往生佛国世界的愿望。与这块造像碑题

图 2　北周保定四年（公元 564 年）张丑奴造像碑

材类似的还有 0323 号造像碑，该碑残毁严重，仅存圆形碑额部分，雕刻内容为宝帐之下释迦、多宝对坐说法，中间部分可见尖拱形龛楣，推测龛内主尊当为释迦佛，故该碑原表现的依然是法华三世佛造像。

图 3　0014 号造像碑

图 4　0786 号造像碑

雕刻内容相对复杂的造像碑有 4 块，其基本形式均为一佛二胁侍的三尊式造像，但具体样式、内容方面略有差异：

0014 号造像碑　主形碑首，正中开一圆拱形浅龛，内雕一坐佛，龛楣上方并列雕 5 身坐佛，龛外两侧各雕一胁侍菩萨，其上方各对称雕 1 身飞天。龛沿下方浮雕一排中心对称排列的供养人像，男左女右各 4 身，构成一幅完整的佛说法图（图 3）。

0786 号造像碑　方形碑首，整体保存状况一般，断为两截，雕刻内容残损风化现象严重，但主要内容尚基本清晰。碑阳开一方形龛，内中间雕一坐佛，两侧壁各浮雕一胁侍菩萨，龛外上方凿一横长方形龛，内雕维摩、文殊对坐说法，龛外两侧各浮雕 1 身飞天，其中右侧已模糊不清（图 4）。

0328 号造像碑　圆形碑首，碑底有方形榫口，表明其原有底座。碑阳约四分之三处开一圆拱形龛，内浮雕一尊褒衣博带装坐佛，说法印，结跏趺坐于束腰方形须弥座上。龛内两侧壁各浮雕一胁侍菩萨像。龛楣上浅浮雕升腾的火焰纹，龛内佛座下方对称浮雕力士和狮子。碑阴上方阴刻供养人题名，下方残存发愿文"大统十六年（550）岁丙

午四月……/佛弟子郡平里张□□……/割□
□财物为亡弟……贵造石碑一区 愿上生
……/上□过弥勒□□成佛……"该碑现断
为两截，但保存情况较好（图5）。

0325号造像碑　仅存原碑高度的约三
分之二。碑石材质细腻，雕刻精美。龛内正
壁雕一尊褒衣博带装坐佛，说法印，两侧各
浮雕一胁侍弟子立于佛座生出的莲台之上，
龛柱外侧各浮雕一胁侍菩萨。下方分为两
格，对称浮雕力士驯狮。

另外4件造像碑雕刻内容相对简单，均
为龛内雕刻一辅三身式佛说法图。其中0324
号保存较完整，龛楣两侧还浮雕有精美的忍
冬纹装饰图案，龛缘上阴刻有原愿文题记，

图5　西魏大统十
六年（550）造像碑

依稀可辨有"永熙二年（533）"字样。其余编号分别为0339、
0340、0342号的造像碑均残损较多，仅存下半部分少许，但大致可
辨龛内造像均为一佛二菩萨或一佛二弟子组合。

（二）造像塔

共计8件，其中多层式造像塔3件，单件造像塔5件，整体保存
情况较差。后者多为造像塔残件，部分残毁严重，从其形制分析，
多数仍属于多层式造像塔组成构件；而多层式造像塔题材相对单一，
主要以一佛二菩萨的一辅三身式组合为主，兼有少量其他题材。如
0017号造像塔（图6）分上、中、下三层，除B面底层龛内浮雕释
迦、多宝对坐说法外，其余各面龛内均浮雕一辅三身式造像，但在

图 6　北周明帝二年
（558）路为夫造像塔

具体佛装样式、佛龛装饰技法等方面略有差异和不同。在二佛并坐龛外两侧有阴刻发愿文："二年岁次戊卯六月癸寅朔十七日已卯清/信佛弟子路为夫长功曹口之辅口口/中敬造石像一躯愿三途地口口口口口/愿一切众生龙华三会得成佛道所口所愿从心/佛弟子均安家口大小常住三宝。"据考证，文中的"二年"为北周明帝二年，既公元 558 年。①

0018 号造像塔顶层三面龛内各雕 1 身坐佛，背面阴刻有北魏永熙三年（534）发愿文。中层与底层四面龛内造像均为一佛二菩萨的一辅三身组合，但在佛装、装饰技法等方面略有差异。如果仔细观察会发现，该塔第二、三层在造像风格、题材等方面差异较大，应不是同一时期作品，后文将加以详述；0028 号造像塔也分三层，上层龛顶尚存有外凸方形榫口，表明原作不止三层。这组造像塔雕刻题材组合相对复杂，其中 A 面龛内均为一佛二菩萨的一辅三身式组合，上层龛缘阴刻有北魏熙平元年（532）发愿文；B 面龛内均为一佛二菩萨的一辅三身式组合，但主尊样式有所不同，其中上层龛内主尊为立佛，中层龛内主尊为禅定坐佛，下层龛内主尊为说法坐佛。C 面龛内均为一辅三身式组合，其中上层龛内主尊为交脚弥勒，中层龛内主尊为禅定坐佛，

---

① 王怀宥：《甘肃华亭县出土北朝佛教石刻造像供养人族属考》，《敦煌学辑刊》，2016 年第 2 期，第 136 页。

下层龛内主尊为说法坐佛。D 面顶层龛雕一立佛右手平置托钵，左下侧雕刻内容模糊不清，应为阿育王授土。中、下层龛内造像均为一辅三身式组合，主尊分别为禅定坐佛和说法佛。

单件造像塔中有两件上下均有榫口，表明其原为成组作品。其中 0013 号造像塔四面开龛，各龛内造像内容不同，依次为禅定坐佛及二胁侍菩萨、倚坐佛及二胁侍菩萨、乘象入胎，以及释迦多宝对坐说法。0032 号造像塔四面龛内题材相同，均为禅定坐佛及二胁侍造像。其余三件造像塔中，0012 号保存完好，四壁浮雕内容也不同，其中 A 面为树下思惟，其余三面主要浮雕各种伎乐飞天形象。其中 0031 号造像塔残较多，四壁龛内造像题材基本相近，均为一佛二菩萨的一辅三身式组合。0341 号残毁严重，造像多已模糊不清，四壁龛内除一面为一佛二菩萨的一辅三身组合外，其余三面龛内均雕一禅定坐佛。

（三）背屏式造像

背屏式造像共计 4 件，其中 3 件保存基本完整，1 件背光部分略有残毁，题材组合均为一坐佛二胁侍菩萨，但在细部上又略有差异。0016 号造像碑主尊佛背光呈多重大莲瓣形，菩萨浮雕桃形头光，佛座正面浮雕一头大象，佛左侧菩萨左手提净瓶，右手置于胸前。右侧菩萨双手合十于胸前（图 7）。0029 号造像碑雕刻精美，主尊两侧胁侍菩萨装束各异，背光上缘两侧各浮雕一身伎乐

图 7　0016 号背屏式造像

图8 0030号背屏式造像

飞天，佛坛基正面浮雕一小龛，龛内一倚坐佛像，龛外两侧各浮雕1身菩萨像，其中左侧菩萨左手持桃形玉环，右手持莲蕾，右侧菩萨双手笼于腹前。碑背屏侧面阴刻发愿文："熙平二年（517）太岁次申七月三日平凉郡郭熙张妃七世父母/造像供养愿□张妃合门大小当得□□"。0030号造像碑尖桃形背光，正中佛做说法印，左侧一胁侍菩萨，右侧一胁侍弟子，碑整体雕刻简朴（图8）。0338号造像碑背光残毁，造像基本完整，正中一坐佛，两侧各一胁侍菩萨，碑体表现粘连多处泥块，人物体态古拙、敦厚，部分躯体已残损。

（四）单体造像

图9 北周观音造像

单体造像仅有1件，既0011号菩萨立像。青灰岩，通体圆雕，手、足等部位残损，整体保相保存基本完好。束发高髻，头戴三瓣式花冠，正面花瓣内浮雕化佛，周身佩饰璎珞，帔帛搭肩绕臂下垂，装束华丽，左手自然下垂，微曲于腹前，持一净瓶。右手上举齐肩，已毁，手势不明。跣足立于仰莲台上，观音图像特征明显（图9）。

二、窖藏造像的形制、题材与内容分析

(一) 样式与类型

如前所述，从类型上看，造像碑最多，共计 10 件，占全部窖藏的 41.7%。造像塔次之，共 9 件，占 37.5%。背屏式造像 4 件，占 16.7%。单体造像 1 件，占 4.1%。这种统计分析方法虽然不能代表当时华亭境内各类造像碑样式的真实状况，但在一定程度上仍然体现出当时佛教信众最喜欢选择的造像样式。

造像碑和造像塔是佛教传入中国后受石窟寺影响而产生的一种新的造像样式，这与石质造像碑材料易得、制作成本较低有一定关系。根据文献记载，最早的造像碑出现于十六国前赵时期，如北宋学者赵明诚《金石录》中就记述了前赵光初五年（322）高僧佛图澄造释迦像碑一事。现存世最早的当属陕西耀县药王山博物馆藏的北魏始光元年（424）魏文朗佛道造像碑，长方体形，高 131 厘米、宽 66~72 厘米、厚 29.5~31 厘米，碑四面上方开龛造像，佛道各占两面，下方为阴刻发愿文、供养人像和榜题等。① 日本书道博物馆收藏的北魏延兴二年（472）"黄□相造像碑"也是一件较好的纯佛教实物例证，由方形碑座、方柱体和四阿式屋顶组成。② 关于这种四面塔式造像碑的样式来源，可以追溯到甘肃河西酒泉和敦煌地区公元 5 世纪初流行的圆柱形龛式造像塔，如北凉承玄元年（428）高善穆造

---

① 李凇：《陕西佛教美术》，北京：文物出版社，2008 年，第 30-33 页；关于这块造像碑的年代，有学者也认为其雕造时间为 500~514 年之间，详见石松日奈子、刘永增：《关于陕西耀县药王山博物馆藏"魏文朗"造像碑的年代——始光元年铭年代新论》，《敦煌研究》，1999 年第 4 期。

② 金申：《中国历代纪年佛像图典》，北京：文物出版社，1994 年，图 23，页 34。

图 10　北凉
高善穆造像塔

像塔，上方雕 7 层相轮，其下环雕 8 个覆莲瓣式小龛，内分别雕七佛一菩萨像。下方圆形塔身竖向阴刻经文，底部呈八棱形，每面细线阴刻一供养菩萨立像，旁方阴刻表示方向的八卦符号（图 10）；台北故宫博物院藏的北魏天安元年（466）造像塔更是其中的代表，塔分 9 层，遍刻千佛、比丘、供养狮子，以及发愿文等。据研究，这种方形单层或多层塔式造像碑是受印度支提窟影响的结果，如甘肃敦煌、酒泉文殊山、张掖金塔寺、武威天梯山、山西云冈等北魏时期的石窟寺中均大量出现带有佛塔性质的中心柱窟。上述窟内供僧侣、信众绕行参拜的中心塔柱在进入中国内陆后，信徒们为单独供养和礼拜方便，将其改造成石质的、可移动的方柱形单层或多层塔形样式，虽然继承了塔的某些特征，但却没有塔刹和塔基，并融入了中国古代建筑楼阁的某些因素。这种新的造像形式一出现，就受到那些既对佛祖有虔诚之心，却又没有雄厚经济实力开窟造像的信徒们欢迎，迅速在中原北方地区风靡起来。① 在此后的传播和发展过程中，四面塔式造像碑开始衍生出新的样式，既扁平化造像碑，使其综合性功能属性得到进一步体现，主题思想更为鲜明。造像内容得以集中展示在碑的正面，碑的两侧和龛内主尊四周也可以更好地安排辅助性题材和内容，而发愿文等集

---

① 王景荃：《试论北朝佛教造像碑》，《中原文物》，2000 年第 6 期，第 36-37 页。

中刻在碑身下部或背面。此类造像塔和造像碑在中国北朝晚期的传播和流行过程中，呈现出强烈的地域文化特征。如受中原传统文化影响最深的洛阳、长安一带，大量融入了魏晋时期螭首记事碑特征，这一特征随着北魏版图的扩张，也被来自洛阳等地的官吏带到了北魏全境，成为鲜卑贵族汉化的重要身份标志之一。相比之下，受其影响下的普通信众和僧侣制作的扁平式造像碑，无论是材质还是装饰，都没有如此繁缛和华丽。一方面是受自身财力所限，但更多的可能还是社会地位、阶层差异和封建长幼尊卑等级观念的一种体现。而方形造像塔则更多地出现在信奉佛教的氐、羌、休官、屠各、鲜卑、稽胡、卢水胡等北方游牧民族聚居的北方地区。

在华亭境内，上述两类造像形式合计占比 79.2% 更是说明了这一问题。造像碑样式来源应该是受附近泾州地区造像碑影响的结果。在当时泾州所属的平凉、泾川一带出土和发现有大量此类样式的北朝晚期造像碑，如平凉禅佛寺就保存有多件北魏造像塔残件，时间从景明四年到神龟元年（503~518）的作品。① 多层式造像塔不仅见于华亭和泾川，在同属关山地区的庄浪、崇信等县内也有发现，其样式、形制基本相同，属于同一类型。而在毗邻的长武、镇原、宁县、合水等佛教石窟寺和造像碑较为流行的县区却很少发现，应该另有来源，有待再论。

华亭的背屏式造像和单体造像较少，仅占比 20.8%。前者应直接源于背屏式青铜造像，十六国北朝时期，小型青铜造像由于易于携带而迅速在中国境内流行起来，现存最早的佛像以此类最多，在

---

① 张宝玺：《甘肃佛教石刻造像》，甘肃人民出版社，2001 年，图 91-109。

中国北方各地多有发现，陇东一带也有出土。相较于青铜材质珍贵、铸造工艺复杂，石质背屏式造像在制作成本、材料获取等方面具有巨大优势，很快成为造像碑的主流风尚。存世的背屏式造像碑中，较早者有日本个人收藏的北魏太平真君三年（442）半跏思惟像、日本京都藤井有邻馆收藏的北魏太安元年（455）张永造石佛坐像、日本个人收藏的北魏太安三年（457）宋德兴造石佛坐像、西安碑林博物馆藏北魏皇兴五年（477）石雕交脚弥勒像、日本书道博物馆收藏的张伯口造释迦坐像、美国波士顿美术馆收藏的北魏延兴六年（476）石雕释迦佛坐像等。① 华亭境内的背屏式造像在泾州一带也有出土，如北魏正始四年（507）的平凉吕太远造像碑、泾川玉都造像碑等。在毗邻的甘肃宁县、陕西长武等地②也发现和出土有诸多此类样式背屏式造像碑，可见主要是以长安为中心的关中地区影响的结果。

华亭的这尊单体造像为菩萨像，具有明显的观音图像，系单独以主尊样式存在，这与北朝晚期以来观音信仰的盛行有密切关系。而单体造像本身制作历史悠久，不再赘述。在泾州北朝造像中就有大量发现，如泾川大云寺窖藏中单尊或组合式单体造像就十分普遍。③ 而单尊观音像在北周时期关中地区十分流行，其制作也十分精美。如西

---

① 金申：《中国历代纪年佛像图典》，北京：文物出版社，1994年，图8、图13、图14、图21、图22、图28。

② 于祖培、张陇宁：《甘肃宁县出土北朝石造像》，《文物》，2005年第1期；张燕、赵景普：《陕西长武县出土一批佛教造像碑》，《文物》，1987年第3期；刘双智：《陕西长武出土一批北魏佛教石造像》，《文物》，2006年第1期；长武县博物馆编：《长武北朝造像石刻录》（内部资料）2009年。

③ 吴荭等：《甘肃泾川佛教遗址2013年发掘简报》，《文物》，2016年第4期；吴荭、孙明霞：《新发现泾川窖藏佛教造像的初步认识》，《文物》，2016年第4期。

安博物院就收藏有数尊装饰华丽精美的北周白石观音单体造像，均出土于西安及周边地区（图11）。

（二）题材和内容

华亭出土的北朝造像碑体量相对较小。从题材和内容上看，大致可分为两类，一类是单尊式造像碑，即碑面正中浮雕一尊佛像，两侧各雕一胁侍造像，构成一辅三身式组合，如第0339、0340、0342号造像碑等均属于此类，虽然残损较严重，但其组合样式和造像题材均相对清晰。个别碑的附属内容已变得比较丰富，如第0014号碑的龛外两侧浮雕有飞天，上方并列5身坐佛，下方有对称侍立的男女供养人等。第0786号碑的

图11　西安北周
贴金彩绘观音像

龛上方雕维摩、文殊并坐说法，龛内佛座底部有镂空雕的立柱，以示当时常见的胡床。

另一类为分栏式造像碑，画面内容丰富。如第0019、0325、0328号造像碑，其数量较少，雕刻精美，碑面构图、布局等十分协调美观，能比较充分、清晰地反映佛教造像思想和理念。如0019号造像碑高84厘米、宽29厘米、厚8厘米，碑正面分上、中、下三栏，中栏正中浮雕一尖拱形龛，两侧雕龛柱，龛楣阴刻竖向波折纹以示火焰纹。龛内正中一坐佛，磨光高肉髻，面形方圆，弯眉细目，直鼻阔口，短颈端肩，挺胸敛腹，袒胸，身穿领式裹右臂袈裟，衣裾垂覆于座前，左手施与愿印，右手施无畏印，半跏趺坐于束腰叠

图 12　北周保定四年张丑奴造像碑实测图

涩须弥座上。莲台两侧各生出一枝莲台，其上各立一胁侍弟子。龛外左右各雕一菩萨立像，束发带冠，宝缯下垂，帔帛垂膝搭臂下垂，均做说法印。上方各置一莲花宝盖。下栏并列开两个小龛，左侧为帷帐式龛，内一菩萨装交脚佛坐于方形座上，说法印，两侧各一弟子立像。右侧为尖拱形龛，一褒衣博带装佛结跏趺坐于胡床之上，禅定印。两侧各一弟子立像。整幅画面依据《法华经》雕刻，上栏释迦、多宝说法代表过去佛，中栏释迦说法代表现在佛，下栏左侧交脚佛代表弥勒下生成佛，帔帛十字交叉系代表弥勒菩萨的候补身份，以示未来佛。右侧佛坐胡床说法，则表示所说不虚，有弥勒已下生成佛说法之意，很有地域特点。背面的发愿文正是希望亡者免受地狱之苦，早日往生兜率净土世界。生者在佛祖保佑下长命百岁（图12）。

华亭发现的造像塔情况略复杂一些，北魏、西魏、北周各个时期都有，且多为残件，多层式造像塔有的各层之间在雕刻技法、艺术风格等方面反差很大，可能非同一时期或同一作品。

从组合方式看，主要有两种：一种是单层之间为平顶和平底，下大上小，截面略呈梯形，逐层垒叠而成。如0012、0017、0018、

图 13　庄浪
北魏卜氏造像碑

0028、0031、0341 号等 6 件造像塔均为这种样式。另一种单层之间上下均凿有方形榫口，诸层之间铆合垒叠而成，彼此间结合紧密，稳定性更好，如第 0013、0032 号造像塔。前者占比达 75%，可见其流行性更广。类似的造像塔在毗邻的庄浪县，以及天水市秦安县境内也多有发现，其中最著名的当首推庄浪县良邑乡宝泉寺遗址出土的卜氏造像塔，由 5 层逐层内敛的方形石塔组成，四面开龛浮雕，内容涉及佛传、本生、经变，以及伎乐飞天、瑞禽、祥云等各种装饰图案（图 13）。

从题材内容看，大部分造像塔四面均浮雕方形龛或拱形龛，内雕一佛二菩萨或一佛二弟子的一辅三身式佛说法图，个别造像塔四面浮雕各种佛传故事，如树下思惟、燃灯授戒、腋下诞生、乘象入胎等与释迦有关的事迹或传奇，但在表现形式上，却并非严格依据佛典，而是更多地融入创作者或者当地信众对这些佛传故事的认识和理解，充满着浓郁的地域文化特色。

背屏式造像碑一般体量较小，雕刻题材和内容相对简单，主要以一佛二菩萨的一辅三身式组合，辅助性图案主要有飞天，其目的则在于强调佛说法，被作为供养的功能性更强烈和突出一些。由于信众群体的差异，其制作精美程度也有所不同。如北魏熙平二年（517）制作的 0029 号背屏式造像碑高 41.5 厘米、宽 21.5 厘米、厚

7 厘米，莲瓣形背光，正中雕一坐佛，低平磨光肉髻，面形方正圆润，弯眉细长目，悬鼻小口，面容恬静含笑。端肩挺胸，内穿偏衫，外穿褒衣博带式垂领佛装，左手施与愿印，右手施无畏印，半跏趺坐于龛内。佛头光圆形，阴刻莲瓣纹，背光莲瓣形，阴刻升腾的火焰纹。佛装下摆三层，呈波折纹状，垂覆于座前，服饰线条简洁流畅。佛两侧各雕一胁侍造像，左侧为菩萨立像，束发髻，眉目清秀，上身袒露，下著长裙，帔帛胸前十字交叉后，上绕搭肘后扬，左手徽曲于膝前，持一净瓶，右手齐肩，似持一长茎莲蕾，体姿纤细修长，侧身向佛虔恭侍立。右侧为世俗女性立像，束发高髻，上穿交领齐彩短襦，下著曳地长裙，双手笼于胸前袖中，衣衫一角自腹前外露，斜披而下，侧身向佛而立。背光顶端对称浮雕两朵祥云，两侧各对称雕一身飞天，束发高髻，飘带搭肩绕臂向后飞舞，一双手于胸前弹奏琵琶，一身体向下，做俯冲飞翔状。其下各浮雕一朵托举式祥云，以增加画图动感。

（三）碑刻人物服饰

相较于北魏中期以来中国北方各地发现的此类造像碑、造像塔和背屏式造像，华亭此类佛教遗存上的造像形象、服饰等方面呈现出浓郁的地域特色，主要表现在以下两个方面：一是相对严格地遵循佛教服仪轨，二是透出浓郁的地域佛教人物服饰特色。考虑到不同时代因素变化，文中主要以有明确纪年的造像举例说明。

这批窖藏造像中，时代最早的当属 0028 号北魏熙平元年（516）三层式造像塔和 0029 号北魏熙平二年（517）背屏式造像碑。前者发愿文刻于上层方塔两个相邻面的龛沿上，龛内造像服饰残损风化较为严重，但依稀可辨佛圆柱形磨光高肉髻，面形长圆清秀，身穿

垂领式宽袖袈裟。菩萨束发高髻，下着宽薄衣裙；后者背屏内坐佛
更是具有秀骨清像气韵，面容清秀，身姿挺拔，身穿宽博式袈裟，
衣裙做多重垂覆于佛座前，衣纹简洁流畅。佛右侧胁侍菩萨束发高
髻，身姿细长，下著长裙，帔帛胸前十字交叉后再上绕搭双肘下垂；
此外，0014 号圭形造像碑尽管没有文字信息，但从其形制、造像服
饰特点等综合分析，其时间也大致在北魏中期前后。更重要的是，
这块造像碑图像信息相对丰富，龛内坐佛磨光高肉髻，双耳垂肩，
头部较大，体态魁梧。佛装线条较为粗略，但依稀可辨穿袒右裹肩
袈裟，衣裙较短，堆叠于龛前。龛外两侧胁侍菩萨束发高髻，帔帛
没有刻意表现，而是在肩和衣裙表现刻划几道飘带式线条，以示其
身份不同。龛下方的男女供养人对称而立，男性上穿交领窄袖齐膝
袍，下穿裤褶。女性上衣下裳初具中原女性服饰特点。龛外上方两
侧的飞天则衣裙蔽体，双手上扬，呈现出更多的世俗特征。龛上方
并列浮雕的 5 身坐佛均高肉髻，穿垂领宽袖佛装，禅定印，结跏趺
坐。这种现象说明，北魏中期时华亭一带的佛教造像在样式和风格
上仍处于懵懂状态，在佛装服饰上虽然有其样本，但更多地吸纳了
当地居民的日常服饰因素。在华亭出土的无纪年的北魏造像塔中，
这种现象也十分普遍，不再赘述。

　　上述造像服饰在特点和风格上已完全具备了北魏孝文帝迁都洛
阳后大力推行的褒衣博带样式，与泾川南石窟北魏永平三年（510）
开凿的 1 号窟以及永平二年（509）开凿的庆阳北石窟 165 窟内 7 佛
造像有较多相似性（图14），由于功德主社会地位差异等因素，其
在精美程度远逊于这两座窟内的佛像。但所表现出的时代特征表明
其深受当时陇东佛教艺术中心泾州的影响。同时，仍然体现出自身

图 14　庆阳北石窟 165 窟南壁北魏立佛

特色，如 0029 号背屏式造像碑佛右侧菩萨立像，亦束高发髻，但服饰却与传统样式上的菩萨装有较大差异：内穿圆领衫，外穿低通肩式紧身齐膝袍，下著贴体长裙，衣袖一角自腹前甩出下垂，具有浓郁的世俗人物服饰特点。0028 号造像塔内佛、菩萨像由于下半部风化严重，无法识别。其中值得注意的是，交脚菩萨龛内主尊两侧弟子均头戴风帽，大氅贴体裹身，似高僧形象，这在同类造像题材中也十分罕见。

有趣的是，这种现象到北魏晚期不但没有消失，而且更加普遍，如 0324 号北魏永兴二年（533）造像碑，主尊佛低圆领通肩袈裟，袈裟下摆呈双层三片式垂覆于座前。但两侧的胁侍菩萨立像均束发髻，一穿圆领通肩袈裟，一上穿半圆形垂覆式紧身祆，下著长裙，没有任何菩萨装束特征，甚至主尊佛还饰有桃形项圈；0018号造像塔龛内佛像除一尊具有较标准的佛衣装束外，其他二身佛装均为垂领裹右肩，衣领交汇于腹前，下摆较为简略，袈裟一角自腹部外甩下覆（图15）。

北周时这种现象有所改观，如张丑奴造像碑中，无论是释迦本尊、释迦多宝，还是交脚佛，均为标准的褒衣博带式佛装，正中栏内释迦两侧的胁侍菩萨也是宝缯下垂，帔帛自膝前上绕搭肘。另外两块大致也制作于这一时期前后的造像残碑中，佛装也是相同的褒衣博带式（图16）。但在0019号上、下栏内佛两侧的胁侍造像依然采用交领袍服，衣袖一角从腹部外甩下覆的传统样式，该现象也同样见于0323号和0325号造像残碑中佛像两侧的胁侍造像中。

上述现象表明，北魏晚期以来，华亭一带的功德主或信徒并非全部理解相关的佛装穿着规范。出现这种情

图15　0018号造像塔

图16　0325号造像残碑

况有两种可能：一是功德主系北魏晚期新外迁至此的北方胡族信众，因为他们尚未完全受到泾州佛教造像艺术影响，在造像过程依然按

自身的理解和认识来制作。二是产生这类造像的地方，佛教信徒尽管十分虔诚，但由于交通不便、信息不畅等因素，使他们没有及时接受或吸纳外来的造像佛装样式。某种意义上讲，也是北魏政权在陇东胡族聚居区内推行的郡县改制政策落实并不彻底的一种表现。

（四）装饰图案与雕刻技法

华亭出土的这批北朝窖藏造像碑和造像塔在装饰图案和雕刻技法方面体现出浓郁的地方特色。与南北朝时期中国北方地区的敦煌、长安、洛阳、平城、邺城、凉州、秦州、青州等区域性佛教文化中心不同，这一带的佛教文化传播由于受交通、地理环境等客观条件限制，外来的一些宗教文化因素始终很难完全融合进来。因此，出现了一些本地所固有的佛教艺术图案，其中很多应该是在信徒或供养者通过主观想象世界中产生和创造出来的，很有意趣。如无论是造像塔还是造像碑中，龛楣内的火焰纹均采用竖向蛇形阴刻线条来表示，以示火焰升腾。龛楣末端一般直接收尾，极少数做上翘状，和我们常见的石窟寺或造像碑、造像塔龛楣多做忍冬、祥云或龙首卷尾的方式大相径庭。而且，这一传统从北魏到西魏，甚至到造像碑制作样式已非常规范的北周时期，在龛楣装饰中依然盛行，体现出强烈的地域文化特色，透出一种质朴的民间装饰艺术风格。

佛背项光装饰图案中也是如此，绝大部分造像塔龛内主尊佛身后并不雕刻背项光，造像碑主尊佛身后虽然雕刻背项光，但样式和内容一般相对简单，有的仅阴刻竖向蛇形纹以示火焰。有的则随意刻划斜线纹、弦纹、折线纹等，如0016号背屏式造像碑。显然，制作者并不明白或者不在意佛背项光的真正含义。但个别造像碑上背项光图案并非如此，如北魏熙平二年（517）造像碑主尊头光浮雕圆莲图案，背光浮雕升腾的火焰纹。该碑通高41厘米、宽20.5厘米、厚6厘米，制作精良，雕工细腻，体量较小。功德主属地为平凉郡，该郡最早设置于前秦，郡治在宁夏固原。北魏时迁至今平凉市西四十里铺一带，下辖鹑阴、阴密、阴槃三县。今华亭市辖区多在当时的鹑阴县境内，故这件造像碑是由本地制作还是外来作品尚无法确定，但与本地域内多数造像碑、塔的背项光装饰图案相比，别具一格，是一件相对成熟的佛教造像艺术品，外来可能性大一些。

佛说法图中的另一个重要文化符号飞天在华亭造像碑和造像塔中不仅运用少，而且很有地方特色。现存的24件造像碑和造像塔中，出现飞天图像的仅有4件，占全部总量的16.7%。在形象上与我们常见的衣裙贴身、体姿婀娜、飘带飞舞的北朝飞天也有很大差别，如熙平二年造像碑上佛背光两侧的飞天束发高髻，弓身屈膝，身体倾斜，飘带短宽且僵直，远没有北朝飞天潇洒灵逸的动感。0014号造像碑上的飞天更是袍服宽大、长裙下垂，双臂上扬，飘带搭肩绕臂下垂，不仅没有飞翔之感，反而犹如绳索坠住了飞天沉重的躯体。此类伎乐天人的表现手法上也大致如此，体现出一种质朴、古拙的图像理念。仿佛是为了体现飞天或伎乐天人在空中飞翔的特性，绝大部分此类图像下方都浮雕有呈三角形飘浮的祥云，既是为了表示空中之意，也有托举飞天的寓意，很有地方特色。

在雕刻技法上，工匠们已掌握的十分纯熟，能灵活地采用高浮雕、浅浮雕、半圆雕、圆雕等各种技法来表现相应的主题思想和造像题材。而且因材而宜，面对质地坚硬的花岗岩，多运用线雕和浅浮雕技法，以减少雕刻难度，画面内容也相对简单。面对质地柔软细腻的灰砂岩，多采用半圆雕、高浮雕技法，并加以抛光润色，造像题材和内容也尽量丰富多变。

三、相关问题讨论与分析

（一）造像塔组合及渊源初探

首先，华亭出土的北朝窖藏造像中，最值得关注的就是四方体形多层造像碑。从雕刻技法、材质、题材组合等方面综合分析，现存的 8 件造像塔中，仅 0017 号北周明帝二年（557）三层式造像塔是一件相对完整的作品，其余两组编号 0018 和 0028 号的三层式造像塔均非同一件作品。0018 号北魏永熙三年（534）三层式造像塔应分属三个不同时期，刻有发愿文的底层下宽上窄，剖面梯形坡度较大，与其他二层在形制上反差太大，龛内佛像均为单尊式，与二、三层的一佛二菩萨组合式明显不同，而且佛体形颀长，不似后者敦厚，彼此间没有关系。第二层与第三层造像组合样式虽然相同，但其造像风格、特点上仍有很大差异，前者龛内主尊佛身后阴刻背项光，并饰有蛇形竖纹，以似火焰纹。后者主尊则均无背光装饰，其佛装服饰较前者也明显成熟，时间上要略晚一些。

0028 号三层式造像塔虽然外观上比较协调，但仔细分析，刻有熙平元年（516）的顶层截面呈竖长方体形，顶部又凿有方形榫口，故原造像塔应为榫卯结构。但这件造像塔第二、三层不仅截面呈梯形，且上、下面平整，系叠堆式造像塔。从造像题材、特点与风格方面分析，顶层塔四面分别雕立佛、交脚菩萨、坐佛和燃灯授戒，表现的是佛传或本生故事。而二、三层每面龛内均为一坐佛二胁侍菩萨，两者间题材有所不同。顶层龛内的佛体态清秀、身姿挺拔，服饰衣纹线细密精壮。二、三层龛内的佛肉髻低平，面形方圆，褒衣博带式佛装舒展流畅，两侧菩萨挺胸鼓腹，体姿略呈反"C"形，立于莲蕾之上，具有较强的装饰意味，应是西魏、北周时期作品，时间上略晚于顶层造像塔。

故从这两件造像塔可知，它们本身是由5件不同造像塔拼接而成，而非完整作品，这对于我们认识和研究这批造像塔和造像碑的埋葬性质具有重要意义。

其次，华亭出土的这批佛教遗存中，造像碑和背屏式造像与南北朝时期佛教传统文化之间存在着密切关系，其样式来源也较为清晰，应该是关中长安和洛阳地区影响的结果。但多层式方形或梯形造像塔则很有地域特色，从局部上看，这种造像塔样式广泛见于陇东地区的关山及附近的华亭、庄浪、泾川、秦安一带，其制作工艺、人物造型、服饰特点、雕刻技法等均带有浓厚的民间工艺特色。而同类造像塔在毗邻的长安、关中地区却鲜有发现，个别出土的北朝时期造像塔也多为多层楼阁式造像塔，雕工亦十分精美。

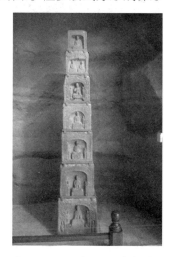

图17　沁县南涅水造像塔

有趣的是，类似的多层方形或梯形北朝造像塔在山西沁县南涅水一带却十分盛行，其多为5~7层（图17），每层四面小龛内雕刻亦十分精美，内容包括佛单尊像、佛说法图、佛传、本生等题材（图18）。石刻塔构件总计344个，涉及画面1373幅，制作时间主要在北魏延

图 18 沁县南涅水造像塔（局部）

昌二年（514）、孝昌三年（528）和北齐天保四年（554），① 其规模可谓十分宏大，在单体高度上明显也超过华亭、庄浪一带的同类造像塔。总的看来，这种四方体式多层佛塔并不多见于北方其他地区。北魏中晚期以来，无论是云冈石窟，还是龙门石窟，窟内所见的造像塔样式均为楼阁式多层方塔，如云冈第6窟后室中心柱四角的楼阁式多层塔，第7、8窟内壁面主尊佛两侧浮雕的多层楼阁式塔，② 龙门石窟药方洞北壁浮雕的多层楼阁式塔等③。与华亭毗邻的泾川王母宫中心柱窟四角大象顶托的佛塔亦为多层四方形楼阁式塔，④ 显然是同时期云冈石窟影响的结果。在陕西关中北部一带，虽然发现有类似截面呈梯形的造像碑，⑤ 如耀县药王山博物馆收藏的北魏神龟年间（518~520）张安世佛道造像碑，整体截面呈梯形，但一个整体，碑阳及碑阴两面各开

---

① 高蒙：《图塔与礼佛——南涅水石刻佛塔的调查与研究》，中国美术学院2012级博士论文（内部资料），第1页。

② 云冈文物保管所编：《中国石窟·云冈石窟》（一），北京：文物出版社，1994年，图89-91、141、174、175。

③ 龙门文物保管所、北京大学考古系编：《中国石窟·龙门石窟》（一），北京：文物出版社，1991年，图版104。

④ 甘肃省博物馆：《甘肃泾川王母宫石窟调查报告》，《考古》，1984年第7期。

⑤ 陕西省耀县药王山博物馆等合编：《北朝佛道造像碑精选》，天津古籍出版社，1996年，图69、70、73。

上、下两个小龛，阴刻龛楣，内各高浮雕
佛、道单尊像。虽然近似四方体，但两侧面
相对较窄，没有雕刻内容。西安博物院收藏
的一件北魏多层造像塔，其样式也为楼阁式
（图19）。而在山西东部毗邻太行山的盂县
境内发现的造像碑，被雕成高1.33米的四
方体样式，分上、中、下三层，每层雕坛
台，塔四面并不开龛，而是采取减地阳刻技
法高浮雕出佛、菩萨尊像，底座还做成圆形
宝装覆莲瓣台状，很有特色。其时代大致在
北魏晚期至东魏初年。[1] 通过以上相关介绍
与分析，我们可以看出，多层式四方塔主要
有三种形式：一是在云冈、龙门和长安等北
朝时期佛教文化艺术中心地区出现的这类造
像塔均为楼阁式，具有鲜明的中土化特征。

图19 西安北
魏楼阁式造像塔

二是整体成梯形、再分层开龛浮雕造像的多层式四方形塔，其整体
数量较少，装饰技法灵活。三是由多层四方塔垒叠而成造像塔，仅
见于陇东关山一带和山西太行山西麓南涅水一带，两地此类造像塔
流行时间大体相近，均在北朝中后期，既北魏、西魏、北周和北魏、
东魏、北齐这一时间段内。虽然两者之间在雕刻技法、装饰图案、
艺术风格、精美程度等方面有所差异，但就其表现的内容和题材而
言，基本是一致的，具有时代共性。这种现象十分令人感兴趣，它

---

① 李裕群：《山西盂县博物馆收藏的北朝石塔》，《文物季刊》，1996年，第4期。

表明两地之间应该有某种内在联系，受文章篇幅及掌握的相关材料所限，拟另文讨论。

（二）造像题材及人物服饰所蕴含的功德主信息

综合南川乡谢家庙村窖藏的 4 种佛教造像遗存，可以看出当地流行的佛教造像形式以造像碑和造像塔居多，兼有少量单体造像。从造像题材上看，以表现一佛二菩萨的一辅三身式组合为多，主尊造像多为说法印或禅定印佛像，少量雕刻精美的造像碑上亦附属有五佛、伎乐飞天、供养人、力士、狮子等内容。造像塔上的浮雕题材除上述三尊式造像外，还兼有表现法华思想的释迦、多宝佛，维摩诘思想的维摩、文殊像，以及表现释迦崇拜的乘象入胎、阿育王授土、树下思惟等佛传故事内容。如北魏熙平元年（516）造像塔顶层龛内浮雕的立佛、坐佛、交脚菩萨。0013 号单体造像塔上、下均有榫卯突槽，表明其原件最少由三层组成，其龛内主尊涉及结跏坐佛、倚坐佛、释迦多宝和乘象入胎等诸多内容，而同样结构的 0032 号单体造像塔四面龛均浮雕一佛二菩萨像，这些迹象表明，功德主已十分深悉《佛说阿弥陀经》《妙法莲花经》以及《佛说弥勒菩萨上升兜率天经》《思惟略要法》等相关大乘佛典，说明至少在公元 6 世纪初期，佛教已经在华亭境内广泛传播。实际上佛教传入陇东的时间要远早于此，如甘肃省博物馆收藏的泾川县出土带华盖的青铜佛坐像，① 其铸造时间普遍被认为是十六国后秦时期。毗邻的庆阳市宁县成丑儿背屏式造像发愿文题记为北魏太和十二年（488）②，合水县平定川张家沟门石窟 2 号佛龛内亦有明确北魏太和十五年

---

① 甘肃省文物局编：《甘肃文物菁华》，北京：文物出版社，2006 年，图 268。
② 甘肃省宁县博物馆：《甘肃宁县出土北朝石造像》，《文物》，2005 年第 1 期。

（491）开窟题记。著名的泾川王母宫石窟经考证其开凿时间为北魏太和十九年（495），① 与其结构、规模、造像规模等大体一致的北石窟楼底沟 1 号窟也应开凿于这一时期。北魏泾州刺史奚康生主持开凿的南北石窟寺则开凿于略晚一点的公元 508～509 年。这些有明确纪年的造像和石窟寺表明，泾河流域是中国内陆佛教较早传入的地区之一，这对华亭境内佛教的传播与弘扬均产生了一定影响，但其准确传入时间尚待进一步研究和探讨。

另外，通过相关学者的努力，可以肯定，泾河流域的石窟寺、造像塔、造像碑等遗存的功德主，特别是偏远山区的此类遗存都与魏晋以来大量迁徙至此的氐、羌、鲜卑、屠各、卢水胡等部族佛教信仰有密切关系，② 其中华亭一带则以屠各族和氐族居多。③ 这些部族在北魏统一中原北方以后，逐渐从原来的分散杂居转变为郡县制度下编户居民，各民族间的融合也得以进一步加强，汉文化因素也日渐融入，但其本民族的许多特性依然保留，这些在当地佛教造像碑和塔上均得到充分体现，也为我们认识当地丰富多彩的多元民族文化提供了一个很好的平台和窗口。

四、结论

华亭出土和发现的北朝佛教石刻遗存是陇东地区单体造像的重

---

① 杨晓春：《从〈金石录〉的一则题跋推测甘肃泾川王母宫石窟的开凿者与开凿时代》，《敦煌研究》，2008 年第 1 期。

② 暨远志、宋文玉：《北朝陇宁地区部族石窟的分期与思考》，《2005 年云冈国际研讨会论文集·研究卷》，北京：文物出版社，2006 年，第 78—85 页。

③ 王怀宥：《甘肃华亭县出土北朝佛教石刻造像供养人族属考》，《敦煌学辑刊》，2016 年第 2 期。

要组成部分，其碑刻样式、造像题材、装饰技法等呈现出浓郁的地域文化特征，在服装样式、造型特点等方面表现得尤为突出。其佛教文化来源也呈现出多样化趋势。特别是四方体式多层造像塔鲜见于中国北方其他地区，可能与当时本地区佛教信仰群体的族属性质有密切关系，应该与同样大量运用这种样式礼佛塔的山西沁县南涅水一带北朝佛教信仰者之间存在某种联系，有待进一步研究和探讨。同时，华亭北朝造像碑和造像塔在不同历史时期的发展与演变也充分体现出外来佛教艺术的民族化、本土化和中国化进程，是古代丝绸之路古道上多元文明彼此碰撞、交融与创新的历史见证，也是中国历史上多民族国家形成与发展的重要表现。

唐代丝路东段北道上的华亭及其历史文化意涵

保宏彪

(陕西师范大学历史文化学院　宁夏社会科学院西夏研究院)

摘要：地处陇山东麓的华亭因丝绸之路西行穿越境内的关山而成为东段北道上的主要门户，是长安西北向连通原州、灵州、凉州的重要交通枢纽。丝路文化孕育了华亭内容丰富的历史文化意涵，石拱寺石窟群以悠久的历史和精美的佛教造像艺术成为丝路文化在当地留下的宝贵遗珍，以华亭曲子戏为代表的地域文化表现形式和特色农业生产民俗节庆活动成为华亭民俗文化的重要组成部分。

关键词：唐代；丝路东段北道；华亭；关山

"丝绸之路"作为一条具有世界意义的东西方文明交流、经济交换、文化融合的大动脉，在经济繁荣、文化昌盛、交往频繁的唐代进入全盛。根据所经地域和环境的不同，学界将丝绸之路分为绿洲丝绸之路、草原丝绸之路、海上丝绸之路、西南丝绸之路4条。

绿洲丝绸之路从长安出发经河西走廊西抵君士坦丁堡，横跨欧亚大陆 20 多个国家和地区。我国境内的绿洲丝绸之路长达 1700 多千米，学界将其分为东段（关陇河西道）、中段（西域道）和西段（境外道）三个部分。根据走向的不同，东段又可分为北、中、南三条支线，地处陇山东麓的华亭市就在东段北道上。华亭市位于甘肃省东部，地处陕甘宁三省（区）交汇处，东临崇信县，西连庄浪县和宁夏回族自治区泾源县，南接张家川回族自治县和陕西省陇县。华亭市不但是西行翻越陇山的主要门户，而且成为长安西北向连通原州、灵州、凉州的重要交通枢纽，在唐代丝路东段北道发展演变过程中孕育了内容丰富的历史文化意涵。

一、唐代以前的丝路东段北道

在丝路东段北道上，陇山是关中通往陇右、西域的必经之地。陇山作为渭河平原与陇西高原的地理分界线，是一座纵列于陕、甘、宁三省区之间的南北向山系，南北长 240 千米，东西宽 40~60 千米，"山高而长，北连沙漠，南带汧渭，关中四塞，此为西面之险"①。陇山在南北朝之前有陇首、陇头、陇阪（坂）、陇坻、分水岭②、关山等别称，唐代将六盘山纳入陇山范围后开始出现大、小陇山之别，大陇山为六盘山，小陇山特指今平凉市境内的陇山南段③。据《元

---

① （清）顾祖禹撰，贺次君、施和金点校：《读史方舆纪要》卷 52《陕西一·陇州》，中华书局，2005 年，第 2464~2465 页。
② 陇山是泾河与渭河支流葫芦河、牛头河、汧水的分水岭，因此得名。
③ 刘洁：《陇山陇关陇头水——文学地理学视野下的"陇头"诗刍议》，《世界文学评论》（高教版）2014 年第 3 期。

和郡县图志》记载，小陇山在华亭县西40里①，当地俗称"关山"。因为具有群山逶迤、山大谷深、东陡西缓的特点，大陇山被行旅视为艰险难行的地理障碍。据东汉成书的《三秦记》记载，"高险不通轨辙，即古陇坂也。其坂九回，不知高几许，欲上者七日乃越"②。南北朝民歌《陇头流水歌辞》通过诗歌形式真实反映了陇山交通的险阻，"西上陇坂，羊肠九回。山高谷深，不觉脚酸。手攀弱枝，足逾弱泥"③，令人望而生畏。

唐代以前，关中通往陇右的丝路交通线主要有两条：第一条沿泾水西行，经今平凉市、固原市、兰州市抵达河西走廊的陇右北道；第二条沿汧水西行，经陇关（大震关）翻越陇山的陇右南道。据统计，丝路北道较南道近200多里。学界为东出长安经今凤翔县至陇县的道路定名陇关道，而将陇县西接萧关的道路称为回中道。回中道是西汉时期开辟的关中进入陇右的通道④，此外还有略阳道、鸡头道、瓦亭道三条翻越大陇山的路线。位于南面的路线是略阳道，开通于先秦时期，亦称陇坻道，是这一地区最为古老的道路。从长安出发，经雍（治今陕西省凤翔县）沿汧水河谷西北行，由上关（位于华亭市南部）、阳城（山峡）、番须（位于华亭市西北部）翻越小陇山，从略阳古城西抵庄浪、秦安、天水。位于中间的路线是鸡头

---

① （唐）李吉甫撰，贺次君点校：《元和郡县图志》卷2《关内道·陇州》，中华书局，1983年，第46页。

② 刘庆柱辑注：《三秦记辑注 关中记辑注》，三秦出版社，2006年，第23页。

③ （北宋）郭茂倩：《乐府诗集》卷25《横吹曲辞五·陇头流水歌辞》，中华书局，2017年，第176页。

④ 张天恩：《古代关陇道与秦人东进关中路线考略》，《早期秦文化研究》，三秦出版社，2006年，第47-60页。

道，沿泾河至平凉市，由崆峒山东峡入泾源县，穿过制胜关翻越大陇山西抵陇西。位于北面的路线是瓦亭道，沿萧关古道北上瓦亭至大陇山脚下，由山上小道翻山西至隆德、静宁、定西、榆中、兰州等地。翻越大陇山的小道，就是闻名于世的"六盘鸟道"。

二、唐代丝路东段北道上的华亭

综合分析唐代相关文献，可知丝路东段北道的大致走向：从长安出发西北行，经瓦亭北上原州（治今宁夏固原市原州区），沿清水河穿石门关折向西北，经今海原、靖远二县渡过黄河至景泰县，西抵凉州（治今甘肃省武威市）后经河西走廊连接丝路中段西域道。

随着中西政治联系与经济交流的加强，丝路东段北道拓展形成两条支线。第一条由长安西北向至今千阳县后不再翻越大震关，从陇县沿汧水西北行，从今华亭市南部翻越小陇山至张家川县。从张家川县沿鸡头道西北行至泾源县，经制胜关翻越大陇山西抵陇西，通过青海连接丝路中段西域道。第二条从长安临皋驿（治今陕西省西安市西北）出发，经咸阳驿西北行，过醴泉（治今陕西省礼泉县）、奉天（治今陕西省乾县东）、新平三县（治今陕西省彬州市），沿泾水河谷北上经今长武县、泾川县、平凉市，沿茹河河谷北上进入原州南境弹筝峡（今三关口），过瓦亭关北上原州，沿清水河谷向北经石门关（须弥山沟谷）折向西北，经今海原县沿祖厉河北抵黄河东岸的靖远县，在北石门川黄河东岸或鹯阴口渡过黄河至乌兰关（位于甘肃省景泰县东），从景泰县西北行至凉州。

普泰二年（532），北魏出于战事需要在陇山东麓筑城，因皇甫山麓的华尖山亭而得名"华亭镇"。大业元年（605），隋炀帝在华亭镇设华亭县，"以在华亭川口，故名"①。唐初，华亭县划归陇州（治今陕西省陇县），"正南微东至（陇）州一百一十里"②。垂拱二年（686），华亭县改名亭川县，神龙元年恢复③。元和三年（808），华亭县并入汧源县④。在唐代丝路东段北道形成的两条支线中，华亭是第一条路线上的重要交通枢纽。由长安西北行至陇县沿汧水西北行，经曹家湾、固关、唐河至火烧寨和新集川，从华亭市南部的麻庵乡普陀南上小陇山，沿梁脊西进至四岔河⑤，从大屋脊下小陇山至张家川县张棉驿⑥。

地处大陇山东麓的华亭控扼丝路咽喉要道，是一个绕不开的历史地理坐标，成为丝路东段北道长安通往原州、灵州和凉州的捷径。原州作为丝路东段北道的交通要道，是连接关中、河西走廊和漠北草原的重要交通枢纽，"左控五原，右带兰、会，黄流绕北，崆峒阻南，称为形胜"⑦，沿泾水西行，由原州翻越大陇山的陇右北道就与华亭有关。东汉初年，光武帝刘秀出兵割据陇西的隗嚣，部将来歙伐山开通陇山北道，从华亭市境内的番须、回中径至略阳，斩杀嚣

① （唐）李吉甫撰，贺次君点校：《元和郡县图志》卷2《关内道·陇州》，中华书局，1983年，第46页。

② （唐）李吉甫撰，贺次君点校：《元和郡县图志》卷2《关内道·陇州》，中华书局，1983年，第46页。

③ （后晋）刘昫等：《旧唐书》卷38《地理志一·陇州》，中华书局，1975年，第1406页。

④ （宋）欧阳修、宋祁：《新唐书》卷31《地理志一·陇州》，中华书局，1975年，第968页。

⑤ 至今尚有古道遗迹留存。

⑥ 王学礼：《陇山秦汉寻踪（二）》，《社科纵横》1996年第3期。

⑦ （清）顾祖禹撰，贺次君、施和金点校：《读史方舆纪要》卷58《陕西七·原州》，中华书局，2005年，第2802页。

守将金梁①。这条道路在陇山诸道中位置偏北，虽然路途迂回漫长，却相对平缓易行。严耕望先生经过研究指出，"灵州东南至长安之路线，就形势言，不外三道。东南取庆州（今庆阳）路，经宁州（今宁县）、邠州（今邠县）至长安。此一道也。南取原州（今固原）路，又东经泾州（今泾川），亦至邠州，达长安。此一道也。又由灵州东取盐州（今盐池北）路，折而南至庆州，经宁邠至长安。此一道也。取庆州路，则由马岭水（今环江、马莲河）源头之青冈川，沿此河谷而下接泾水河谷。取原州路，则略循高平川水（今清水河）而上，经萧关至原州，又循泾水而下至长安。证之唐史，此两道有明征，而邠、宁、庆道尤为主线；惟盐州路虽可行，然迂远，未见行之者"②。《唐代交通图考》在论述原州通往长安的道路时虽未明确点出华亭的枢纽地位，但结合"原州路"相关记述分析，经萧关至原州进入泾水河谷的道路与由陇县沿汧水西北行从华亭南部翻越小陇山至张家川、泾源二县的路线存在交集。在长安通往凉州的道路上，华亭也是一个重要的交通枢纽。从长安出发西北行，沿泾水河谷北上过弹筝峡和瓦亭关，经石门关西北行至今海原县，在今靖远县渡过黄河至乌兰关，由今景泰县直抵凉州。居延汉简对这条通道早有记载，认为是最为便捷的丝路干道。汉光武帝刘秀亲征高平，河西太守窦融与五郡太守所率友军走的就是这条通道③。

---

① （刘宋）范晔：《后汉书》卷15《来歙传》，中华书局，1962年，第587页。
② 严耕望：《唐代交通图考》卷1《京都关内区》，上海古籍出版社，2007年，第180页。
③ （刘宋）范晔：《后汉书》卷23《窦融传》，中华书局，1962年，第805 - 806页。

三、华亭在丝路文化背景下的历史文化意涵

长达两千多年的历史岁月中，绿洲丝绸之路一直是我国连接亚洲、非洲和欧洲的陆上纽带。历史上，长安西去前往河西走廊多经丝路东段北道，翻越关山成为必然选项。关山就是位于华亭市南部绵延百里的小陇山，因有著名关隘而得名。华亭作为丝路东段北道必经之地，是关中农耕文化和西部游牧文化的交汇区，在中西文化交流过程中成为使节、商人、僧侣荟萃之地，不但孕育了石拱寺石窟群这一内容丰富的历史文化意涵，而且使以华亭曲子戏为代表的地域文化表现形式和特色农业生产民俗节庆活动成为华亭民俗文化的重要组成部分。

规模宏大的石拱寺石窟群可视为丝路文化在华亭留下的宝贵遗珍，以悠久的历史和精美的佛教造像艺术享誉海内，堪称历史考古和文化旅游的一朵奇葩，具有内容丰富的历史文化意涵。石拱寺始建于北魏晚期，距今已经1600多年。2013年，石拱寺石窟群入选第七批全国重点文物保护单位。窟群坐北向南，开凿于北魏宣武帝延昌元年（512），窟龛依崖分布在东西长约120米的沙质石崖上，现存窟龛14个。

华亭民风淳朴，诚实厚道，人杰地灵，在丝路文化交融中创造了许多民俗文化，不但有"拉山聚海""药王关山撒药籽"等神话故事，而且传唱"绣荷包""扬燕麦""拾麦子"等民歌，流行曲子戏、秧歌小调、耍狮子、跑旱船等统称"地摊子"的社火表演，盛行悬挂花灯这一传统艺术形式，喜爱以板胡和鼓钹为主的文武民乐。其中，尤以华亭曲子戏为代表的地域文化表现形式和特色农业生产

民俗节庆活动最为典型。

华亭曲子戏作为一种富有地方特色的民间艺术演唱形式，通过唱、念、做、打四功和口、眼、身、手、步五法的高度结合，通过与其相适应的乐器配合表演。华亭曲子戏表演集中在每年的农历正月，不但可在街头巷尾、庭院宅第、田间地头进行表演，还能在炕上摆坐场子清唱，内容以具有华亭地方风情的念唱、秧歌小调、狮子旱船、民间舞蹈为主，辅以吹拉弹唱、说春遛弯等一些不可缺少的角色。锣鼓乐器一响，演唱、遛丑、跑场子、划旱船、舞狮子的众人一起开场表演，文武场面与大戏不相上下。小曲小调是曲子戏的主要内容，狮子锣鼓是为演出打开场面和助长气氛的；遛丑、快板在曲子戏中起烘托和配合作用。春官（膏药匠）专门在演出始末为人们奉送风趣诙谐的吉祥词语。社火要从甲转往乙地时，工艺考究、装饰精美、造型逼真的旱船出现在演出现场，吸引观众的注意力，使观众能够跟随他们的队伍继续观看。同时为演出人员乘凉作转移收拾行装打头护。待船舞毕时，下一场已准备妥当，这就是人们常说的"出场的旱船，入场的狮子，垫场的秧歌，背本的曲子"。

依据表演形式划分，华亭曲子戏有大场子、小场子、跑场子三种演唱形式。大场子表演《李彦贵卖水》《双官诰》《闹酒馆》《唱麦仁》等曲子，一个曲调接着一个曲调唱，演出时间长达三四个小时。伴奏的乐器有板胡、三弦、二胡，其中以板胡为主体；武乐器有四页瓦、碰铃，还有助长气氛的大鼓、铙钹和手锣，充分体现了唱、吟、做、打四大功能。小场子是以小曲、小调或秧歌舞等为主，当地人习称"小曲子"。如有一段丑角专唱的管子词："言正语顺眛不长，笑语才能唱在人心上，碌轴烂了麻线绑，鸡蛋破了钉马簧，苍蝇踏得锅盖响，牛犊子跳在鸡架上……谁说我把小曲子颠倒唱，关节炎害在他嘴皮。"再如小调"小放牛"中所唱的一段："去了一趟安口窑，买了个烂砂锅，儿子女子多，抢着去舀饭，就把个锅打破，世上的穷人多，哪一个好像我……"这种小曲小调歌词诙谐，演唱者活泼而风趣的表演，常常引得观众哄堂大笑。跑场子的演唱方式多由不化装的人夹杂几个丑角，先围个圆场面对面的一边横步、踏走一边唱，可以不配弦索。唱完一段后全体向后转，一个跟着一个绕着圆场转圈，偶尔变换"缠棉花""珍珠倒卷帘"等队形，其间伴以大鼓和铙钹助长气氛。有时表演者唱到上气不接下气时，便穿插一段随口快板调节一下观众口味，借以换气休息。快板有单口快板和对口快板之分，表演时根据不同地点和不同环境随机应变。华亭曲子戏，不论唱词或念白，都包含着华亭劳动人民的智慧，它承汇了民间口语的精华，简洁明快，生动活泼，外俗而内雅，2007年被国务院、文化部授予"国家级非物质文化遗产保护项目"。

华亭地理条件复杂，虽然东西南北之间海拔、气候、土质均有很大差异，但农业生产皆顺应本地节气进行，带有浓厚的传统农耕文化色彩。旧俗，立春先一日，县官出衙，农官陪同至城区东郊"春场"迎接"春牛""芒神"，祈求风调雨顺，五谷丰登。大年初一，各家迎接"喜神"，"吉卜"籽种，给牲畜挂彩"初行"，归家时担水折蒿，寓意六畜兴旺、财运昌盛。元宵节蒸制"天灯"，"吉卜"气象与丰歉。"惊蛰"过后，山区农家进入春耕准备。农历三月往后，由东而西，大麻、洋芋、玉米依次播种，山区则到"清明"后才始开耕。四月初八，在地头、田间奠酒和插置鸡血洒染纸旗，祈求免除虫灾、鼠害。有的杀鸡祭炮（打冰雹的铁炮，俗称"将军"），准备防雹。接着除草、间苗。六、七两月小麦、大麻割、碾、收，农家几无闲人。川区在玉米锄草和大麻收割之际，一些无地或少地农民自愿组合，公推一人为首，替劳力缺而地广者锄草，称为"唐将班子"，锄草时还合唱粗犷、高亢的山歌。替人钐麻的称"麻客子"。钐麻的报酬不以钱计，而按麻数比例抽取实物。夏田收割与伏耕地、打碾交替进行，耕地普遍为手按木犁，打碾多靠畜拉碌碡，人工连枷敲打。关山一带高寒地区，夏收与秋播同时进行。川区小麦播种在"白露"与"寒露"之间，秋收到"重阳"即可结束。山区则延至十月底，多数农户小麦收割后到入冬才碾"冻场"。"腊八"节在粪堆上积冰，给畜牲喂"腊八粥"寓意来年粮丰畜旺。

　　丝路东段北道就像一条丝带，将华亭和世界联系起来，石拱寺石窟群作为丝路文化在当地留下的重要历史文化遗产，必将在"一带一路"建设中焕发勃勃生机。中华传统农耕文化在华亭的延续传承，形成了以华亭曲子戏为代表的地域文化表现形式与相关农业生产民俗节庆活动，有力丰富了当地的历史文化意涵。这是一笔十分宝贵的人文资源，值得深入发掘研究，使其在推动华亭历史文化积淀与特色旅游产品形成过程中发挥积极作用。

汉唐诗歌中的关山地理文化意象摭谈

董文强

（陕西师范大学历史文化学院　陇东学院历史与地理学院）

摘要：本文对汉至唐的边塞诗中"关山"地理文化意象进行解读，试图勾勒相关诗歌文化意象背后展现的关山地理文化，以诗歌意象为切入点，在简单梳理的基础上表明关山地理文化的重要性。

关键词：关山　汉唐诗歌　地理文化　意象

中古时期，关山是丝绸之路必经之地，可谓丝绸之路第一山。关山又有陇山、陇头、陇坂、陇首、岍山等异名，是关中与西部在地理上的天然屏障，对京师长安起着重要的拱卫作用，是古代中国经略西北的重要通道。① 班固在其《西都赋》曰"汉之西都，在于雍州，寔曰长安，左据函谷，二崤之阻，表以太华终南之山，右界

---

① 历代对关山、陇山、陇头、陇坂、陇首、岍山等的地理观念应当有差别，这种地理概念与古今区划的变迁不尽一致，在本文中对具体地理方面的差异不讨论，在诗词意象中无论实指、虚指，暂作一诗词创作意象对待，不做区分。

褒斜陇首之险，带以洪河、泾、渭之川"①，关山对于京师长安的重
要性可见一斑。从长安西行越过关山即至陇右，该地区自古以来便
为多民族交融、多元文化融合的地区，因此，关山是古代中国西北
地区重要的地理文化分界线。在汉唐时期，众多诗词歌赋中对关山
多有描述，显现出关山在此时期政治地理文化意义上的重要性。关
山虽为具体地名，但在文人笔下早已成为诗歌意象，这一诗歌意象
对关山地理文化等方面皆有所揭示。

一、关山在汉唐诗歌意象中为离别与乡思的地理文化分界线

汉唐时期，众多诗人在诗词中大量使用关山作为诗歌意象，揆
诸与关山相关的诗词，关山往往与离别与乡思有密切关系，相关诗
歌多集中在《度关山》《关山月》等乐府旧题之中。关山难度，度
过关山意味着离别，进入异乡，故唐代诗人畅当《九日陪皇甫使君
泛江宴赤岸亭》云"举目关山异，伤心乡国遥"②，"关山"与家乡
之地的区别用"异""遥"二字表达，展示出此地乃关中与边疆异
域的文化分界。关于离别与乡思，张衡《四愁诗》云"我所思兮在
汉阳，欲往从之陇阪长"③，越过关山诗人即有漂泊异乡之感，故行
人登高回望多有哀叹，④ 另一个"长"字表现出对关山难以逾越的
慨叹。谢朓《暂使下都夜发新林至京邑赠西府同僚诗》亦云"徒念

---

① （汉）班固撰；（清）张溥辑；白静生注：《班兰台集校注》，中州古籍出版
社，2002年，第4页。
② （清）彭定求等：《全唐诗》卷287，中华书局，1960年，第3285页。
③ 逯钦立：《先秦汉魏晋南北朝诗》，中华书局，1999年，第177页。
④ 石云涛：《唐诗镜像中丝绸之路》，中国社会科学出版社，2020年，第97页。

关山近，终知返路长"①，关山在此已不只是具体地名，只是路途遥远且伤感离别的诗歌意象。在汉唐诗歌中，关山不仅"长"，而且"难""远""险"，曹操《秋胡行》云"晨上散关山，此道当何难"②，至唐韩愈《寒食日出游》则有"关山远别固其理，寸步难见始知命"③，而白居易《闺怨词三首》云"关山征戍远，闺阁别离难"④，骆宾王《咏怀》则云"太息关山险，吁嗟岁月阑"⑤，因为关山"长"而"险"，故难逾越。骆宾王《畴昔篇》有"我家迢递关山里，关山迢递不可越"⑥，越过关山则是离别家人与故乡，离别相思之情油然而生，王褒《弹棋诗》云"隔涧疑将别，陇头如望秦"⑦，在此"陇头"即别离之情的典型意象。关山万里，陇水长流，殷殷之情，化作呜咽，故柳宗元《铜鱼使赴都寄亲友》有"行尽关山万里余，到时闾井是荒墟"⑧，骆宾王《从军中行路难二首》有"徒觉炎凉节物非，不知关山千万里"⑨，刘希夷《相和歌辞·江南曲八首》"自惜妍华三五岁，已叹关山千万重"⑩，万重关山难抵世间炎凉与妍华流逝，唯有对"关山千万重"的喟叹。辛弘智《自君之出矣》"自君之出矣，宝镜为谁明。思君如陇水，常闻呜咽

---

① 逯钦立：《先秦汉魏晋南北朝诗》，中华书局，1999年，第1426页。
② 逯钦立：《先秦汉魏晋南北朝诗》，中华书局，1999年，第349页。
③ （清）彭定求等：《全唐诗》卷338，中华书局，1960年，第3793页。
④ （清）彭定求等：《全唐诗》卷28，中华书局，1960年，第416页。
⑤ （清）彭定求等：《全唐诗》卷79，中华书局，1960年，第861页。
⑥ （清）彭定求等：《全唐诗》卷77，中华书局，1960年，第836页。
⑦ 逯钦立：《先秦汉魏晋南北朝诗》，中华书局，1999年，第2341页。
⑧ （清）彭定求等：《全唐诗》卷352，中华书局，1960年，第3939页。
⑨ （清）彭定求等：《全唐诗》卷25，中华书局，1960年，第349页。
⑩ （清）彭定求等：《全唐诗》卷19，中华书局，，1960年，，204页。

声"①，当家人（夫君）离别，妇人常用的宝镜也蒙上了尘埃，该诗化用"关山"相关意象"陇水"，将绵绵相思化作千年不息的"陇水"，思念之情如陇水滔滔不绝，伴随自己思念的唯有"呜咽"之声，"呜咽"与关山、陇水等意象常一起出现。李益《观回军三韵》"行行上陇头，陇月暗悠悠。万里将军至，回旌陇树秋。谁令呜咽水，重入故营流"②，"陇头""陇水""陇树秋""呜咽水"，在诗人感情的寄托上都为一致的情感意象。从以上诗歌意象看，呜咽水即陇水，意象的来源在西汉"汉横吹曲二十八解"之一的《陇头吟》"陇头流水，呜声幽咽"，顾况《弃妇词》则化用为"流泉咽不燥，万里关山道"③。陇水呜咽之声千古悠悠，离别乡思之情绵绵不息。

李峤《咏笛》"羌笛写龙声，长吟入夜清。关山孤月下，来向陇头鸣。逐吹梅花落，含春柳色惊。行观向子赋，坐忆旧邻情"④，伴随着羌笛之声，关山、陇头与孤月、梅花联结在一起，关山相关意象的运用也随着感情的表达而不断拓展。许棠《过分水岭》云"陇山高共鸟行齐，瞰险盘空甚蹑梯。云势崩腾时向背，水声呜咽若东西。风兼雨气吹人面，石带冰棱碍马蹄。此去秦川无别路，隔崖穷谷却难迷"⑤，翻越陇山，在诗人眼中其高度与鸟在空中飞翔平齐，登山鸟瞰其险胜过登梯，而云势变化多端，即使水声也"呜咽若东西"，自然条件也是变化多极，一面是"风兼雨气吹人面"，一面是

---

① （清）彭定求等：《全唐诗》卷773，中华书局，1960年，第8770页。
② （清）彭定求等：《全唐诗》卷282，中华书局，1960年，第3205页。
③ （明）高棅编纂，汪宗尼校订，葛景春、胡永杰点校：《唐诗品汇》，中华书局，2015年，第726页。
④ （清）彭定求等：《全唐诗》卷52，中华书局，1960年，第643页。
⑤ （清）彭定求等：《全唐诗》卷604，中华书局，1960年，第6983页。

"石带冰棱碍马蹄"，展示出陇山是从关中至西北的地理分水岭，但是要至"秦川"，唯有翻越陇山。诗人在对陇山描述时，不无夸张的表现手法，却对陇山的高度、险绝、气候等皆有所揭示。"关山"往往与"雨雪""秋月"等意象融为一体，如高适《别冯判官》"关山唯一道，雨雪尽三边"①，卢思道《从军行》"关山万里不可越，谁能坐对芳菲月"②，杜审言《赠苏味道》"雨雪关山暗，风霜草木稀"③，《想东游五十韵》"云雨多分散，关山苦阻修"④，长孙佐辅《横吹曲辞·关山月》"凄凄还切切，戍客多离别。何处最伤心，关山见秋月。关月竟如何，由来远近过"⑤。在以上诗歌中，"关山""秋月""关月"皆为寄托离别之情的意象。白居易《青毡帐二十韵》"远别关山外，初安庭户前"⑥，崔融《横吹曲辞·关山月》"万里度关山，苍茫非一状"⑦，气势雄壮，让人联想丰富。度过关山，千山苍茫，万里磅礴，杜牧《送人》"鸳鸯帐里暖芙蓉，低泣关山几万重"⑧，强烈对比之下的关山意象的情感表达更为突出。

从以上诗赋意象运用来看，通过"关山"相关意象所主要展现离别与乡思之情，可以看出汉唐时期关山在文人眼中乃关中至陇右、西域的地理文化分界线。

---

① （清）彭定求等：《全唐诗》卷214，中华书局，1960年，第2228页。
② （宋）郭茂倩：《乐府诗集》卷32，中华书局，1979年，第482页。
③ （清）彭定求等：《全唐诗》卷62，中华书局，1960年，第738页。
④ （清）彭定求等：《全唐诗》卷450，中华书局，1960年，第5073页。
⑤ （清）彭定求等：《全唐诗》卷18，中华书局，1960年，第193页。
⑥ （清）彭定求等：《全唐诗》卷454，中华书局，1960年，第5141页。
⑦ （清）彭定求等：《全唐诗》卷18，中华书局，1960年，第194页。
⑧ （唐）杜牧撰，何锡光校注：《樊川文集校注》，巴蜀书社，2007年，第1359页。

二、"关山"意象体现出悲凄苦寒的地理文化情境

度过关山，伴随着离别与乡思，诗人看到了一片凄凉悲苦的地理文化情境。由于自然环境的恶劣，陇右之地生活环境艰难寒苦，汉唐文人将越过关山所看到的陇右、边疆之地的生活情境的苦寒与关山意象联系起来。西汉"汉横吹曲二十八解"之一的《陇头吟》对陇右之地环境的苦寒与艰难即有描述，其云"陇头流水，流离山下。念吾一身，飘然旷野。朝发欣城，暮宿陇头。寒不能语，舌卷入喉。陇头流水，鸣声幽咽。遥望秦川，心肝断绝"①。陇水、陇头已成为苦寒之诗词意象，质朴而又接近口头的语言形象地烘托出"念吾一身""暮宿陇头"的凄凉，同时又揭示着"陇水""陇山"的地理文化环境。在庾信《小园赋》中，关山和陇水同时成为表达此种情境的意象，其云"荆轲有寒水之悲，苏武有秋风之别。关山则风月凄怆，陇水则肝肠断绝"②，此时关山与陇水皆为表达特定文化内涵的文学意象。庾信虽喻己出聘魏国，身留长安，然感受却是关山"风月凄怆"，陇水"肝肠断绝"，以此文学意象来衬托自己身处的环境，在乡关之思的同时，展示出身处异地的独特感受。

骆宾王《久戍边城有怀京邑》有"陇阪肝肠绝，阳关亭候迁"③，李白《学古思边》云"衔悲上陇首，肠断不见君"④，可见从《陇头吟》始，陇头与离别乡思的"肝肠断绝"之情表达往往相

---

① 逯钦立：《先秦汉魏晋南北朝诗》，中华书局，1999 年，第 2157 页。
② （北周）庾信撰，（清）倪璠注，许逸民校点：《庾子山集注》，中华书局，1980 年，第 30 页。
③ （清）彭定求等：《全唐诗》卷 79，中华书局，1960 年，第 863 页。
④ （清）彭定求等：《全唐诗》卷 184，中华书局，1960 年，第 1882 页。

关。"陇水""关山"已不仅是地理意义上的具体所指，而是文学创作中表达苦寒悲凄情境的文学意象。在后人眼中，已很难分辨究竟是实指之"陇水""关山"，还是虚指之文学意象。在北朝以后，这种文学意象已广泛使用，如杜甫《初月》"河汉不改色，关山空自寒"①、李白《宣城送刘副使入秦》"月明关山苦，水剧陇头悲"②。通过对相思与别离之情的升华，加之悲凄苦寒的地理情境的凝练，众多诗人将"关山"意象与"愁""苦""寒""悲"感情表达紧密关联，如高适《答侯少府》"北使经大寒，关山饶苦辛"③、刘长卿《疲兵篇》"元戎日夕且歌舞，不念关山久辛苦"④、崔道融《拟乐府子夜四时歌四首》"洞房犹自寒，何况关山北"⑤、高适《送刘评事充朔方判官赋得征马嘶》"歧路风将远，关山月共愁"⑥、高适《陪窦侍御灵云南亭宴诗得雷字》"风景知愁在，关山忆梦回"⑦。而王昌龄《从军行五首》"更吹羌笛关山月，无那金闺万里愁"⑧，一反平常诗人将"关山"与"愁"联结的意象运用，化作"无愁"的意象，可谓一时绝唱。

汉魏晋宋时期，文人边塞诗中苦寒描写尚未形成"陇头""陇水"等典型的边地苦寒意象。然而到梁陈时期，"陇水""陇头"骤

---

① （清）彭定求等：《全唐诗》卷225，中华书局，1960年，第2421页。
② （清）彭定求等：《全唐诗》卷177，中华书局，1960年，第1810页。
③ （清）彭定求等：《全唐诗》卷210，中华书局，1960年，第2197页。
④ （清）彭定求等：《全唐诗》卷151，中华书局，1960年，第1576页。
⑤ （清）彭定求等：《全唐诗》卷714，中华书局，1960年，第8204页。
⑥ （唐）高适著，刘开扬笺注：《高适诗集编年笺注》，中华书局，1981年，第336页。
⑦ （清）彭定求等：《全唐诗》卷214，中华书局，1960年，第2240页。
⑧ （明）高棅编纂，汪宗尼校订，葛景春、胡永杰点校：《唐诗品汇》，中华书局，2015年，第1557页。

然成为表现苦寒的典型意象，相应地对横吹曲《陇头水》意象的使用也从无到有骤然高频率地出现，取代曹操、陆机、颜延之等人相继而作的《苦寒行》，而成为梁陈时期集中表现征戍苦寒的代表诗题①。关山这种意象虽不尽是实指，但在一定程度上揭示出汉唐诗人广为认同的关山至陇右地区悲凄苦寒生活的地理情境。

三、以关山意象为主体的边塞诗可见关山对西北边疆地理的重要性

汉唐时期，经略陇右、河西、西域的最重要通道即为陇山，至少从秦代起，关山就是关中平原与陇右地区交往的重要通道。② 在北魏熙平（516~518 年）初，高昌王麴嘉遣使请求内徙，北魏朝廷下诏曰"卿地隔关山，境接荒漠……"③，可见在中古时期，越过关山即为西北边疆。西北边疆的安全直接决定着古代中国王朝的安全，从内地至西北的大量官员、士兵、文人、商旅、僧人都要经过陇山，在翻越陇山时留下了深刻的印象，经过长期凝练诞生了众多脍炙人口的民歌诗词。广为熟知的《木兰诗》，其中即有"万里赴戎机，关山度若飞"④。唐诗则更多频现"关山"一词，在诗词意象上更多为虚指，确切来说并不是真实地理意义上的"关山"，但是诗人借用"关山"意象更多地表达其在边疆地区建功立业情怀。"关山"因其为王朝经略西北的必经之路，其意象的运用与众多征战边疆相关的

---

① 阎福玲：《汉唐边塞诗主题研究》，南京师范大学博士学位论文，2004 年，第44 页。

② 吴景山：《丝绸之路在甘肃的线路述论》，《兰州大学学报》2013 年第 3 期。

③ （北齐）魏收：《魏书》卷101《高昌传》，中华书局，1974 年，第2244 页。

④ （清）沈德潜选：《古诗源》卷13，中华书局，1963 年，第 326 页。

内容有紧密关系，如李贺《南园十三首·其五》"男儿何不带吴钩，收取关山五十州"①，杜甫《登岳阳楼》有"戎马关山北，凭轩涕泗流"②。岑参《赴北庭度陇思家》则云"西向轮台万里余，也知乡信日应疏。陇山鹦鹉能言语，为报家人数寄书"③，越过陇山，西向轮台，乡信日疏，只能让陇山鹦鹉为家人寄书，伤别之情，难以言说。南梁王训《度关山》"边庭多警急，羽檄未曾闲。从军出陇坂，驱马度关山。关山恒晻霭，高峰白云外。遥望秦川水，千里长如带"④。通过"陇坂""关山"，展现出边庭战事紧急，跃马度关山，而在高峰入云的关山"遥望秦川"如千里长带，让人感慨万千，关于边庭战事的纷繁状况留下了令人回味的余地。

皇甫冉《横吹曲辞·出塞》"吹角出塞门，前瞻即胡地。三军尽回首，皆洒望乡泪。转念关山长，行看风景异。由来征戍客，各负轻生义"⑤，郑愔《胡笳声》"汉将留边朔，遥遥岁序深。谁堪牧马思，正是胡笳吟。曲断关山月，声悲雨雪阴。传书问苏武，陵也独何心"⑥，崔泰之《奉和圣制送张尚书巡边》"关山遶玉塞，烽火映金微"等⑦，皆言明关山对边疆地理的重要性。对于关山相关的边塞状况，唐人诗歌中多有言说，如戴叔伦《横吹曲辞关山月》"月出照关山，秋风人未还。清光无远近，乡泪半书间。一雁过连营，繁

---

① （清）彭定求等：《全唐诗》卷 390，中华书局，1960 年，第 4401 页。
② （清）彭定求等：《全唐诗》卷 233，中华书局，1960 年，第 2566 页。
③ （明）高棅编纂，汪宗尼校订，葛景春、胡永杰点校：《唐诗品汇》，中华书局，2015 年，第 1581 页。
④ （宋）郭茂倩：《乐府诗集》卷 27，中华书局，1979 年，第 393 页。
⑤ （清）彭定求等：《全唐诗》卷 18，中华书局，1960 年，第 186 页。
⑥ （清）彭定求等：《全唐诗》卷 106，中华书局，1960 年，第 1106 页。
⑦ （清）彭定求等：《全唐诗》卷 91，中华书局，1960 年，第 991 页。

霜覆古城。胡笳在何处，半夜起边声"①。而宋济《塞上闻笛》"胡儿吹笛戍楼间，楼上萧条海月闲。借问梅花何处落，风吹一夜满关山"②，对征戍艰苦的环境轻描淡写，流露着丝丝忧伤。高适《燕歌行》"身当恩遇常轻敌，力尽关山未解围"③，李益《从军夜次六胡北饮马磨剑石为祝殇辞》"秦亡汉绝三十国，关山战死知何极"④，对边地士卒面临的未知与艰险苦辛展露无遗。耿湋《奉送崔侍御和蕃》"万里华戎隔，风沙道路秋。新恩明主启，旧好使臣修。旌节随边草，关山见戍楼。俗殊人左衽，地远水西流。日暮冰先合，春深雪未休。无论善长对，博望自封侯"⑤，杜甫《秋兴八首》"直北关山金鼓振，征西车马羽书迟"⑥，独孤及《送义乌韦明府》"不惮关山远，宁辞簿领勤"⑦ 等，皆对边塞之战事紧急状况描写得具体而生动。卢照邻《陇头水》一诗更是直抒胸臆，通过一系列关山相关的诗歌意象表达了对于戍人连年征战的厌倦，其诗云"陇坂高无极，征人一望乡。关河别去水，沙塞断归肠。马系千年树，旌悬九月霜。从来共呜咽，皆是为勤王"⑧，其中"陇坂""关河""呜咽"皆是与"关山"密切相关的意象表达。千年以来，挥戈征战，临边御虏，皆为"勤王"，但是"陇坂"思乡、关山呜咽却是汉唐边塞诗恒久不变的旋律。

① （清）彭定求等：《全唐诗》卷18，中华书局，1960年，第193页。
② （清）彭定求等：《全唐诗》卷472，中华书局，1960年，第5354页。
③ （清）彭定求等：《全唐诗》卷19，中华书局，1960年，第224页。
④ （清）彭定求等：《全唐诗》卷282，中华书局，1960年，第3211页。
⑤ （清）彭定求等：《全唐诗》卷269，中华书局，1960年，第2994页。
⑥ （清）彭定求等：《全唐诗》卷230，中华书局，1960年，第2509页。
⑦ （清）彭定求等：《全唐诗》卷247，中华书局，1960年，第2774页。
⑧ （清）彭定求等：《全唐诗》卷42，中华书局，1960年，第181页。

从以上诗歌与"关山"关联的意象可见，自汉唐以来，尤其是唐代描写边塞的诗歌，"关山"意象与西北边疆建功立业的情怀及连年征战的厌倦之情有关，从文化地理的角度来看，凸显出关山对西北边疆区域地理的重要性。

四、结语

关山成为诗歌意象，是众多诗人笔下相关文化地理的展示与某种情感的依托，意象或情感寄托的表达主要依托"陇水""陇坂""陇头""关山""关月""关河""秋月""呜咽"等描述。对关山有所描述之诗人，未必亲至关山，但对关山的地理文学名声清晰明确，关山成了汉唐诗人笔下想象的文学地理意象。在他们诗中，有些为某种情感的寄托，有些为实景的描述，但无论是某种意象寄托或实景描述，皆可反映关山在汉唐时期区域地理方面的重要性，关山独特的地理位置对古代中国西北边疆经略的重要性则不言而喻。

安口窑瓷器散论

薛正昌

（宁夏社会科学院）

摘要：安口窑瓷器生产有着悠久的历史。地域文化对其生成和发展影响较大，包括早期仰韶文化、马家窑文化的影响。安口窑地域的水系、燃料、土质等特殊的自然资源，是瓷器生成的地理条件。明代安口窑瓷器工艺及其生产，在全国已有一定的影响力，《大明一统志》里、明代文人的文集里已有记载。民国《华亭县志》，对安口窑瓷器传承及其工艺有详尽记载。安口窑瓷器传承和影响了西北地区广大乡村的生产与生活。

关键词：安口窑 地域文化 瓷器工艺 传承影响

华亭县，位于六盘山东麓，建制较早，是历史上陇东地区的名县。史载，后魏普泰二年（532）立华亭镇，以扼蕃戎。隋朝大业元年（605）始置华亭县，隶属于安定郡。唐朝垂拱二年（686）改名华川，神龙元年（751）复名华亭县。宋元以后，称谓仍有过变化，但华亭县的名字沿袭了下来。华亭县境内的瓷器生产，也因这里特殊的自然地理环境和条件而生成和发展。安口窑的瓷器生产承载着华亭县传世的影响力，明代的典籍里已经有华亭瓷器的位置。清代以后，尤其是民国以来，安口窑瓷器生产深深地影响着西北地区农村的生产生活。由于接触陶瓷工艺及史料有限，再加上对华亭地域及安口窑瓷器了解不多，本文仅选取几个侧面做些叙述。

一、地域文化对安口窑瓷器生成的影响

（一）传说中的陶正

中国陶瓷向以历史悠久闻名于世，陶器的出现可以追溯到 1 万年以前的原始社会，瓷器的发明也有近 4000 年的历史。在这个漫长的历史进程中，各个时代的先民用自己的智慧和辛勤劳动创造了技艺精湛、美观实用的陶瓷器物，而且代表着各个时代传承下来的陶器文化的精品，是我国文化艺术宝库中的一宗巨大财富。

陶器的出现，是人类社会发展过程中的必需。社会生活提出的各种客观要求，是陶器出现的必需要素之一。先民的定居生活，是陶器发明并不断创新的前提条件。与火的发明一样，陶器出现以后，远古居民的饮食条件才逐渐得到改善。它不仅可以作为炊具，烹饪各种实物，还可以作为储存实物的工具。同时，还可以作为汲水、运水的工具。西周时期的青铜器上已有"陶"字出现。《史记·五帝本纪第一》里记载："舜耕历山，渔雷泽，陶河滨，作什器于寿丘。"①

舜帝时期，已有制作陶器的经历。陶器自发明以来，就伴随着

---

① （汉）司马迁：《史记·五帝本纪第一》，中华书局，1982 年，第 32 页。

人类生产生活，是人类社会生产生活中的重要工具。

相传，周秦时期，华亭安口始有陶业制作。秦人虞阙父在西周做陶正时，曾在华亭烧制土瓷。陶正，是传说中的制陶工匠长官。明代人赵时春（1509~1567）的《陶神庙记》记载："制火用以利民者，燧人也；陶器用以便民者，帝舜也；平水土以居民者，神禹也。益实佐禹，春后为秦。虞阙父为周陶正，乃赞舜绪。余峡（今华亭砚峡），周秦之鄙，而禹益疏凿之迹咸存。陶器古朴，咸有虞氏之法，而用必资土水火，敢忘古圣贤之烈乎?"① 追述了虞阙父与华亭的渊源，陶器制作早期与华亭尤其是与安口窑的关系，尤其是与安口窑的关系。虽为传说，但印证着华亭地域上的历史。

（二）仰韶文化、马家窑文化的直接影响

历史上，陇山（六盘山）东西是多元文化的发祥地。首先，陇山以东庆阳境内的周祖文化，陇山以南宝鸡境内的炎帝文化，陇山以西华夏人文始祖伏羲文化，为华亭瓷器文化生成提供了地域文化的远古经历和多元影响。其次，仰韶文化、马场、半山、齐家文化及其陶器，是华亭陶器生成的地域文化背景。华亭安口窑地处这样一个大文化圈，其文化积淀深深地影响着安口窑陶器文化。第三，华亭属温带半湿润气候，森林覆盖率达到37%，煤炭资源丰富，有甘肃最大的煤田及安口窑、东华、砚峡等煤矿。在这里，水系、煤炭、陶土不但是安口窑瓷器生成的特殊地域环境，尤其为安口窑陶瓷生产提供了独特的资源及其条件。

仰韶文化，早期发现于河南渑池县仰韶村，因此而得名。仰韶

---

① 杜志强整理：《赵时春文集校笺》，天津古籍出版社，2012年，第495页。

文化是黄河流域典型的新石器时代的文化，大部分分布在黄河中游的黄土高原地带，是一种典型的农业文化，宁夏南部、甘肃东部都有分布。仰韶文化的陶器品种很多，现在日常生活中所习用的一些器皿，在当时已经出现。

最初发现于甘肃临洮县的马家窑文化，是黄河上游的一种新石器时代文化，与仰韶文化关系密切而又有一定的差异。甘肃和政县的半山、青海民和县的马厂塬与马家窑，考古学上将其分为马家窑、半山、马厂三种文化类型，马家窑文化的制陶工艺术比较成熟，彩陶精美实用。

齐家文化，是黄河上游较晚的一种文化，早期发现于甘肃广和县齐家坪，故名齐家文化。这种文化分布范围很广，东起渭水，西达湟水，南抵汉水上游，北到黄河支流清水河，年代距今 3700 年左右。

通常认为，我国最早的陶器出现在 8000 年前。人类用自己的智慧和创造性的实践活动，在陶土与火的反复焙烧中，制造出了千姿百态多功能器物，使陶器成为人类赖以生存的重要伴侣，也是人类的精神财富，成为中国文化的一种象征。这种独特的陶器文化多元积淀，同样为安口窑陶器的生成提供了特殊的文化背景。

（三）安口窑黑瓷

宋辽金是中国历史上文化艺术高度发展的时代，也是陶瓷发展的重要时期。宋代北方采煤技术有了改进，从原来的地面采掘发展为掘进开采，这就为瓷器生产提供了更多更好的燃料。用煤烧瓷窑能得高窑温，延长保温时间，使得各种元素的化学反应更为充分，有利于提高瓷器的质量。① 宋瓷品种和窑系远远超过唐代，宋辽金时期是中国历史上文化艺术高度发展的时代，黑瓷是宋代瓷器的重要类型之一。安口窑黑瓷器皿与这个时代瓷器制作在工艺走向上是一体的，体现着这个时代瓷器生产的时尚和背景。杨家沟古瓷遗址，见证的是宋金元时期安口窑窑址文化的遗存和经历。安口窑黑瓷可能与这个时代背景相关。就瓷器研究的观点看，在外观上，北方瓷器造型新颖，粗犷雄伟，胎体厚重，胎色浅灰，颗粒结构比较粗大，有黑点和气孔；釉层薄，玻璃质强，颜色青中泛黄。

宋代黑釉瓷器生产地域很广泛。当时社会上流行使用黑瓷，从皇帝到一般士大夫阶层皆提倡使用黑盏斗茶，所以黑瓷在福建、江西、浙江、四川、甘肃等省广泛生产。黑瓷生产对原料要求不高，取料容易，制作亦不难，价值较便宜。安口窑黑瓷正逢其时，其原料、制作等也与当时社会时尚相适应。

魏晋南北朝时期制瓷匠师的又一贡献，就是烧成了稳定的黑瓷。《中国陶瓷》一书的附录里，有安口窑遗址的记载。时间界定在宋元时期，品种主要是黑瓷、铁绣花、青瓷。② 《明一统志》卷三十五《土产》载：平凉、华亭二县出黑瓷器。③ 可见，至迟在宋元时期，安口窑已经烧制社会需求的黑瓷，明代记载凿凿。

地域文化类型，早期陶器的制作，对于安口窑瓷器制作产生了深远的影响，奠定了早期的文化背景和制作工艺传承。发展传承至明代，

---

① 华石：《中国陶瓷》，文物出版社 1985 年，第 108 页。

② 《中国陶瓷》，文物出版社，1989 年，第 168 页。

③ （明）李贤等：《大明一统志》卷 35，台湾台联国风出版社印行，1977 年，第 2461 页。

安口窑的黑瓷生产在全国已占有一定的位置，产生了重要影响。

二、明代华亭安口窑

（一）明代瓷器工艺的改进

《天工开物》是明代人宋应星编著的一部总结农业和手工业生产技术的综合性科技著作。"天工"一词出自《尚书》，表示自然的力量；"开物"一词出自《周易》，表示人对自然的开发和利用。明代矿冶业十分发达，不仅规模超越前代，生产技术亦进步显著。安口窑瓷器发展，与当地煤炭开采有密切关系。古代的采矿方法，通常都是用钻凿、锤打，而明代则出现了"烧爆""火爆"的新技术。明代中期人陆容《菽园杂记》卷十四载："旧取矿携尖铁及铁鎚，竭力击之，凡数十下，仅得一片。今不用鎚尖，惟烧爆得矿。"① 陆容《菽园杂记》卷十四所谓"烧爆"，可能就是先用火烧矿床，然后再用水淋，利用热胀冷缩的变化，使矿床爆裂，再行开采。煤矿开采业的发展为陶瓷烧制提供了更为便捷高效的原料，同时有助于改进烧制工艺。

（二）明代安口窑瓷器的影响力

明清时期，是中国古代制瓷业高度发展的阶段，全国有近半数省份能够烧制瓷器，② 江西景德镇是全国著名的瓷业中心。作为地域上的瓷业，安口窑是西北地区为数不多的窑址。制瓷有官窑、民窑之分，安口窑早期也应该有官窑与民窑之分。由于瓷土淘炼加工技术的发展，瓷土中的石英颗粒更加细小，分布更为均匀。安口窑虽

---

① （明）陆容：《菽园杂记》卷 14，中华书局 2007 年，第 175 页。
② 袁行霈：《中华文明史》（第四卷），北京大学出版社，2006 年，第 95 页。

为粗粒原料，但实质上也存在颗粒精细的筛选经历，它有助于瓷器烧制质量的提高。同时，瓷器的配方也在改进。

明代，华亭的煤炭开发已大量运用于瓷器烧制，煤炭业的兴盛极大地带动了陶瓷、建材等产业的发展。"瓷器之成，窑火是赖"。安口窑出土的宋代陶罐证明，当时用煤烧制陶器的技术相当成熟。①华亭县的窑址曾是明代著名窑所。《天工开物·陶埏篇》里载："凡白土曰垩土，为陶家精美器用。中国五六处，北则真定定州、平凉华亭、太原平定、开封禹州，南则泉郡德化、徽郡婺源祁门。"② 明代安口窑不仅是西北地区的名窑，而且进入全国著名的窑址之列。能列入明代瓷器烧制地，可见其在全国的影响是很大的。

明代的安口窑是华亭瓷器生产的鼎盛时期之一。它不但在全国的瓷器行业占有一定的位置，而且形成了瓷器文化的神祇信仰。《甘肃通史·明清卷》华亭安口窑，"似在明天启以后，因窑头镇窑神庙碑载有'该庙建于明天启年间'之言"。③ 实际上，安口窑瓷器生产的兴盛期是在明朝早期。赵时春是华亭县人，明朝嘉靖五年（1526）进士，为官于明代嘉靖时期。嘉靖丙寅年（1565）赋闲在家时，写有《陶神庙记》："庙地嘉靖初元尚为林薮，十二年市之山民，渐芟柞耕陶；十八年始易庐为室，作庙不容尊；三十九年始易堂及门，各三楹。"④

依《陶神庙记》记载看，明代嘉靖三十九年（1560），"陶神

① 《平凉地区志》（上），中华书局，2012年，第633页。
② （明）宋应星：《天工开物》，上海古籍出版社，2013年，第195页。
③ 《新西北月刊》卷6，1943年，第68页。
④ 杜志强整理：《赵时春文集校笺》，天津古籍出版社，2012年，第495页。

庙"已建成，时间早于"天启"年间（1621～1627），瓷器的生产时间更早。同时，祭祀陶神的寺庙建立，不仅彰显的是华亭瓷器的兴盛，尤其是神祇文化信仰深层的影响力。古代陶瓷的烧造有其传承的宗教影民俗文化，"陶神庙"的建成承载的是这种宗教民俗文化，说明华亭陶瓷生产的兴盛程度。

三、陶瓷生成的自然地理条件

陶器的生成必须具备三个特殊的条件：垩土、煤矿、水系。安口窑的山水具备了这些条件，为陶器缘起提供了特殊的地域环境和资源条件。乾隆《甘肃通志·山川》载：华亭县石堡山，"在县东。至窑头，土咸垩，石为炭以埴器。""埴"，黏土。黏土与石炭，为瓷器生产提供了必须的条件。宋代华亭安口镇杨家沟以生产黑陶为主，黄陶次之，产品有钵、碗、碟、缸、盅等。明代，安口镇称"陇上"。

"窑""安口窑"，以烧制青陶颇负盛名。[①] 明代，华亭煤炭已经开采。位于华亭县安口镇杨家沟北坡下，距小溪河 30 余米，为一处废弃残窑。1970 年、1987 年两次调查发现，但未清理，窑形状结构尚不清楚。窑址范围长约 150 米，宽 50 米。西边梯田断面上暴露的文化堆积厚 0.5 至 3 米，地表黑砂质土层中，遗存也较丰富。采集到废铁质炉条、匣钵、垫片及大量瓷片、石英块和煤核。垫片多不规则，为捏制。瓷片多数为粗瓷，细瓷较少。可辨器形有碗、盆、碟等，也有小瓷器。釉色有黑、黄、浅绿、暗白、绛色等。部分釉上有简单的刻纹、绘纹。釉稍厚，胎多青黄色。从胎质及胎色、釉色、

---

① 《平凉地区志》（上），中华书局，2012 年，第 582 页。

纹样等，可断定为金元时期遗址。距窑址 10 余米的半山坡上，有可作为陶土原料的高岭土。①

陶器是用陶土作为原料，经过人们加工成型、高温焙烧而成的各种器皿。陶器按质地可分为粗陶和细陶。粗陶所用陶土选择不精，泥料中羼有砂料、陶末、贝壳末等。粗陶又称夹砂陶，受高温烧烤不会破裂，具备良好的耐热性能；质地坚硬，但质脆容易破碎，适宜作一般炊具。细陶又称泥质陶，陶土选择较严格，泥料较纯，一般不羼砂、碎陶末或贝壳末，只羼少量的草木灰或细的砂粒。安口窑瓷器，即属于粗陶。

制作陶器的陶土是一种天然泥土。这种泥土各地都有，但不是任何各类的泥土都可以用来制作陶器。制作陶器的泥土不能含砂太多，也不能含砂过少，必须选择合用的黏土来作原料。一是含铁量较高，二是含钙、钾、纳物质较少。陶土选定后，还要人为地加进一些羼和料，如石英、长石和砂岩等粉末，这就是为什么安口窑的陶土可以烧制瓷器的土质条件。

瓷器和陶器有本质的不同。陶器的胎料是普通的黏土，瓷器的胎料则是高岭土。陶胎含铁量一般都在 3% 以上，瓷胎含铁量则在 3% 以下；陶器的烧造温度一般在 900℃ 左右，瓷器则需要 1200℃ 左右；陶器或不施釉，或施低温釉，瓷器则多施釉；陶器胎质粗松，吸水性高，瓷器胎体坚致有金属声，基本不吸水。有特殊的土质、丰富的煤炭，自然地理环境和条件成就了安口窑瓷器生产与传承。

① 西北师范大学古籍整理研究所：《甘肃古迹名胜辞典》，甘肃教育出版社，1992 年，第 101 页。

四、民国《华亭县志》里的窑址与瓷器工艺

《民国华亭县志》的撰写，在专业术语方面融入了近代自然科学的一些表述。

其卷一记载，酸化物类土质有白土、石英砂、红土、陶土、黑黝、白黝、黄黝、碖、砂土、琉璃黝，皆制瓷之主料。在《工艺类》卷一物产里，对华亭瓷器作了分类：一是土瓷，产二区窑镇，分黄红黑白4种。二是砂瓷，产地在窑镇，产品有砂锅、砂罐、砂盘、砂暖锅、砂火盆、砂火炉等。三是琉璃瓷，产地在窑镇，产品有鹦哥花瓶、茶盅、茶壶、水盒、酒杯、香炉、盖碗。四是宜兴瓷，产地在窑镇，产品有大小碗碟、花瓶、唾盂、花盆、酒瓶、盖罐等。五是干泥瓷，产地在窑镇，产品有附锅煨罐、茶罐等。六是瓦瓷，各窑址皆生产，有砖瓦茶罐等。生产的陶瓷品种，涵盖了生产生活品用具的诸多方面。

由于土质、燃料等自然地理环境的变化，华亭窑址也发生过变化。民国《华亭县志》记载，华亭瓷厂数次移徙窑址。华亭瓷器最早烧制窑址在砚峡镇，即2000年前制烧使用的窑址。其后因陶土缺乏的缘故，遂移窑址于红山镇杨家沟，沟河畔发现的瓷笼、瓷渣、灰屑等与烧制相关的窑址遗物，即其确证。清道光年间白莲事件后，移杨家沟瓷厂于窑头镇，为第三次迁移窑址。窑址的选择，既要考虑泥土，也要考虑燃料。先择窑址于杨家沟，主要考虑近十用炭地方；窑址选择于窑头镇，主要是考虑方便用泥黝。[1]

---

[1] 郑震谷等修，幸邦隆纂：《华亭县志》卷一《物产》，成文出版有限公司，1976年。

选择不同的窑址，生产不同的瓷器造型。杨家沟瓷厂"仅烧制黄红黑三色土瓷"，造型为"盆碗罐碟小器"，适宜农家所用，沿袭而没有创新。清代光绪初年，张正元在长沟岭"因采黄黝而得白黝，专制白瓷……尚无花彩"。光绪中叶以后创制新工艺且不断推进，一是陕西耀州瓷工艺人路有才、崔大汉始创新"红石浆绘彩白瓷"；二是民国二年河南瓷工汪如海、山西瓷工苑志昌诸人精制陶土白黝；三是民国八年镇绅汪振懋聘请河南瓷工陈群阳等人购买天津、上海"细瓷石蓝色料绘以花彩烧成半细蓝花白瓷"，销售尚好。民国初年，泾川人张得福在窑镇始创烧干泥瓷。汪如海兄弟在窑镇创新宜兴瓷、琉璃瓷，① 外来瓷器新工艺理念的融入，新彩绘颜料的使用，产品品种得以拓展，工艺技术得以不断提升。

清代同治年以后，社会动荡，匪乱不时"劫掠窑镇"。一方面，民国时期土匪祸害，"窑镇元气从此耗尽"。民国《华亭县志》里这样记载，社会不安定因素对窑址的影响很大。另一方面，时代发生了变化，陶器工艺术人才在不断创新着陶器生产。《平凉地区志》载：道光年间，华亭窑头镇窑场蜿蜒几里，产品堆积于道旁。光绪初，华亭县除烧制青、黄、红、黑釉陶器外，还烧制成精美绘花穿衣白陶。新工艺有干泥烧制、琉璃、紫砂，包括陶釉等，生活用品有蓝花工瓷碗、釉下青花二细瓷、穿衣白二碗、蓝边碗、串珠莲碗、苜蓿花碗等，由陶器进而为瓷器。尤其重要的是，陶瓷研究机构的设立跟进。1936年，创办陶瓷研究所；1943年，创办华亭电瓷厂。②

---

① 郑震谷等修，幸邦隆纂：《华亭县志》卷一《物产》，成文出版有限公司，1976年。

② 《平凉地区志》（上），中华书局，2012年，第582页。

人才的聚焦，研究机构的设立，积极推进着安口窑瓷器生产和工艺的提升。为新中国成立后瓷器生产大发展打下了基础。

五、华亭窑瓷器工艺

明朝李贤天顺本《大明一统志》土产条下，记有黑瓷器出于平凉、华亭二县，镇堡条也有安口镇出瓷器记载，可知明代前期华亭县安口镇产黑瓷。经调查，在安口镇发现瓷窑遗址一处，遗留物为青黄釉盘碗标本，器里有印花、刻花装饰，器心多一圈无釉，乃适应迭烧需要而致。器物纹饰与烧制特征和陕西耀州窑相同，属于金代，为耀州窑体系。① 耀州窑的中心窑场在黄堡镇漆水两岸。耀州窑是唐代以后北方重要窑口，在我国陶瓷史上占有重要的位置。唐代中前期，耀州窑主要烧制黑釉。② 可见，耀州窑土贡瓷器对安口窑瓷器生产的重要影响。

印花：陶瓷器的传统装饰技法之一。指用刻有装饰纹样的印模在尚未干透的胎体上打印出花纹。至宋代出现完整的盘碗印纹陶范，即在修模过程中把构图完美的纹饰印在盘碗里面，使印花装饰达到成熟阶段。③ 刻花：瓷器的传统装饰技法之一。指在瓷坯上用刀刻出花纹。宋代最盛行，北方以耀州窑为代表，对邻近地区瓷窑同类装饰有较大影响。④ 瓷器：指以黏土配以适量长石、石英（或瓷石）为原料制坯体施釉，经 1200℃～1300℃ 窑温在还原气氛中烧制的器

---

① 沈柔坚：《中国美术辞典》，上海辞书出版社，1987 年，第 289 页。
② 周叶青：《秘色瓷与耀州窑青瓷的崛起》，《陕西历史博物馆论丛》2018 年 00 期。
③ 沈柔坚：《中国美术辞典》，上海辞书出版社，1987 年，第 285 页。
④ 沈柔坚：《中国美术辞典》，上海辞书出版社，1987 年，第 285 页。

皿。具有胎质致密坚硬，断面有光，薄层透光，胎色白或浅灰白，吸水率微弱或不吸水，釉层较厚达 0.1 毫米以上，青釉纯正，釉面光润，敲击声音清脆等特点。① 这些瓷器及其烧制工艺技术，在安口窑瓷器烧制过程中都得到了吸纳和体现。

古人说的石炭，即现在的煤。学者认为："自宋代以来，北方馒头窑大部分用煤作燃料。"② 用煤作燃料，有利于提高瓷器烧造的质量。使人们体验到人与自然的关系，发现自然的神圣意义和审美价值，于是人们尊重自然，顺应自然，主张"天人合一"。艺术是有目的创造活动，陶艺固然有其工艺上的特殊性，但也不能放弃合目的性的追求，那种盲目的、带着侥幸心理从事陶艺创作，将出现奇迹的希望寄托于"神窑"的态度和行为，同样都不是陶瓷艺术所追求的。

陶瓷艺术被人们称之为"土的艺术"和"火的艺术"。所谓"土的艺术"，则是指各种胎土和釉料的配合，而胎土乃是陶瓷器造型最为重要的物质材料。明瓷的成型，宋应星《天工开物》中，说："凡造瓷坯有两种，一曰印器，如方圆不等瓶瓮炉合之类，御器则有瓷屏风、烛台之类。先以黄泥塑成模印，或两破或两截，抑或囫囵。然后埏白泥印成。一曰圆器，凡大小亿万杯盘之类乃生日用必需……凡造杯盘无有定形模式，以两手捧泥盔冒之上，旋盘使转，拇指剪去甲，按定泥底，就大指薄旋而上，即成一杯碗之形。"由此记载看，这时的成型方式相对还比较简单：圆器是拉制而成；琢器靠黄泥塑成模印，然后埏白泥印成。安口窑陶瓷充分利用了自身独

---

① 沈柔坚：《中国美术辞典》，上海辞书出版社，1987 年，第 295 页。
② 刘振群：《窑炉的改进和我国古瓷窑发展的关系》，中国硅酸盐学会编《中国古陶瓷论文集》，文物出版社，1982 年。

有烧制条件，同时不断吸纳和借鉴外来的陶瓷烧制工艺技术。

六、怀念安口窑瓷器

一座古窑，一段历史。瓷器及其瓷器文化与民间社会生活有着密切关系，西北地区广大乡村里生产生活与安口窑瓷器结缘，安口窑的名字深深地印在记忆里。现在，农家小院的某个地方，仍能看到安口窑的瓷器，尤其是罈、罐、水缸之类的大容器。上了年纪的人，总是在瓷器的另一端储存留着清晰的记忆。

40年前，乡村农家生活所有器具，小到鼓鼓灯，大到储水的水缸，诸如吃饭的碟子、大小碗、大小盆子、各种造型的腌菜坛子、各种样式的装油瓶子等，这些是一个农家生活所必需的，也是那个时代农家生活的风景。各类器具，以黑色见常，碗底、缸沿口多为黄里泛的颜色。那个年代，冬季的吃菜就靠腌制的酸菜和咸菜，储存的器具就是一个高约1米左右的大瓷缸。每年深秋时节，地里种的大白菜收运回来，农家小院里忙碌着女人们的身影。通常六七口人之家，总是要腌制一大缸酸菜，一大缸咸菜，以确保直到来年春暖时节的吃菜。

改革开放40年来，农村生活发生了天翻地覆的变化，城镇化改变了乡村农家的生活空间，高科技、新产品不断更新和替代着农家的生活器具，传统意义上的安口窑瓷器已逐渐淡出人们的视野。作为文化遗产意义上的安口窑瓷器，却留下了一段特殊的记忆。我的童年、青年岁月，就是伴随着那个年代走过来的。它的存在与每个人的生活密切相关；它的影子清晰地弥漫在生活的各个角落。

陇山全域旅游背景下
谈华亭文化旅游深度融合与创新

刘复兴①

（天水市博物馆）

摘要： 在"一带一路"战略背景下，探讨丝绸之路沿线旅游合作开发模式已经成为新常态下推动旅游产业升级的新命题。陇山地区是中华文明的重要发祥地之一，这里历史文化厚重，旅游资源丰富，自然和人文景点众多，拥有得天独厚的旅游资源基础，这里是"新丝绸之路"上的重要节点，因此谈陇山全域旅游开发和文化旅游深度融合与创新具有十分重要的现实意义。华亭作为陇山全域旅游的枢纽城市，在推动陇山全域旅游发展中具有重要作用。本文通过对陇山资源的分级和提炼，探讨华亭旅游发展定位，探索其文化旅游深度融合与创新的途径和方法。

关键字： 陇山 全域旅游 文化旅游的深度融合

---

① 作者简介：刘复兴（1984~），男，张家川人，汉族，2008 年毕业于西北师范大学旅游管理专业，现为中国文物学会会员、中国博物馆协会会员、天水民俗博物馆馆长。主要致力于西北区域历史文化和旅游文化研究，多年来先后在《石河子大学学报》《西北民族大学学报》《西夏研究》等刊物上发表专业论文 10 余篇，参与承担省级课题一项。

2013 年 9 月,习近平主席在访问哈萨克斯坦时提出了共同建设"丝绸之路经济带"的伟大战略构想。在"一带一路"战略背景下,探讨丝绸之路沿线旅游合作开发模式,沿线旅游合作机制和沿线旅游合作路径选择等课题,已经成为新常态下整合区域旅游资源、强化旅游合作、推动旅游业全面发展和旅游产业升级的新命题①。丝绸之路沿线区域旅游合作作为区域经济合作的组成部分,它把旅游业作为区域合作的链条和纽带,并通过整合旅游资源、发挥资源效能、扩大市场影响等手段,对推动西北地区区域经济一体化具有重要意义②。

"一带一路"战略所倡导的以点带面,从线到片,逐步形成大区域合作的发展思路,为实现陇山地区旅游优势互补,构建全域旅游创造了条件。陇山地区位于西安、银川、兰州三个省会城市围绕形成三角地带,它横跨陕西、甘肃、宁夏回族自治区,包括陕西省宝鸡市、宁夏回族自治区的固原市、甘肃省的平凉、天水等广大地区,这里区位独特、旅游资源丰富、文脉相通,是"新丝绸之路"上的重要节点地区,因此,在国家"一带一路"战略背景下谈陇山全域旅游开发具有重要意义。

一、陇山文化旅游资源

陇山地区是中华文明的重要发祥地之 ,这里历史文化厚重,

---

① 林炜玲,邹永光."一带一路"沿线旅游合作空间格局与合作机制 [J].南亚研究季刊,2016(2):76-78).

② 李小明,王新文,张中华.新丝绸之路经济带背景下的区域旅游合作发展模式研究 [J].理论研究,2016(11):88-90.

旅游资源丰富，自然和人文景点众多，拥有得天独厚的旅游资源基础。

（一）源远流长的祭祀文化

陇山地区是中华文明的发祥地之一，距今 5 万年左右的"平凉人"和 3.8 万年左右的"武山人"就生活在这片土地上，新石器时代早期的"大地湾人"和"北首岭人"在这片土地上创造出了灿烂的文化，他们制作的彩陶揭开了中华文明的新篇章。中华民族的先祖伏羲、女娲、黄帝和炎帝就诞生在这里，伏羲庙、炎帝陵、女娲庙、周祖陵、周公庙是千百年来传承者对祖先的敬仰和祭祀。周人和秦人在这片土地上耕耘，他们用勤劳和智慧让华夏民族熠熠生辉。远古遗踪、祭祖传承和煌煌周秦构成了陇山源远流长的祭祀文化传承体系。

（二）丰富多彩的宗教艺术文化

陇山地区的宗教文化遗存丰富，这里是佛教文化传播的枢纽。佛教从印度通过西域再经河西走廊进入陇山地区，在这里与中国文化、民族文化相互碰撞交融，逐渐蜕变成了中国化的佛教。如今的陇山地区仍然是佛教遗存最丰富的地区之一。这里有三大佛教遗存集群，一是贺兰山和六盘山之间的须弥山石窟和西夏佛教集群。二是分布在泾河及其支流流域的南北石窟寺佛教遗存集群，包括南、北石窟寺、合水保全寺、镇原石空寺、华亭石拱寺、泾川大云寺等。三是分布在渭河流域周边的麦积山石窟集群，包括仙人崖、甘谷大象山、华盖寺、武山水帘洞、木梯寺等①。诸多佛教石窟是佛教智慧

---

① 彭曦. 陇山地区文化简论［J］. 宝鸡社会科学，2015（3）：43-46.

的结晶，扶风法门寺、泾川大云寺等皇家供养的寺院更是佛教辉煌的见证。以平凉崆峒山、泾川王母宫、天水玉泉观、宝鸡金台观为代表的诸多道教文化遗存享誉关陇。平凉拱北是中国伊斯兰教哲合忍耶教派第二任教主穆宪章先贤的埋葬地，宣化岗内埋葬有"哲赫忍耶"门宦4位教主的遗骨，且又是哲派第七辈教主马元章及其三弟马元超复兴教门的根据地。璀璨的佛教文化遗存，源远流长的道教文化和丰厚的伊斯兰教文化在这里交汇共融形成了丰厚的宗教文化积淀。

（三）鲜明的红色文化

陇山一带是红色文化的沃土，是重要的革命老区之一。这里有凤县两当起义纪念地，眉县扶眉战役纪念馆，静宁界石铺、六盘山红军长征景区等著名的红色旅游文化资源，其周边更有红军长征会师地——会宁、南梁革命根据地等，它们是"革命历史的真实写照"，是伟大的民族精神和爱国主义精神的鲜活再现，这也是中国优秀传统文化的重要组成部分。在新时期深入挖掘红色文化的内涵和精神，让广大社会公众尤其是青少年了解中国革命的发展史，接受革命传统教育，培育其爱国主义情感，汇聚民族凝聚力，都具有重要意义。

（四）气息浓郁的乡土文化

陇山地区是中华文明的重要发祥地之一。如今这里又是多民族杂居的地方，古老的文化传承和多民族、多文化荟萃在此，形成了具有浓郁乡土气息的民俗文化和非物质文化遗产，陇东皮影、刺绣、剪纸、木板年画、地方小曲、民间社火节、民间饮食等已经成为陇山的民俗文化坐标，它们通过"活态"文化展示着这一区域的文化生态。

（五）丰富的文物资源

陇山一带是商周密、阮、共等方国的繁衍之地，是秦人的牧马之地，也是北方草原文明与农耕文明、早期东西方文明交流的前沿地带，这里文物资源丰富并且具有鲜明的区域特点。经过考古工作者多年的辛勤探索，在春秋战国时期环陇山一带戎人生活地带（银川、固原、庆阳、平凉、天水等地）陆续发现了多个具有相同或相似文化因素的青铜文化分布地点。这些地点共计50余处，它们集中分布环陇山地区，出土尤为数众多的"北方系青铜器"，这里发现的青铜兵器、生产和生活工具、车马器和青铜饰品等与北方草原文化关系密切，但又有明显的区域特点①。目前在陇山周边有国家一级博物馆2家，二、三级博物馆近20家，有馆藏文物近20万件（套）。在博物馆免费开放背景下，这些资源已经成为增强区域旅游文化内涵的重要内容，成为展示区域优秀历史文化的新的形式，博物馆旅游也成了一种新的旅游方式。

（六）健康绿色的环境及农产品资源

陇山地区森林覆盖率高，环境优美。六盘山的森林覆盖率达80%，空气中负氧离子含量极高，盛夏时温度仅20℃左右，是避暑的首选。关山的森林覆盖率为36.56%，这里平均气温7.7℃，最高20℃，最低-6℃，是旅游的理想之地。小陇山森林覆盖率达63.6%，据调查，甘肃小陇山林区就有野生蔬菜134种，隶属于34科72属。当地人食用的有蕨菜、灰菜、荠荠菜、苜蓿、香椿、乌龙头、五叶菜、茵陈、蒲公英、小蒜等近50种，覆盖了野生蔬菜的13科22属②。除此以外，此地还盛产各种山珍、传统农产品，这些都是极具

---

① 马建军. 半环陇山的戎族青铜文化 [J]. 固原师专学报，1997（1）：74-76.

② 陈西仓，马震亚等. 小陇山林区野生蔬菜植物的种质资源 [J]. 中国林副特产，2016（2）：81-85.

发展潜力的绿色旅游资源。

二、华亭在陇山区域旅游中的定位

丰厚的历史底蕴和丰富的旅游资源使陇山地区具备了协同发展旅游的先天条件。从目前旅游发展现状来看，陇山地区的旅游资源和旅游经济具有相似性、集聚性和互补性，尤其旅游资源的区域整合，将取消非正常壁垒，突破区域内各地原有的旅游功能的限制，实现区域旅游的联动发展。另外，通过区域合作，实现强强联合、优势互补，将有利于构建鲜明而良好的区域旅游新形象，有利于形成区域旅游特色、有利于创建品牌，开展宣传，从而促进旅游目的地知名度和吸引力的提升。

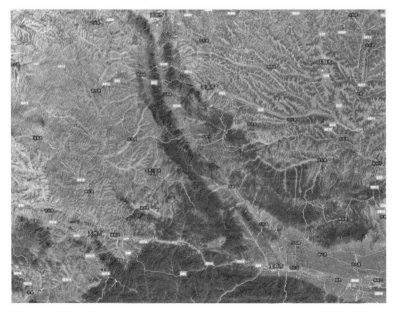

环陇山城市分布图

由此可见，综合统筹陇山区域旅游资源，加强周边城市协同发展，是推进陇山全域旅游发展的关键。而华亭地处陇山腹地，位于固原、平凉、天水、宝鸡等环陇山城市群的中心，是盘活陇山旅游资源的关键，它对推动陇山全域旅游开发和创新，对整合陇山文化旅游产品，打造陇山文化旅游品牌，促进陇山地区产业升级和文化旅游深度融合都有至为关键的作用。

华亭市主要旅游资源分布图

在旅游市场定位中，华亭市要紧紧依托陇山旅游资源优势，积极打造陇山全域旅游"枢纽"，即通过与周边的固原、平凉、天水、宝鸡等城市加强旅游政策、制度和法规的相互借鉴与合作，通过旅游资源共享重组和旅游产品、旅游市场的联合开发，开展旅游资产和资金的流通互助和联合共建，开展旅游交通、旅游信息系统和旅游公共设施的共享，促进旅游人才和技术的交流与合作，打破周边地区旅游经济主体的政治区划，将区域内的文化旅游资源和食、住、行、游、购、娱等旅游系统要素重新配置并优化组合，通过市场对接、资源共享、位势叠加，降低开发成本，促进基础设施和交通网络的完善，实现 1+1>2 的组合优势，以形成规模更大、结构优良、品牌知名度高、特色鲜明更具有市场竞争力的旅游产品和市场体系，实现区域旅游一体化，以获得更大的经济、社会、文化和生态效益。

华亭市旅游资源及陇周边大景区分布图

三、区域旅游合作背景下华亭文化与旅游融合与创新

为了发挥好陇山全域旅游的枢纽作用，华亭市应以全域旅游为统揽，突出顶层设计，优化发展理念，在景区建设、全产业链打造、营销宣传和服务质量提升等重点工作上全面发力，推动旅游业绽放出勃勃生机。在全市旅游规划上，已有学者按照全域旅游发展的理

念，提出构建"一心（打造华亭旅游城市服务中心）、一轴（链接一条城市中心标志景观轴）、两翼（开发西部关山生态旅游观光区、东部特色工业旅游体验区）、十线（培育十大乡村旅游主题线路）"的华亭市全域旅游发展新格局的构想①，却乃真知灼见。下面我就将华亭市打造成陇山全域旅游枢纽提几点拙见：

（一）整合祭祀文化，构建"根脉"文化传承体系

陇山，本意龙山，源于古羌语的朝那。其附近的朝那湫在先秦时代就已显名，成为秦汉祭祀川泽的重地之一，与黄河、汉水、长江并列为四大名川，是祭祀龙的圣地②。秦人为祭祀天神设立了雍五畤，其中至少有西畤（在今礼县鸾亭山）、上畤、下畤（在今华亭五台山南麓莲花台）三畤在陇山周边，这一祭祀活动持续了400余年，甚至还延续到西汉时期，可见自古以来陇山一带就是祭祀天神上帝和祖宗根源的地方③。如今这一区域内仍然继承着对伏羲、女娲、炎帝和周公、西王母的祭祀，尤其公祭伏羲大典已经成为全球关注的文华盛典。在区域旅游合作背景下，华亭就要深入挖掘陇山这座文化和地理坐标的文化内涵，通过整合各种祭祀形式，推动在省级层面打造以"祀龙圣地"为主题、以公祭伏羲大典为核心及以女娲祭祀、炎帝祭祀、周公祭祀、西王母祭祀、畤祭等各种祭祀为辅的系列祭祀活动，构建"根脉"文化传承体系，彰显"中华一脉"的民族价值观，强化民族向心力和凝聚力。

---

① 杨其正．对加快全域旅游发展的思考——以甘肃华亭为例 当代旅游 2017 (5) 91-92

② 薛方昱．陇山源名考 [J]．敦煌学辑刊，1993 (1)：43-44.

③ 王学礼．陇山秦汉寻踪 [J]．社会纵横，1994 (3)：38-42.

（二）优化宗教文化格局，打造宗教文化圣地

陇山一带的宗教文化资源非常丰富，佛教文化、道教文化和伊斯兰教文化并存，这是极大的资源优势，但处理不好反而会相互影响。因此，必须首先要优化宗教文化格局，按照资源价值对宗教文化资源排序，以确定开发的次序和主次。从资源价值来讲，陇山的一代佛教文化资源价值最高，麦积山是世界文化遗产，法门寺、泾川大云寺都曾多次埋葬佛舍利，是重要的佛教文化圣地，所以佛教文化应该作为陇山宗教文化的核心内容。尤其值得注意的是，华亭位于由须弥山石窟、麦积山石窟、法门寺为顶点组成的环陇山三角形区域的中心。在这里有闻名遐迩的石拱寺石窟，其开凿于北魏晚期，现存 14 个窟龛和 249 身造像。另外，20 世纪 90 年代在华亭南部安口镇武村铺村谢家庙发现一处佛教石刻造像窖藏，先后两次出土背屏式造像、圆雕、造像碑等各类造像 28 件，各种碎块 30 多件。这批造像其中 7 件刻有题记，其显示的造像时间最早在北魏熙平元年（516 年），最晚在北周保定二年（564 年)[①]。这些造像皆是家族造像，其族属多为屠各、氐等西北民族[②]。

除此以外，这个区域周边还分布着南石窟寺、北石窟寺、泾川王母宫石窟、罗汉洞石窟、丈八寺石窟、镇原县石空寺石窟、庄浪县的云崖寺石窟、主林寺石窟、陈家洞石窟、合水县的何全寺石窟、张家沟门石窟和莲花寺石窟等 20 多处石窟。由此可见，陇山是名副

---

① 陈泗：甘肃华亭县谢家庙北朝佛教石刻造像窖藏性质分析 [J]．文物鉴赏与收藏，2017（11），42-43.

② 王怀宥，甘肃华亭县出土北朝佛教石刻造像供养人族属考 [J]．敦煌学辑刊，2016（2），139.

其实的早期佛教传播和弘扬圣地。华亭作为这个区域的中心，要发挥资源文化优势，深入研究其与周边石窟和佛教文化的关系，统筹周边石窟资源，强力打造陇山佛教文化圣地和陇山石窟雕塑旅游集散地。

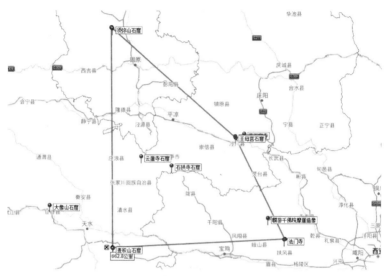

华亭石拱寺与陇山周边重要石窟寺分布图

（三）聚焦特色和品牌，培育扶贫旅游项目，推动乡村旅游升级

华亭有良好的生态环境，有浓郁的乡土风情，有特色的民俗文化，这里原生态的生活环境和慢节奏的生活方式与都市生活形成极大的反差，对城市旅游者有极大地吸引力。近年来，华亭市依托得天独厚的资源优势，以"乡村观光休闲"为特色，不断完善基础设施，打造乡村旅游精品，按照"一镇一品、一村一韵"的理念，大力发展观光农业、田园休闲等为一体的特色乡村旅游，已经形成了上关镇特色"农业旅游"、安口镇"采摘节"、砚峡乡东沟"小渔

村"等乡村旅游品牌，接待游客突破了 100 万人次，取得了较好的效果。但在区域旅游合作背景下，华亭市乡村旅游应该围绕陇山旅游总体规划和功能特点，结合历史文化名村、名镇和"一村一品"产业布局，避免同质化，紧靠精准扶贫政策，结合乡村特色，通过理念升级、管理升级、服务升级、营销升级、环境升级、文化升级、智慧升级①，促进传统农家乐和乡村观光旅游向深度体验和休闲养老乡村旅游转型升级。

（四）发挥环境资源优势，构建特色鲜明的养生旅游示范区

在大众旅游时代，旅游者的消费观念全面提升，旅游者更加注重外出旅游的质量和品位，尤其是养生旅游成为旅游新形势。陇山地区是养生文化的重要发祥地，传说中上古神仙广成子修道崆峒，掌管不死之药的西王母的故乡在此，崆峒派武术更是名震江湖，针灸鼻祖皇甫谧诞生于此……千年的传承积淀了深厚的养生文化，这是陇山一带打造养生旅游的软实力。另外，陇山地区中药材资源类群也十分丰富。据调查，陇山山地自然区共有药用植物 146 科 763 属 1838 种②，其有清热、祛风湿、活血化瘀等功效，具有极强的保健作用。除了中草药之外，这里也是野生蔬菜资源的富集区，仅甘肃小陇山林区就有野生蔬菜 134 种，隶属于 34 科 72 属。当地人食用的有蕨菜、灰菜、荠荠菜、苜蓿、香椿、乌龙头、五叶菜、茵陈、蒲

---

① 毛峰．生态文明视角下乡村旅游转型升级的路径与对策［J］．农业经济，2016（4）：30-32.

② 陈西仓，马震亚等．小陇山林区野生蔬菜植物的种质资源［J］．中国林副特产，2016（2）：81-85.

公英、小蒜等近 50 种，覆盖了野生蔬菜的 13 科 22 属①，这些野菜兼具食用和药用价值，是养生保健的原生有机保健食品。华亭应该一方面有计划地开发利用中药材和野菜资源，并利用现代农业科技开展优质特色中药材和野生蔬菜的栽培驯化，并开展深加工，打造中药材和野菜产业链；另一方面，更要在休闲度假旅游时代背景下充分利用环境资源优势，进一步弘扬"养生文化"，并结合乡村旅游，综合利用中药材和野菜资源，打造"文化为魂、环境支撑、资源保障、乡村先行"的养生圣境。

（五）探索民俗和非物质文化遗产旅游功能开发

华亭非物质文化遗产资源非常丰富，陶瓷工艺、打乐架、曲子戏等具有极高的文化价值，有广阔的开发潜力。但很多非遗项目只有少数人在艰难传承，它们已逐渐远离了社会公众的视野。为了让这些古老的手艺"活"起来，应该利用"旅游+非物质文化遗产"的新方法和新途径，引导和扶持非物质文化遗产项目与旅游的融合。一是政府统一规划，创造基础平台，创作一些高水平的非遗展演项目，丰富景区的文化内涵，增加消费娱乐项目，弥补夜间旅游消费市场的空白。二是鼓励社会资本、有实力的企业和高端文化创意人才参与非遗和民间特色手工艺传承创新，围绕景区建设文创产业孵化创新基地，这样既可以促使产业升级，又可以改良非遗项目和民间手工艺的生存环境，真正地让非遗"活起来"，让民间手工艺"动起来"，让古老的文化遗产为社会发展助力。三是在文创基地建设的

---

① 陈西仓，马震亚等．小陇山林区野生蔬菜植物的种质资源［J］．中国林副特产，2016（2）：81–85．

基础上，进一步挖掘和深化非遗项目展示形式，开设游客深度体验区，吸引游客主动参与到非遗项目传承创新当中，开创"万众创新"助力当地文创产业开发和文化旅游深度融合。

（六）利用古道资源，开发体育旅游和人文专题旅游

陇山是中原和河西与西域经济文化交流的枢纽，这里古道纵横，有东西向的陇坻道、番须道、鸡头道和瓦亭道。隋唐出现的安化峡道（陕西千阳县与甘肃清水县间）、安夷关道（渭河河谷西通天水）和南北走向的回中道（陕西陇县北通萧关)①。这里关塞众多，有陇山南侧的安夷关，陇山北陲的木峡关、石峡关、六盘关、制胜关、瓦亭关等，更有远近闻名的陇关和萧关②。丝绸之路从关中通往陇右，沿陇山主要有两条道路通行：其一是沿泾河西行，经平凉、固原、兰州抵达河西走廊的陇右北道；其二是沿汧水西行，经大震关逾陇山的陇右南道③。

这些关隘和丝路古道上有很多历史名人穿行，张骞、班固、岑参、玄奘、杜甫都从这里走过，留下了很多轶事和华章，它们承载了陇山古道的精神。因此，在中国文学和音乐史上，"陇头"是广受关注的主题，从文学角度说，从汉魏以来形成了陇山、陇水、陇头、陇关等诸多文化意象。呜咽的陇头流水，高峻崎岖、"羊肠九曲"的陇坂，凄清朗照的关山月，是陇山地理文化最典型的三大特征。借陇山险峻崎岖、陇水的呜咽凄凉来抒写人生困顿，并强化家园意识，

---

① 刘满．秦汉陇山道考述［J］。敦煌学辑刊。2005（2），265-270.
② 关治中，王克西．陇山诸关考［J］．渭南师范学院学报，2002（1）：58-61.
③ 雍际春，苏海洋．丝绸之路陇右南道陇山段的交通路线［J］．丝绸之路，2009（6）：33-35.

是历代陇山诗歌创作的心理动因①。

这些古道关隘和文学意象是陇道的灵魂，在陇山全域旅游背景下开展文化旅游深度融合的实践和创新，华亭就要依托于原始的山坡和古道资源，利用体育、健身专题旅游形式开发运动型、游憩型、观光型、赛事活动型体育旅游，徒步、探险、户外等旅游项目，或承办马拉松、登山、自行车等旅游赛事，以打造区域体育旅游产业生态圈②。同时，要依靠环境优势和古道资源，深入挖掘陇山人文内涵，充分利用本地丰富的并具有鲜明地域特点的文物资源，以及极其宝贵的文化遗产和陇山、陇水、陇头、陇关等诸多公众熟悉的文化意象，打造具有深度体验的人文专题旅游。

总之，陇山是我国西北地区重要的文化地理坐标，更是古丝绸之路交通线上的重要枢纽。以陇山为中心的陇山地区处在兰州、银川、西安、成都所组成的都市旅游圈的中心位置，这里文化底蕴深厚，旅游资源丰富，具有极广阔的发展前景。华亭就是要抢抓陇山全域旅游背景下陇山文化旅游深度融合实践创新的机遇，以互利共享、合作共赢的姿态，主动加强与周边城市的经济合作和旅游文化资源统筹，通过构建陇山区域旅游一体化促进文化旅游功能的完善和产业结构的优化升级，来推动华亭旅游的提质增效和全面发展，以此促进区域文化传播，打造区域文化旅游品牌，带动区域经济发展③。

---

① 王金寿. 古代陇山诗歌文化源流初探 [J]. 兰州文理学院学报，2014（1）：4-7.

② 薛正昌，朱鹏云. 宁夏红色旅游资源研究 [J]. 宁夏社会科学，2006（9）：104-106.

③ 李泉，张馨予. "丝绸之路经济带" 沿线区域文化旅游产业合作发展研究 [J]. 青海民族大学学报，2016（1）：136-139.

从梁坡看齐家

任瑞波

（兰州大学历史文化学院考古学系）

摘要：崇信县梁坡遗址曾发现过龙山时代的遗存，学界起初将其归入为齐家文化。不过，对比汭河流域周邻区域，经正式考古发掘的遗址诸如隆德北塬、隆德页河子、灵台桥村和天水师赵村等发现的同类考古材料，我们认为相关遗存宜称为"北塬类型"，独立于齐家文化。梁坡遗址"北塬类型"的发现和确认，对我们认识汭河流域在齐家文化起源和龙山时代陇山东西两侧文化互动交流过程中扮演的重要角色具有积极的意义。

关键词：梁坡遗址　齐家文化　龙山时代　北塬类型

梁坡遗址位于甘肃省平凉市崇信县城西北汭河北岸梁坡村西的一处台地上（图一）。1986 年，崇信县博物馆对该遗址进行了考古调查，获得了一批包含仰韶文化、齐家文化和周文化的材料①。

---

① 陶荣：《甘肃崇信古文化遗址调查》，《考古》1995 年第 1 期。

图一　梁坡遗址和相关遗址位置示意图

1. 天水师赵村　2. 隆德北塬　3. 灵台桥村　4. 崇信梁坡

调查简报公布的"齐家文化"陶器共计 12 件（图二），简况如下：

1 件夹粗砂红陶侈口罐，通体施绳纹。1 件夹细砂红陶罐，颈部饰绳纹，肩部饰篮纹。1 件夹砂红陶单耳罐，直口，腹部饰绳纹。1 件细泥桔黄陶单耳罐，敛口，素面。3 件双耳罐，其中 2 件双耳较小，侈口，圆唇，上腹磨光，下腹或腹中饰篮纹；另外 1 件折腹大双耳罐，泥质红陶，素面。1 件泥质红陶三耳罐，折腹。1 件夹粗砂敞口盆，腹饰篮纹。1 件高柄豆，浅盘，喇叭形圈足，柄中部有镂空。1 件盉，夹砂桔黄陶，敛口，折沿，深腹，三袋足，上腹两周锥刺纹。1 件敛口瓮，圆肩，有两个鸟喙状錾耳。

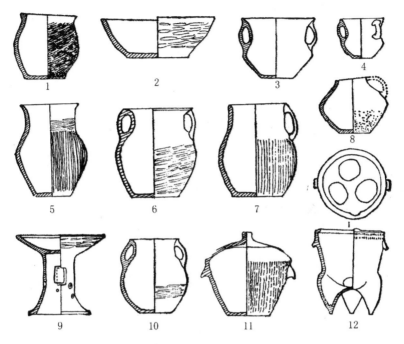

图二　梁坡遗址调查发现的龙山时代陶器

　　调查者将这批遗存定性为"齐家文化"。调查简报认为，"相关遗存包含陇东地区齐家文化的因素，并和关中地区的龙山文化关系比较密切，且具有自身的地方特色。"

　　上述材料的获得和认识是20世纪90年代，对当时学界认识和讨论泾河流域乃至陇东地区龙山时代的文化面貌具有积极的作用和重要的意义。不过，随着时间的推移，该遗址周邻地区同类型典型遗址的发掘数量逐渐增加，学界对相关遗存性质的争论和判定，提醒我们重新审视梁坡遗址相关遗存文化性质。这些典型遗址包括天水师赵村、隆德页河子、隆德沙塘北塬和灵台桥村，梁坡遗址正好位于后两处遗址连成直线的中间位置。因此，这些典型遗址相关遗存性质的准确判定，对梁坡遗址龙山时代遗存的性质归属判定具有标尺作用，也有利于探讨和理解龙山时代汭河流域为连接陇山东西两侧的文化发挥的独特作用。

一、隆德沙塘北塬龙山时代遗存

沙塘北塬遗址位于六盘山西侧的宁夏隆德县，2013 年、2015 年和 2016 年经过三次正式的考古发掘，获得了一批丰富的考古资料，为研究齐家文化及其相关问题提供了宝贵的材料。

（一）陶器

三次发掘出土陶器均以夹砂陶为主，泥质陶次之，但二者均以红陶为主色调。器表装饰方面，除素面外，常见麻点纹、绳纹和篮纹，还有少量附加堆纹和刻划纹。典型陶器种类，常见无耳侈口罐、高领罐、双耳罐、浅腹盆、单耳罐和少量空三足鬲和圈足豆。典型陶器形态，高领罐均未见明显折肩，夹砂陶双耳罐均为小耳，泥质陶双耳罐耳较大，下腹有明显鼓起或有清晰的折棱。无耳侈口罐常见弧腹或鼓腹，颈部弧长，颈腹交界处无明显折棱。

（二）房址

2013 年发现房址 2 座，分两类：一类是半地穴式（F3），平面呈"凸"字形，圆角方形，中部有圆形灶坑，地面抹白灰面，墙壁抹白灰皮；一类是窑洞式（F7），平面呈椭圆形，弧壁，平底，穹隆顶。

2015 年发现房址 12 座，分两类：一类是半地穴式（共 15 座），圆角凸字形，中部有灶坑，居住面有白灰；一类是窑洞式（2 座）。

2016 年发现房址 13 座，均为半地穴式，平面呈长方形和圆形。长方形房屋为"凸"字形，房屋中部有灶坑，地面残存白灰皮。圆形房屋袋状、平底，底部有硬踩踏面。

（三）墓葬

仅 2016 年发现墓葬，为长方形竖穴土坑墓，葬式有仰身直肢、侧身屈肢和二次葬等。

综上，从陶器组合、典型器物、房屋、墓葬来看，隆德遗址三次发掘所获材料面貌一致，它们当属同一考古学文化。不过在刊布资料时，发掘者对这批材料的认识却发生了明显变化：

第一次，2013 年的发掘材料公布后，发掘者认为，"北塬遗址出土的文化遗存应该属于齐家文化"，且"以沙塘北塬遗址为代表的齐家文化遗存应该早于河湟地区的齐家文化遗存"，同时，这类遗存在发展过程中"受到了关中地区客省庄二期文化影响"。①

第二次，2015 年的发掘简报结语中，发掘者认为，"沙塘北塬遗址、页河子遗址龙山文化遗存、师赵村遗址第七期遗存三者整体文化面貌基本类同，文化内涵比较接近，都属于齐家文化早期文化遗存。"②

第三次，发掘者认为"沙塘北塬遗址"文化遗存有其自身的特点且有一定的分布地域，因此可以将以沙塘北塬遗址为代表的遗存命名为"沙塘北塬类型"，且这类遗存"是介于常山下层文化和齐家

---

① 宁夏文物考古研究所：《宁夏隆德沙塘北塬遗址 2013 年发掘简报》，《文博》2017 年第 6 期。

② 宁夏文物考古研究所、吉林大学边疆考古研究中心：《宁夏隆德县沙塘北塬遗址 2015 年发掘简报》，《考古》2018 年第 5 期。

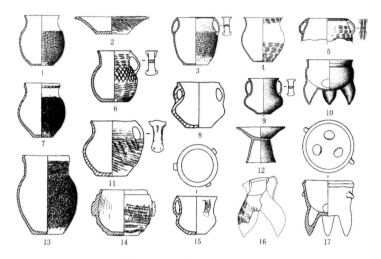

图三　隆德沙塘北塬遗址发现的龙山时代陶器

文化之间的一种文化遗存，属于常山下层文化向齐家文化的一个过渡类型。"①

二、隆德页河子龙山时代遗存

页河子遗址位于宁夏隆德县西南约 20 公里的渝河北岸，1986 年进行考古发掘，出土了仰韶文化晚期和龙山时期的遗存。

陶器种类包括罐、盆、豆、鬲、斝等，平底器最多，三足器次之，圈足器不多见。以罐为主，其中高领折肩罐占总数的 20%；夹砂侈口罐占总数的 37%；泥质单、双耳罐占总数的 14%；豆数量较少，鬲和斝数量最少，占陶器总数的 2.8%。

陶质陶色方面，夹砂陶和泥质陶以桔红色和桔黄色为主。器表

---

① 宁夏文物考古研究所：《宁夏隆德县沙塘北塬遗址 2016 年发掘简报》，《考古》2020 年第 4 期。

装饰除素面和磨光外，常见篮纹和麦粒绳纹，附加堆纹占一定比例，刻划纹少见，方格纹和彩陶极少见。主要陶器种类常见夹砂侈口深腹罐、高领折肩罐、双耳罐、单耳罐和浅腹盆，另外可见斝、鬲、盉以及少量圈足器。

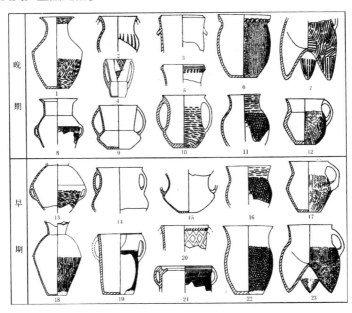

图四　隆德页河子遗址发现的龙山时代遗存

发掘工作者认为，龙山时期的遗存属于齐家文化①。有研究者则认为，页河子遗址所谓的齐家文化遗存和灵台桥村 H4 可称为"页河子类型"，其早期年代约与客省庄文化早期相当，晚期与客省庄文化

---

①　北京大学考古实习队、固原博物馆：《隆德页河子新石器时代遗址发掘报告》，《考古学研究》（三），科学出版社，1997 年。

晚期相当，此类遗存发展为齐家文化皇娘娘台类型①

三、师赵村七期遗存

师赵村第七期遗存，包括师赵村遗址第七期遗存和西山坪遗址第七期遗存。

（一）师赵村遗址第七期遗存

师赵村发掘报告根据师赵村 T381②层出土的陶片，统计了陶系、陶色以及陶器种类。有研究者将这种统计结果视为定性师赵村七期性质的重要依据之一，但我们注意到，师赵村遗址第七期遗存遗迹包括数量较多的房址和少量灰坑，且这些遗迹中多数均有发现陶器生活用品，而且这些遗迹特别是房址中的出土物有明显的区别。因此，我们认为有必要对师赵村第七期遗存进行重新梳理。

七期遗存的陶器主要出自房址、墓葬和地层。根据发掘报告中出土物的组合和特征，可将这些遗存分为 A、B 两组：

A 组，以空三足斝为代表，出土此类器物的遗迹有 F5、F8、F26、F19、F24、F25 和 F27。

B 组，以大耳罐和侈口深腹罐为代表，出土此类器物的遗迹有F4、F26、F20、F7、F9、F6、M3、M4 为代表。

根据发掘报告公布的图、文的房址登记表，不难发现，A、B 两组在同一个遗迹单位中共存的现象非常少，只有 F2 和 F26。另外，在部分探方第②层中可见这种共存现象。

---

① 陈小三：《河西走廊及其邻近地区早期青铜时代遗存研究》，博士学位论文，吉林大学，2012 年。

需要说明的是，在部分探方第②层出土的敛口深腹罐 T320②：5（报告称为 B 型"缸"）、双耳深腹罐 T333②：5 和侈口鼓腹罐 T333②：6 为代表的遗存属于仰韶晚期的遗物，应当剔除在师赵村七期遗存之外。

（二）西山坪遗址第七期遗存

遗物出自一座墓葬、一个灰坑，其余大部分出自地层，另外还有少量采集的遗物。相关陶器可分为两组：

A 组，以空三足鬶为代表，均为采集品。遗迹和地层中均不见。

B 组，以侈口深腹罐、大耳罐、高领罐和袋足鬲为代表。均出自 H18 和各探方相关地层。

除上述两组遗存外，以大口瓮 T7③：9 为代表的遗存应该属于仰韶晚期的遗物，应当剔除在师赵村七期遗存之外。

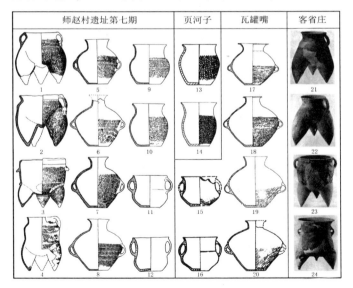

图五　师赵村遗址第七期遗存与其他遗址出土物比较

发掘报告指出，师赵村第七期遗存和西山坪第七期遗存文化性质相当，可统称为师赵村七期文化遗存，是甘肃东部地区齐家文化的一个地方类型，可称为"师赵村类型"①。韩建业认同发掘报告的观点，将师赵村七期视为齐家文化最早阶段的遗存②。

不过，张忠培先生曾经明确指出："《师赵村与西山坪》一书，将师赵村第七期遗存和西山坪第七期遗存合称为'师赵村第七期文化遗存'，发掘者虽然正确认识到两者存在者年代早晚之别，即师赵村第七期遗存早于西山坪第七期遗存，但却在文化定性上出现了偏差，即将它们都归入了齐家文化，从而使这两支面貌本来区别就不大的考古学文化，越来越模糊。这可以说是甘宁考古工作中的一个误区。"之所以这样认为，原因是"师赵村第七期遗存，除了报告所称的'A 型斝'外，其它陶器的类别、组合，基本上不超出客省庄文化的范畴，各类器物的具体形态亦与客省庄文化相近。"③ 此外，梁星彭先生也赞成应将师赵村七期纳入客省庄文化的范畴④。最近，有学者认为师赵村七期包含了三组不同的文化因素，包含自身特色

---

① 中国社会科学院考古研究所：《师赵村与西山坪》，中国大百科全书出版社，1999 年。

② 韩建业：《齐家文化的发展演变：文化互动与欧亚背景》，《文物》2019 年第7 期；王辉：《甘青地区新石器——青铜时代考古学文化的谱系与格局》，北京大学考古文博学院、北京大学中国考古学研究中心编：《考古学研究》九，第 210~243 页，文物出版社，2012 年。

③ 张忠培、杨晶：《客省庄文化单把鬲的研究——兼谈客省庄文化的流向》，《北方文物》2002 年第 3 期。

④ 张忠培、杨晶：《客省庄文化单把鬲的研究——兼谈客省庄文化的流向》，《北方文物》2002 年第 3 期。中国社会科学院考古研究所：《中国考古学·新石器时代卷》，第 578 页，中国社会科学出版社，2010 年。梁星彭：《试论客省庄二期文化》，《考古学报》1994 年第 4 期。

因素、客省庄文化因素和齐家文化因素，整体与客省庄文化双庵类型关系密切，但与齐家文化差异较大。①

四、灵台桥村遗址

桥村遗址位于灵台县西北约 20 公里处，1978 年甘肃省博物馆考古队对遗址进行考古发掘。发掘面积虽较小，但出土器物种类齐全，陶器包括鬲、甗、盆、盘、罐、碗、豆等。

关于桥村发现遗存的性质，学界有两种截然不同的观点：

第一，属于齐家文化。发掘报告认为，桥村发掘所获遗存定性为"齐家文化"，但它们与陕西"客省庄第二期文化"有诸多相似之处。② 王辉先生认为，桥村遗址属于齐家文化早期遗存③。

第二，属于客省庄文化。梁星彭先生认为，桥村和师赵村出土相关遗存都属于客省庄文化，两处遗址所在的甘肃东部地区属于客省庄文化分布的最西部。④ 除梁先生外，其他大多数学者都将桥村纳入客省庄文化的范畴。

---

① 崔俊俊：《天水师赵村第七期遗存文化属性试析》，《不惑集——山西大学考古专业成立 40 周年纪念文集》，科学出版社，2020 年 6 月。

② 甘肃省博物馆考古队：《甘肃灵台桥村齐家文化遗址试掘简报》，《考古与文物》，1980 年第 3 期。

③ 王辉：《甘青地区新石器——青铜时代考古学文化的谱系与格局》，《考古学研究》（九），文物出版社，2012 年。

④ 梁星彭：《试论客省庄二期文化》，《考古学报》1994 年第 4 期。

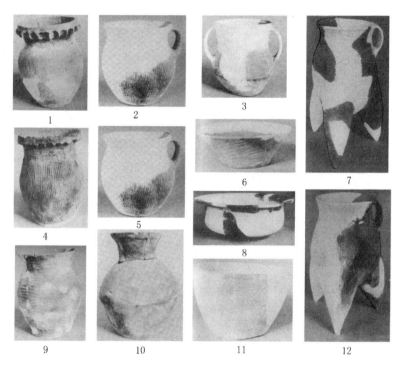

图六 灵台桥村出土陶器

五、相关问题讨论

通过对上述 4 处与崇信梁坡相关的典型遗址出土的龙山时代遗存进行简要回顾,我们发现,这些遗存文化面貌大同小异,年代大致相近,都在公元前 2000 年前后。崇信梁坡发现的"齐家文化"陶器更接近沙塘北塬出土的遗存,部分见于隆德页河子龙山时代遗存和师赵村七期遗存,整体与灵台桥村出土的遗存相差较远。对于这些遗存的性质判别,总结起来看至少有以下 4 种:

第一种，认为属于齐家文化，或是属齐家文化早期，或是属齐家文化的一个地方类型。

第二种，认为属于客省庄文化。

第三种，认为是常山下层文化和齐家文化之间的一类过渡遗存，发展成为齐家文化。

第四种，认为是独立的一类遗存，既不归属齐家，也不属于客省庄文化。

其中第三种和第四种意见对相关遗存的命名，至少有"师赵村类型"、"页河子类型"和"沙塘北塬类型"。我们认为，出现这种看似较为"混乱"的现象原因至少有三：

第一，从横向上，学界目前对齐家文化和客省庄文化并没有一个清晰的界定标准，导致不同学者在面对同一类遗存时，会陷入究竟将其归入齐家文化还是客省庄文化的两难境地。

第二，从纵向上，学界对齐家文化早期遗存的界定不清楚，导致不同学者面对同一类遗存时，会陷入究竟是将其归入齐家文化早期还是齐家文化来源或源头的困境。

第三，从出土遗物本身看，陇山东西两侧这一区域内不同遗址发现的龙山时代遗存面貌并不完全相同。正因如此，每发掘一处新的遗址和一批新材料，可能都和已经发现的遗存既有相似之处，又有自身的特征，因此便顺其自然将新发现的遗存重新命名为"某某遗存"。

而我们要重新审视梁坡遗存的文化性质，就有必要对上述三个问题进行有效解决。

第一，齐家文化与客省庄文化的界定问题。从出土资料看，部分器物在两支文化中互见，如双耳罐、高领罐、折肩瓮、侈口罐等。面对这种情况，我们不能因此再将两支考古学文化合二为一，如果我们严格按照器物组合，不难发现齐家文化发现的空三足斝的频率低、数量少，而客省庄文化空三足斝出现的频率高、数量多。但另一方面，我们不能不思考的是，既然只有空三足斝能将两支考古学文化分开，说明两支文化之间的差异性确实较小，理应重新思考二者之间的内在联系，宜将它们归入同一考古学文化系统。

第二，齐家文化早期遗存和齐家文化源头的问题。如果明确了齐家文化的基本陶器组合，那么不论将齐家文化分为几期，早晚期变化明显的应该是器形或纹饰，而非器物组合。器物组合发生变化，意味着文化性质发生了变化。因此，在明确了典型的、单纯的、无争议的齐家文化遗存之后，便可据"从已知到未知"，对相关遗存进行分析。

第三，新遗存进行命名的问题。陇山东西两侧自距今5500年以降，就逐渐走向了不同的文化发展道路，越往后发展，东西两侧的文化面貌差距越大，但是东西两侧的文化交流始终没有停止。这也就意味着陇东地区属于文化的"杂交"地带，呈现出纷繁复杂的文化格局是理所当然，单个遗址的同一期遗存可能会共存不同考古学文化的遗物。我们建议用那些文化面貌较单纯的遗存进行命名最为恰当。例如师赵村七期含有多种文化的遗物，因此不宜出现"师赵村类型"的命名，而沙塘北塬遗址出土龙山时期的遗存较为单纯，如果要对相关遗存进行命名，宜首先考虑"北塬类型"。

依上述分析，以最新的考古发现为标尺，我们认为崇信梁坡遗址龙山时代遗存宜归入北塬类型。我们暂时倾向于北塬类型独立于齐家文化和客省庄文化之外，与齐家文化的来源密切相关。如果这一认识没有大的差错，那么可以明确，崇信梁坡遗址所在的汭河流域在龙山时代至少发挥着两个重要作用：第一，该区域是齐家文化的发源地之一；第二，该区域是齐家文化在形成过程中陇山东西两侧文化交流和互动的最前沿。

华亭石拱寺石窟洞窟形制探索——以 2 号窟为例

董广强

（麦积山石窟艺术研究所）

内容摘要：石窟建筑不是一个完全独立的建筑体系，而是中国古代建筑文化中的一部分，和其他建筑形式之间存在着密切的文化联系，我们不能脱离建筑文化谈论石窟建筑。石拱寺 2 号窟是一个平面圆形、穹庐顶的形制，是受到了草原上穹庐的影响而开凿的，其开凿供养者应该是来自草原的人士，可能是来自京师地区且带有北方草原背景的某位地区官员。

关键词：石拱寺　洞窟形制　建筑空间　草原民族

一、关于石窟建筑研究的定位

洞窟形制是石窟考古中对洞窟建筑的术语，目前对于洞窟形制研究的切入点和研究范围都比较单一和狭窄，都完全局限在石窟的范围之内，没有将佛教洞窟作为一种"建筑"形式进行研究，从而限制了一些问题的解决和深度的研究。

　　"建筑"是一个涵盖范围比较广泛的词汇，包含着多种类型的人工构筑物，如城市、民间、园林、陵墓、宗教建筑、工程建筑等，这些建筑都有着明显的时代特征，同时，这些建筑也都是根植于各个地区的自然地理气候、民风民俗，有着浓厚的地区性特征。总之，建筑是一个总体性的概念，中国古代建筑是在中国古代文化的框架之下，各种具体的建筑形式也是包含在古代建筑的框架之下，各个建筑形式之间相互影响、有着密切的内在联系。

　　在宗教建筑中，佛教建筑占了绝大多数，而石窟建筑则包括在佛教建筑之中。我们研究石窟建筑，则需要把石窟建筑放置在中国古代建筑的框架之下，不但要研究其本身的形式、发展规律等，更重要的是研究其和其他建筑形式之间的联系（主要是佛寺、民居），包括外在形式上的联系和文化内涵上的联系。

　　现在，我们就在以上思想的指导下谈一下石窟建筑的原创性。

二、云冈初期洞窟形制是属于原创性洞窟形制

　　云冈"昙耀五窟"是属于皇家工程，是为北魏的 5 个帝王祈福并依照帝王形象而开凿的石窟。这应该是在前任道人统法果"天子既如来"思想指导下佛教向世俗政权献媚表现，或者是北魏皇室祭祀先祖的佛教表现形式。这种皇家工程，必须是体现皇家意志和皇家审美，普通的石窟造像形式或民间的石窟造像形式在各方面都不能作为皇家石窟造像样式的样本或者是参照系。所以，河西石窟中普遍使用的中心柱窟在云冈石窟的造像规划思想中完全不适用，而新疆地区适合僧人禅观的、狭长空间的中心柱窟就更不适合皇家工程，所以昙耀在规划设计时，必须要体现出符合皇家审美的建筑形

式和造像样式，在此之前完全没有可以参照的坐标。所以，原创性就在这种背景下体现出来。

佛教和皇权的关系，在十六国时期还不是特别明显，而在北魏时期，这种现象就显得特别明显，如曾担任道人统的僧人法果就说道："太祖明睿好道，即是当今如来，沙门宜应尽礼。遂常致拜，谓人曰：'能鸿道者，人主也。我非拜天子，乃是礼佛耳'"。是佛教的发展必须依附于皇权思想的直白体现，在法果的思想中，帝王就是佛。而在之后的道人统师贤，就将这种思想更加具体化地表现出来。"师贤仍为道人统。是年，诏有司为石像，令如帝身。既成，颜上足下，各有黑石，冥同帝体上下黑子。论者以为纯诚所感。兴光元年秋，敕有司于五缎大寺内，为太祖已下五帝，铸释迦立像五，各长一丈六尺，都用赤金二万五千斤。"这里的"诏有司为石像，令如帝身"就更加明确地将帝王像等同于佛像，皇权以强势力量介入到佛教发展中。

在这种政治背景下，开凿石窟的内容、形式等就必须符合以鲜卑皇室为主的审美趋向，而之前的一些佛教造像传统等，在这种情况下就显得无足轻重或者是极为淡化。在皇权的强烈干预下，如果过度强调河西石窟对云冈石窟的影响，是有偏颇的。

洞窟是造像的承载或者是依托空间，在开凿佛像前，必须先对洞窟的基本形制进行考虑。而这个洞窟形制也构成整个石窟审美的一部分。首先，佛教洞窟形制并没有一个固定的模本，作为一种建筑，首先满足使用要求，其次要满足人们对建筑的审美性要求。而各个地区民众对建筑的审美也就是自己所居住的、最熟悉的建筑形式，如北方草原上的毡帐、中原地区的四合院等，作为鲜卑皇室来讲，对于建筑的审美就是自己熟悉并欣赏的"天似穹庐"的毡帐。

毡帐是草原民族最基本的居住空间，这种建筑形式满足了逐水草而居的功能性需要，必然有浓厚的情感依赖，就像中原地区民众对四合院的情感依赖；同时还包括了草原民族在天地宇宙、宗教、祭祀等方面的情感依赖。鲜卑族在建立政权后，也逐步使用了城郭、宫殿、土木建筑等木构建筑等形式，但是在祭祀天地、祖先等这类活动中，还是普遍使用毡帐。

在这种民族和皇家工程背景中，昙耀五窟在设计规划洞窟形制的时候，就采用了浑圆空间作为洞窟的基本形态，洞窟内部没有方正的转角，也没有平正的窟顶，整体内部模仿穹庐的浑圆状态，从洞窟形制的角度看，这是一种原创性的窟形，是对生活中建筑形态的直接模仿。

图 1 云冈早期洞窟中内部空间模仿穹庐的浑圆状态

我们可以从昙耀五窟的设计中认识到以下几点：（一）佛教艺术形式（造像、壁画、建筑）必须是要和本地区信众的审美结合在一起，不断创造出新的艺术形式。（二）在一般情况下，新的艺术形式逐渐地融入传统艺术形式中，是一个逐渐替代和变化的过程；但是在特殊的背景下，比如皇家工程背景，新的艺术形式就会以独创的形式出现。（三）佛教洞窟建筑和各个地区其他建筑形式之间有密切的关系，洞窟形制的产生和变化都是和本地区的建筑分不开的。

在当时的京师地区产生的佛教石窟样式，会形成在当时具有一定的影响力，对其他地区的佛教石窟的形式等产生一定的影响。

三、华亭石拱寺石窟的洞窟形制

石拱寺石窟位于甘肃华亭县上关乡半川村与陕西陇县新集川镇相接的地方，距山脚的村庄约 100 米。华亭至陕西陇县的公路在山脚下的村庄里东西横穿而过，交通比较便利，东距陇县 50 公里，北距华亭县 41 公里。石窟开凿于向南的崖壁上，距地表高 5~10 米，东西长 120 米。从西向东排列，共有 15 个窟龛，基本都位于同一个平面上。洞窟在清代同治年间受到一定程度的人为破坏，另外该区域的岩性较差，洞窟表面的岩石大面积成薄片状剥落。

第 2 窟是石窟群中最大的一个窟，平面近圆形，圆拱顶大窟。窟高 8.5 米、宽 11.2 米、进深 9.7 米。圆拱形门，门高 7.0 米、宽 3.5 米、进深 1.5 米。窟内正左右三壁沿壁面凿低坛基，坛基高 0.1 米，前壁上方凿有一明窗，明窗高 2 米、宽 1.4 米。窟形基本完整，壁面表层风化剥蚀严重。四壁石雕三佛八菩萨及弟子等。正、左、右三壁各雕一坐佛二胁侍菩萨，其中两侧壁主佛为倚坐佛，正壁佛高 6.4 米，因残毁严重，从痕迹仅可见左臂向前平伸，右臂抬起，结跏趺坐于须弥座上。

洞窟内的造像等风化破坏严重，也不是谈论的重点，此文的重点是对洞窟形制的讨论。

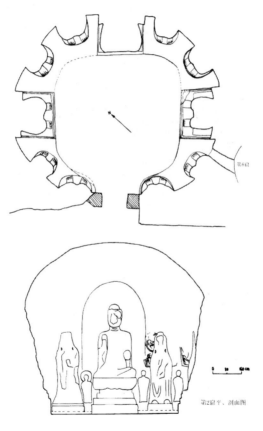

图 2　石拱寺石窟 2 号窟平面、剖面图

明窗

第2窟纵剖面图

0 50 100 cm

图3 石拱寺石窟2号窟纵剖面图

如第2窟这种洞窟形制，在石窟考古中称平面马蹄形、穹隆顶洞窟，实际就是平面圆形（前面有门道，所以平面看起来有点类似马蹄形）、浑圆形顶的空间，这种空间与敦煌莫高窟、麦积山石窟等石窟中的多数洞窟是平面方形的基本形制有很大的区别。从建筑学的角度看，方正平面的建筑空间是中原地区木结构建筑的架构下所形成的基本建筑空间，是大部分区域民众所接纳和欣赏一种建筑空间。而平面圆形、浑圆顶的建筑空间则是草原民族在穹庐（毡帐）的空间架构下所形成的一种建筑空间。

"天似穹庐，笼盖四野"是大家熟知的北朝民歌，北方少数民族所居住并欣赏的建筑就是浑圆的建筑形态，所以在建造石窟的时候，就会将自己民族的建筑审美融合在石窟建筑中，形成一个浑圆形的洞窟空间，然后在这个空间之内布置塑像。

上文谈到，以穹庐作为石窟空间开凿的样本开始于北魏皇室主导的云冈石窟，并以此为开端，形成了一种新的石窟样式。这种新的石窟样式对外会有一种影响力，其他石窟开凿时候会参照这个石窟样式。

但是，其他地区信众在开凿石窟的时候，也不会盲目地选择洞窟形式，还是会根据本地区的民众审美或者是开凿者个人的审美来选择洞窟样式，京师地区的石窟样式或者是设计思想只是参照样式之一，在遇到具体问题的时候，我们还是需要具体的对待，不能一概而论。

佛像、壁画之类的内容，在形式和内容上没有根本性的差异，各个地区区别不大，只是艺术风格有差异罢了。而洞窟形制，则从根本上反映了各个地区民族性的审美，汉族地区信众更多地接受方正空间的洞窟形制，草原民族则更多地接受穹庐浑圆空间的洞窟形制。

云冈石窟的 16~20 窟，就是在帝王审美的指导下开凿的洞窟，内部空间浑圆，无明显的转角，明显是在模仿穹庐的浑圆空间，可以看出草原民族对这种空间形式的情感依赖。

泾川南石窟 1 号窟和庆阳北石窟寺 165 窟，都是当时泾州刺史奚康生主持开凿的大型七佛窟。"奚康生，河南洛阳人，其先代人也，世为部落大人"，其姓名后缀的"河南洛阳人"，是孝文帝改革后北方草原入住中央的草原民众将自己的地望改成洛阳而已，实际上是北方草原的鲜卑人，所以在开凿石窟的时候也将自己的审美思想融入在石窟的样式之中。

图 4　北石窟 165 窟

　　泾川南石窟 1 号窟和庆阳北石窟寺 165 窟洞窟的形式完全相同，都是七佛窟，洞窟从平面上大致呈横长方形，但是窟顶部分却呈现出没有转角、浑圆空间的形态，这还是在模仿穹庐的空间形式，也反映出奚康生作为草原民族对于空间形态的审美。

　　我们再看石拱寺石窟第 2 窟的空间，就完全可以明白这样空间形式的来源是在模仿草原上的穹庐形态。

　　建筑的空间形态作为一种审美的类型，是固化在不同地区、不同民众的思维中，很难得到改变。中原内地的信众在开凿石窟的时候，不会将草原上的穹庐作为开凿的样本，所以将穹庐作为洞窟开凿样本的信众必然是在草原上长期生活的经历，对浑圆空间的欣赏形成了一个固定性的审美。故开凿石拱寺第 2 号窟的供养人应该是和奚康生类似，也应该是北方草原人氏。

石拱寺第 2 号窟的开凿年代，有学者将其确定在北周至隋代①。这个窟规模较大，需要耗费大量的人力、财力等，不是一般的信众能开凿的，我们推测，开凿者也应该是来源于京师（长安）地区的官员，也不排除是这个时期泾州刺史的可能。后期将对地区性的历史资料进行梳理，希望有进一步的成果。

---

① 魏文斌《华亭石拱寺石窟调查简报》，《敦煌研究》2007 年第 3 期，第 1—11 页。

后　记

　　为进一步加强关山历史文化研究，深入发掘关山历史文化内涵，将历史文化资源有效转化为推动地方社会经济发展的助推器，促进华亭及环关山地区的全面快速发展，2020 年 9 月 17 日至 20 日，关山历史文化学术研讨会在甘肃华亭市举行。本次研讨会由中共华亭市委员会、华亭市人民政府主办，陇东学院陇东历史文化研究中心协办，中共华亭市委宣传部、华亭市文体广电与旅游局、华亭市博物馆承办。来自陕甘宁三地的高校、科研院所与文博单位的 50 多位代表参加了会议。本次会议首次以"关山历史文化"为主题，意义重大。在为期一天的学术讨论会中，与会学者共提交论文 20 篇。涉及内容广泛，包括秦汉祭天文化、丝绸古道走向、古代关山马政、陇东佛教、华亭陶瓷历史等各个方面。全方位、多角度推进了环关山地区以及华亭古代历史文化研究向更深层次迈进。

　　为了让社会各界全面深入了解关山历史文化学术研讨会的成果，我们特请与会的各位专家、学者对提交的学术论文进行了修订完善，集结成册付梓出版。在编辑过程中，市上有关领导给予了关切与指导，华亭市文体广电与旅游局、华亭市博物馆的工作人员承担了稿件的收集、校订，经济日报出版社和成都力扬文化传播有限公司的编辑人员提供了有力支持。在大家的一道努力下，论文集得以顺利面世。在此，向关心、支持与帮助本论文集出版的各位领导、专家、学者以及编辑人员表示衷心的感谢。

由于时间仓促，加之在编辑方面的经验与水平不足，虽然我们尽最大努力保证论文集的质量，但纰漏与不足在所难免，敬请大家批评指正。

编　者

2020 年 11 月 16 日